让性别平等真正成为全社会共同遵循的行为规范和价值标准

性别平等 Gender Equality

性别平等开讲啦！

葛彬　李隽彦　著

SPM 南方传媒 | 广东人民出版社
·广州·

图书在版编目（CIP）数据

性别平等开讲啦！/ 葛彬，李隽彦著. —广州：广东人民出版社，2023.8
ISBN 978-7-218-16678-0

Ⅰ. ①性… Ⅱ. ①葛… ②李… Ⅲ. ①男女平等—自学参考资料 Ⅳ. ①D440

中国国家版本馆CIP数据核字（2023）第097148号

XING BIE PING DENG KAI JIANG LA！
性别平等开讲啦！
葛彬 李隽彦 著

出 版 人：肖风华

责任编辑：钱飞遥
责任技编：吴彦斌 周星奎

出版发行：广东人民出版社
地 址：广州市越秀区大沙头四马路10号（邮政编码：510199）
电 话：（020）85716809（总编室）
传 真：（020）83289585
网 址：http://www.gdpph.com
印 刷：广东鹏腾宇文化创新有限公司
开 本：787毫米×1092毫米 1/16
印 张：19.75 字 数：300千
版 次：2023年8月第1版
印 次：2023年8月第1次印刷
定 价：48.90元

如发现印装质量问题，影响阅读，请与出版社（020-87712513）联系调换。
售书热线：（020）87717307

开讲之前说的话
（代序）

我是1977年恢复高考后第一批考生，本科阶段读的是汉语言文学专业，研究生阶段读的是党建专业，毕业后即从事写作学和语言学的教学与研究。1984年起在中共江西省委党校任教，1995年9月，第四次世界妇女大会在北京召开，江西省委党校连着办了两期女干部班，我讲授了马克思主义妇女观和女性领导干部素质提升的课程。

1998年，我调到中共广州市委党校任教。2004年，我参加了中央党校妇女研究中心李慧英老师主持的“全国党校教师社会性别师资培训班”，聆听了多位性别平等理论专家的课程，接触到“社会性别”这一概念，特别是丰富多彩的“参与式教学”“互动式教学”让我耳目一新。“社会性别平等”理论给我打开了一扇全新的研究之窗，我开始对这一理论着迷、加以研究并思考，进而迈上了性别平等教育的传播之路。

从中央党校学习归来后，我即准备“性别平等”相关课程。广东是改革开放的前沿，思想解放、学术活跃。我所在的中共广州市委党校对老师在课题创新的申报方面给予了极大支持。我提交“性别平等与政府责任”课题后，很快得到学校认可。于是我开始在党校主体班开设“性别平等与政府责任”专题课，并运用参与式教学法，让学员在互动中体会这一理论的魅力。由于课题内容新颖，形式独特，该门课教学评估一直在学校名列前茅。当时我担任了语文教研部主任，适逢党校课程改革，教研部将“社会性别与公共政策”课题纳入广州市人事局公务员自选课程。开始时担心报名人数不够，没想到有近百人报名，专题班办起来了，教研部所有老师都参与了教学。开设的课程有“社会性别与政府责任”“社会性别与公共政策”“出生性别比失衡问题研究”“性别与人口问题研究”“社会性别与艾滋病防治”“社会性别与法律”“性别与文化建设”等，授课教师有外请自中央党校的专家，有本教研部和其他部门的教师，也有来自基层区委党校的教师，系列课程给学员带来了全新感受。课程结束后的行动计划调查中，学员们纷纷表示，学习“社会性别”理论后触动很大，他们列出的行动计划有：今后在工作中一定要有平等的性别意识，不是以性别来选择人才，而是从能力和匹配度来招聘人才；今后要有性别平等意识，在单位更多关心女同志的特殊利益；有的男学员联系家庭实际，表示今后要学会做家务，关爱妻子和子女，使家庭更和谐。教学效果十分明显，让我真正感受到性别平等理论的魅力。

我于2010年退休，从此走向了社会大讲堂，天地更为开阔，授课对象更为多样，在推动性别平等教育中很有成就感。十几年来，我先后在广东省、市、县（市、区）党校，中山大学、暨南大学等高校，各级机关和企事业单位，各级妇联、中小学等讲授“性别平等主流化与男女平等基本国策的贯彻与落实”“坚定文化自信　传承美好家风”“中国共产党对妇女运动的领导”“育人育才与树人”“性别平等的责任（系列课程）”等二十几门相关课程，听众达数万人。特别是近几年开设的网课，点击量已达几十万人次。同时我还参与了妇女儿童公益基金项目、好家风好家教公益项目、性别平等教育进中小学项目、基层妇女干部综合素养培训项目等评选和指导工作。在《中国妇女报》《中华家教》《羊城晚报》等刊物上发表相关论文二十余篇，并多次接受媒体关于性别平等、家庭教育的采访。指导编写了《越秀好家风》《书和远方》《社会主义核心价值观主题宣传教育读本：爸爸，去这儿吧！》《我们妇联有力量：基层妇联执委百问百答》等书籍，在推动性别平等教育进党校、进妇联、进媒体、进社区、进中小学中贡献了绵薄之力。

2019年5月期间，我在中共广东省委党校给地厅班、县处班等12个班次的700多位学员讲授"性别平等主流化与男女平等基本国策的贯彻与落实"的课，当时该校主持人说的一句话让我很受震撼："葛老师，你今天的课挽救了好多家庭，让家庭悲剧不再重演！"这让我真正感受到了性别平等理论传播的重要性和责任之大，于是我决心将自己多年来在性别平等理论方面学习和讲课积累的经验写下来，与大家分享。我曾于2018年写过近万字的《推动性别平等的责任担当》一文，以之参加中国妇女研究会年会征文并入选，该文部分内容在《中国妇女报》上刊登，于是便在此基础上酝酿本书的写作思路和框架。2020年10月1日，习近平主席在联合国大会纪念北京世界妇女大会25周年高级别会议上作了重要讲话，讲话中多次提到性别平等的概念，这更增强了我在性别平等的宣传方面的责任感。

新时代的中国妇女理论和现实研究，一定要与党和国家的发展相契合。从党的十八大、十九大到二十大，都把"坚持男女平等基本国策，保障妇女儿童合法权益"写入党的报告中。坚持党对妇女工作的领导，把男女平等提到治国理政的高度，是新时代的发展需求，也是中国式现代化的应有之义。2021年，一系列关于性别平等、家庭文明建设、家庭政策、家庭教育的政策法规出台：3月，中央文献出版社出版了《习近平关于注重家庭家教家风建设论述摘编》；5月，中共中央政治局会议公布，为了应对人口老龄化问题，全面实施三孩生育政策；8月，国务院常务会议审议通过了《中国妇女发展纲要（2021—2030年）》和《中国儿童发展纲要

（2021—2030年）》，并于9月27日发布；10月，第十三届全国人大常委会第三十一次会议通过了《中华人民共和国家庭教育促进法》，并于2022年1月1日起施行。在一年中，出台了这么多相关文件，让我有一种应接不暇、亟须努力学习的紧迫感。2022年10月30日，第十三届全国人大常委会第三十七次会议审议通过了新修订的《中华人民共和国妇女权益保障法》，并于2023年1月1日起施行。2023年6月，中共中央党史和文献研究院编写了《习近平关于妇女儿童和妇联工作论述摘编》，这些都为我撰写本书提供了很好的资料和理论指导。

本书用“性别平等开讲啦！”作为书名，以讲课的方式来呈现内容，所讲述的内容都是我多年讲课稿的延伸和思考，每一讲开讲时都通过我与助教对话的方式来引出和解答问题，使全书阅读起来更为轻松、引人思考。希望本书的出版能给各级领导干部、妇联干部、媒体人员、企事业单位人员、大专院校和中小学教师以及家长们提供更通俗易懂的性别平等理论的知识。

全书共十讲，从男女平等基本国策到社会性别平等理论的介绍，从各个领域中的性别平等责任到性别平等工作实践，从中国共产党领导的妇女运动到世界人类命运共同体推动性别平等进程等都作了探讨，希望在认识性别平等方面给读者一点启发，给男女两性更多人生思考，给家庭送上打开幸福之门的钥匙，为全社会推动性别平等尽一点绵薄之力！

目录

CONTENTS

第一讲

男女平等与性别平等之探究

CHAPTER 1

G 葛彬老师

大家好，性别平等开讲啦！我将与我的助教一起开始探讨性别平等的话题，小李，和大家打个招呼吧！

L 李隽彦助教

大家好，我是老师的助教，法学硕士、律师。对性别平等研究一直有浓厚的兴趣，很乐意和老师一起与大家共同探讨性别平等问题。老师，让我们从什么是“男女平等”开讲吧！

第一节
男女平等的实践及理论基础

中华人民共和国成立70多年来，在中国共产党领导下，中国妇女解放事业得到长足发展。和西方妇女用几百年努力争取妇女权利和男女平等经历不同，中国妇女是伴随着阶级解放走向男女平等之路的。从中华人民共和国成立之日起，中国妇女就获得了彻底的解放。1949年9月29日，中国人民政治协商会议第一届全体会议通过了《中国人民政治协商会议共同纲领》，第六条规定："中华人民共和国废除束缚妇女的封建制度。妇女在政治的、经济的、文化教育的、社会的生活各方面，均有与男子平等的权利。实行男女婚姻自由。"从此，中国妇女在法律上享有了和男子同等的权利。这一表述在1954年通过的第一部宪法中更明确："妇女有同男子平等的选举权和被选举权。""中华人民共和国妇女在政治的、经济的、文化的、社会的和家庭的生活各方面享有同男子平等的权利。婚姻、家庭、母亲和儿童受国家的保护。"中国妇女非常幸运，妇女解放，男女平等，伴随着新中国的成立、人民的解放，得到了法律的有效保障。

L 请问老师，法律上有了男女平等的保障，在现实中能实现吗？在民主参与、妇女就业、婚姻家庭方面能真正实现男女平等吗？

法律上的平等与实践上的平等能画等号吗？这中间当然有一个努力过程。我们党在新中国成立初期领导的一系列群众运动，就遵循了法律规定的男女平等原则。如土地改革，农村妇女与男性一样分到了土地，成为土地的主人，获得了法律意义上与男子同等的经济权；社会主义建设热潮中，70%的妇女走出家门，到工厂成为工人，到机关成为干部，获得了就业权；在民主普选中，90%以上妇女踊跃参加投票，17%的妇女当选为基层人民代表，获得了政治权利；扫盲运动中，成千上万妇女参加识字班，女性走进了学校，获得了受教育权。婚姻自主方面，随着新中国成立以后第一部法律《中华人民共和国婚姻法》（以下简称《婚姻法》）的颁布，包办婚姻被废止，妇女有了婚姻自主权。在中国共产党的领导下，新中国大规模群众运动仅用短短几年时间，就荡涤了几千年封建社会遗留下来的污泥浊水，使妇女在政治、经济、文化、社会和家庭生活等各方面获得了解放。这是中国近代史上的重大变革，是妇女解放的新生。“男女平等”在中国共产党领导下的新中国，不仅是概念和法律规定，还在现实中得到了实实在在的体现。当然，由于几千年“男尊女卑”“男强女弱”“男主外女主内”封建意识的影响，实现男女平等的道路还很长，需要我们共同努力推动。

L 那么在推动男女平等方面存在哪些问题？这些问题能解决吗？

虽然法律上赋予男女平等的权利促进了女性发展，给女性带来巨大改变，但现实中还是存在男女不平等问题。如在参政议政方面，从高层到基层，妇女在政治参与和权力参与方面还遇到瓶颈；在就业方面，对女性显性或隐性的歧视还是存在；在文化和教育方面，性别刻板印象窄化了女性充分展示才华的通道，其受教育程度和普遍性也受到一定影响；在家务劳动方面，女性承担家务特别是在养育孩子、照料老人等方面付出的时间大大多于男性。因此真正把男女平等的理念落到实践，还是一个漫长的历史过程，而这正是马克思主义妇女观的重要内容。

L 为什么说是马克思主义妇女观的内容，马克思主义妇女观的主要内容包括哪些呢？老师能不能给大家解读一下？

马克思主义的妇女观，是我国实施男女平等的理论基础，是运用辩证唯物主义和历史唯物主义的世界观、方法论，对妇女社会地位的演变、妇女的社会作用、妇女的社会权利和妇女争取解放的途径等基本问题作出的科学分析和概括，包括五方面的内容：

一是妇女被压迫是人类历史发展的一定阶段的社会现象，随着社会的进步，它必将被新的历史条件下的男女平等所代替。

二是妇女解放的程度是衡量普遍解放的天然尺度。妇女解放必须伴随全体被剥削被压迫人民的社会解放而得到实现。

三是参加社会劳动是妇女解放的一个重要先决条件。人们在社会上和家庭中的地位，归根到底是由人们在社会生产中的地位决定的。

四是妇女解放是一个长期的历史过程。从法律上的男女平等到事实上的男女平等，任务仍然十分艰巨。

五是妇女在创造人类文明、推动社会发展中具有伟大的作用。妇女在社会生活和家庭中发挥着独特的作用。

马克思主义理论揭示了人类社会发展的规律，是认识世界、改造世界的科学真理。马克思主义妇女观，是观察分析、研究解决妇女问题的理论和思想基础。

从新中国缔造者毛泽东到党和国家的领导人邓小平、江泽民、胡锦涛，他们结合中国实践，不断发展创新和丰富马克思主义妇女观，形成了具有中国特色的妇女解放的理论。党的十八大以来，以习近平同志为核心的党中央，结合中国妇女发展的实践，赋予了马克思主义妇女观新时代的内涵，从加强党对妇女工作的领导，对中国妇女运动的时代主题作出了新判断，是落实男女平等基本国策的根本遵循。

通过对马克思主义妇女观的学习和宣传，人们认识到，妇女与男性具有同等的人格和尊严、同等的权利和地位，尊重妇女、保护妇女是社会进步的重要标志。今天，中国妇女坚持以习近平新时代中国特色社会主义思想为指导，在中国共产党的领导下，推动男女平等，取得了可喜成绩。

L 我们经常可以看到男女平等宣传画：在一男一女两个人物中间划一个等号，或将男女两人放在同一个天平上，表示男女平等。请问老师，这个等号成立吗？这个天平能平衡吗？

这个问题问得好，我们喊了很多年男女平等，一到实际中，人们就会提出很多问题：女人能生孩子，男人不能，能一样吗？妇女有“三八节”，男性没有，是不是对男性不平等？男性更坚强果断，更适合当领导；女性更温柔细心，更适合带孩子、做家务，这能画等号吗？男儿有泪不轻弹，如果男人掉眼泪，是不是太“娘”了？女孩要像女孩样，不要像“女汉子”……涉及性别的问题林林总总。我们发现，这些问题可以归为一个问题：“到底什么是真正的男女平等？”

为了解答这个问题，我们会接触到另外一个概念，即“性别平等”也称“社会性别平等”。

第二节
男女平等与性别平等解读

一、性别平等的提出

L 既然“男女平等”在我国实施70多年了，宪法规定了男女平等，老百姓也非常熟悉“男女平等”这个词，为什么又出现一个“性别平等”？“男女平等”和“性别平等”是一回事吗？有必要再次宣传“性别平等”吗？

我将采取由近到远的追溯方法来回答这个问题。2020年10月1日晚10时许，我手机屏幕上显示了一则新华社新闻——“习近平在联合国大会纪念北京世界妇女大会25周年高级别会议上的讲话”。我即刻认真阅读了这篇讲话，习近平主席高屋建瓴的论述让我特别兴奋，我发现“性别平等”一词在讲话中频频出现，共出现了七次，分别是：①“我们纪念北京世界妇女大会召开25周年，促进性别平等，推动全球妇女事业发展。”②“性别平等和妇女赋权已成为《联合国2030年可持续发展议程》的重要目标。”③“正如古特雷斯秘书长所言，过去几十年性别平等领域取得的成果正面临退步风险。”④“让性别平等落到实处。”⑤“我们要消除针对妇女的偏见、歧视、暴力，让性别平等真正成为全社会共同遵循的行为规范和价值标准。”⑥“联合国妇女署要丰富性别平等工具箱，完善全球妇女发展路线图。”⑦“让我们继续携手努力，加快实现性别平等、促进全球妇女事业发展。”讲话中提到“男女平等”的地方是：“男女平等是中国的基本国策。中国建立了包括100多部法律法规在内的全面保障妇女权益法律体系……”

L 习近平主席为什么频频提到“性别平等”？“性别平等”与“男女平等”两个概念之间有没有联系，有没有各自的特点呢?

这就要往前追溯了，让我们把时间倒回到1995年金秋那场在北京召开的第四次世界妇女大会吧!

L 当时在北京召开的这个会议我知道，虽然那时我还小，但是因为我姥爷集邮，北京第四次世界妇女大会发行了一套纪念邮票，我姥爷特别喜欢这套邮票，邮票上有只漂亮的鸽子，尾巴是彩色的，很好看，所以我就记住了。

是的，鸽子是第四次世界妇女大会的会徽，邮票是四方联，有一张就是一只装点着多彩尾羽的展翅的白鸽，鸽子造型象征着多彩世界的和平与平等。邮票画面与这次世界妇女大会主题非常吻合，即“以行动谋求平等、发展与和平”。当时，来自189个国家15000多人参加了会议，会议通过了《北京宣言》和《行动纲领》两个文件。大会提出一个重要观点：“将社会性别平等纳入社会发展各领域的主流”，简称“社会性别主流化”。作为在世界妇女事业发展史上具有重要里程碑意义的大会，其提出“社会性别主流化”，对推动性别平等和世界妇女解放起了积极的作用。

L 怎么理解和认识“社会性别”这个词，其内涵有什么奥秘吗?

首先让我们回顾一下“社会性别”这一词的来源和表述，这是一个舶来词，即“Gender”，中文译成“社会性别”，它是与“Sex”，即“生理性别”相对的概念。这个词最早出现在20世纪70年代初国际妇女运动中，80年代初，这一概念被联合国广泛采用。1995年第四次世界妇女大会上，“社会性别平等”被提到了社会发展的战略高度，“社会性别主流化”也被联合国确定为促进性别平等的全球战略。

从“男女平等”到“性别平等”的引入，体现了性别平等概念更为丰富的内涵，因为“社会性别”不仅关注到女性受歧视现象，还关注男性受到的歧视，同时注重男女两性在发展中的关系，以更开放的姿态关注人类命运共同体，并在国际交流合作中推动全球化的性别平等。

二、性别平等与男女平等的关系

L “性别平等”和“男女平等”是什么关系呢？老师能不能分析一下？

“你知道什么是性别吗？”当被问到这个问题时，大家可能觉得有点不可思议：性别还不知道吗？我们填表时，表格里“姓名”一栏后通常就是“性别”。上厕所时，门上的性别标记不管是字或人像，又或者是代表男女两性的服饰、用品等图标，都能帮助我们识别，使我们不会走错门。但这就是真正的性别吗？当你一眼看到一个人时，能不能马上判断出Ta（为了防止性别引导，我有时用拼音字母来替代“他”或“她”，下同）是男性还是女性呢？当你得知一个陌生人的姓名时，会不会不自觉地猜想Ta是男性还是女性呢？这些问题都涉及性别问题。

这里，我们首先要明白一个概念，即“生理性别”。男女两性的生理特点是不一样的，染色体决定了男女两性差别，男性的性染色体为XY，女性的性染色体为XX，可以从人的生理器官上辨认，一般不能改变，也不需要改变。婴幼儿时期的宝宝穿上衣服后，从外表是很难辨认性别的，甚至到了儿童期都不容易辨别。如你在小区里看到一个头发有点长、穿着短裤的七八岁孩子一会儿疯跑，一会儿踢毽子，你可能会产生疑问：“这是男孩还是女孩啊？”因为对这个年龄段的孩子还不能完全凭外貌长相区分男孩和女孩。但到青春期，Ta们的身体开始“巨变”，第二性征出现了，“她”的骨盆开始变得宽大，乳房开始隆起，皮肤变得细腻，声音开始变得尖细；而“他”开始长喉结和胡须，骨骼开始变得粗壮，肌肉变得更有力量，音调变低沉了。这时候“他”和“她”就很容易从外表上被辨别了，这就是“生理性别”。生理性别是与生俱来的性特征，不会因人的种族、民族、地域或国别而有差别。生理性别决定男女不可能是一模一样的，“你挑百斤我也挑百斤，你生娃我也生娃”是不可能的。所以“男=女”画面中的等号不可能成立，男女在天平上也是不可能平衡的，原因之一是“他”和“她”在生理上是有差异的。

L 老师把“生理性别”讲得很明白，那么生理性别会不会对一个人的社会发展带来影响呢？比如人们经常认为，男生的抽象思维更好，适合学理科；女生的形象思维更佳，适合学文科。所以在高校里，理工男和文科女的分化还是蛮普遍的。这是不是生理性别带来的影响呢？

生理对一个人确实有着影响，心理学家将人的性格分为四种类型：多血质型、胆汁质型、黏液质型和抑郁质型。多血质活泼好动、思维敏捷，但情感易变，抗挫能力不高。胆汁质精力旺盛、反应迅速，但性急、不易自制。黏液质情绪稳定、耐受性高，但反应速度不够快。抑郁质感受力强，沉静沉稳，但反应比较迟缓。值得注意的是，这里讲的是“性格”特征，而不是“性别性格”特征，这些分类，并没有男性特质和女性特质之分。

至于“生理性别”有没有影响呢？科学发展到今天，还不能精确测量出生理性别差异对一个人的社会发展到底有多大影响。我们听到一些家长说：“我家男宝宝说话比较晚，因为男孩语言发展比较慢。”但另一位家长说：“我家男宝宝不到一岁就开始说话，说得很溜啊！”有人说男人方向感强，因为男性大脑方向感神经发达，但实际上是，不少女性方向感也很强，特别是会开车的女性，练就了很强的方向感。有意思的是，随着手机导航的普及，无论男女的方向感都变弱了。

L 如果生理性别对人的发展影响不大，是不是生理性别对人的影响可以忽略不计呢？

也不能这么说，心理学成为一门独立的科学，有100多年的历史，1879年，德国生理心理学家冯特在德国的莱比锡大学创立了世界上第一个心理学实验室，他用观察、实验以及数理统计等自然科学方法去揭示心理过程规律，取得了丰硕的研究成果。我们不否认生理性别对人的影响，但在还没有完全精确的科学实验表明人的生理性别对人的成长有多大影响时，我们不要刻意夸大生理性别的影响，因为个性生理特征往往比性别的生理特征对个人影响更大。

如某村王家有三个儿子，张家有三个女儿，如果说“生理性别”有影响，对有儿子的王家来说，男孩性别特征即所谓“坚强有担当、刚性有力量”会更鲜明，以后会更有前途。而张家的女儿们“细心细腻，温柔体贴”，长大嫁人后好好相夫教子就可以了。但事实是，张家父母因经常受到村里人异样眼光，说传不了宗接不了代，特别不服气，因此教育三个女儿从小要坚强有担当，努力上进，于是女儿们勤奋学习，三个女儿都考上了重点大学，毕业后有了很好的工作和家庭。王家父母觉得有儿子很光彩，忽略了对儿子们的教育，三个儿子小学毕业后就辍学在家，后来出外打工，生活过得都非常平庸。有句老话说：“人败皆因懒，事败皆因傲，家败皆因奢。”这里没有所谓“男人皆因……”或“女人皆因……”。这一案例说明生理性别不是决定命运的关键。

三、男女平等的核心内涵

L 到现在，老师还没有对男女平等概念进行说明和解释……

如果不了解以上知识点，很难说明“男女平等”，通过以上解读，我们来对“男女平等”进行解释：

第一，男女平等是有差异的平等。习近平主席在2013年同全国妇联新一届领导班子集体谈话时指出：“要坚持男女平等基本国策，在出台法律、制定政策、编制规划、部署工作时充分考虑两性的现实差异和妇女的特殊利益。”这种“两性的现实差异”，不仅考虑到生理性别差异，还考虑了社会性别影响，所以男女平等是考虑到了生理因素和社会因素的差异化平等。

第二，男女平等是对“弱者”的尊重。这点在《中华人民共和国民法典》（以下简称《民法典》）中体现得非常清楚。第一千零八十七条：离婚时，夫妻的共同财产由双方协议处理；协议不成的，由人民法院根据财产的具体情况，按照照顾子女、女方和无过错方权益的原则判决。第一千零四十一条：保护妇女、未成年人、老年人、残疾人的合法权益。前者离婚时法院判决是按照“照顾子女、女方……”的顺序排列，考虑到女性由于生理及社会因素的影响，在当前时代，总体处于“弱者”，需要照顾。后者将妇女与未成年人、老年人等弱势群体相提并论，也是考虑到女性弱势的现状。所以平等不是形式上的一模一样，而是要让“弱者”得到尊重，这点不仅适用于男女平等，还适用于基于种族、肤色、语言、宗教、政治、出身、国籍等诸方面的平等，只是对妇女的歧视，在现实中表现得更普遍和广泛，需要特别关注而已。当然“弱者”也是一定历史阶段的现象，当社会普遍具有性别平等的价值理念，女性“弱者”帽子摘掉了，男女平等也就向前一步了。

第三，男女平等内涵是丰富的。1975年第一次世界妇女大会通过的《墨西哥宣言》对“男女平等”作了界定：“男女平等，是指男女的尊严和价值的平等，以及男女权利、机会和责任的平等。”尊严和价值是核心，权利、机会和责任是基本要素。其实还应该加上一点最重要的，就是结果平等。

L 老师能不能对男女平等的权利、机会、责任和结果的内涵做解读呢?

权利平等：即法律制度层面的平等。我国宪法规定：男女两性在政治、经济、文化、家庭和社会生活各方面享有平等的权利。目前我国有100多部法律在保护妇女权利方面有具体内容，如《民法典》、《中华人民共和国妇女权益保障法》（以下简称《妇女权益保障法》）、《中华人民共和国反家庭暴力法》（以下简称《反家庭暴力法》）、《中华人民共和国家庭教育促进法》（以下简称《家庭教育促进法》）等都赋予了女性与男性平等的权利，这种“赋权”正是权利平等的体现。

机会平等：指国家和各部门为男女两性在各领域、各项事务上提供平等的参与机会和参与资格。今天女性在民主参政、经济参与、文化参与等方面有了很大进步，但相对男性来说，女性的参与度还不够高。为了让更多女性有平等参与的机会，不少地方用配额制来保障妇女的政治参与，这正是体现了差异化平等的特点。如在基层选举中规定农村选举中必须至少有一名女性，但很多时候人们将“至少一名”误认为“只能有一名”。一次我在广东某市讲课，组织部一位男部长说，“我们在一个单位班子里配备了四位女性一位男性。”有人就说，“不是只能有一位女性吗，怎么配了四位？”部长说，“我们不是根据性别选人，是根据品德和能力选人。”当时我听到这个回答觉得这位组织部部长太棒啦！他有很强的性别平等意识，将干部的德才绩能而不是性别作为选人用人的标准，选出真正能干事的人。

责任平等：指两性平等地承担着与权利相对应的责任。如平等地承担国家责任、社会责任、工作责任、家庭责任和个人责任。但是人们往往用“好男儿志在四方”“男儿当自强”“男儿就该上战场”等赋予男性更多的国家责任和社会责任。其实如今女性也在各行业承担着国家责任和社会责任，毛泽东提出的“中华儿女多奇志，不爱红装爱武装”曾鼓舞了一代女性的责任担当。由于传统男外女内的观念依旧存在，在强调女性在家庭和对丈夫子女责任的同时，往往忽视了男性的家庭责任和对妻子和孩子的责任，这就导致了男女责任的不平等。

结果平等：权利平等是前提，机会平等是途径，责任平等是实践，但最终还要看结果是否平等。只有当权利平等和机会平等带来的结果差距缩小到忽略不计时，实际生活中的男女平等才能真正实现。也就是说当男女两性真正能做到同工同酬同担当，并能共同享受到政治、经济、社会、文化带来的成果时，男女平等才能真正实现。

L 我们是不是可以对“男女平等”的核心内涵这样概括：男女平等不是让男女变得一模一样，而是尊重两性差异，关注“弱者”，以人的尊严和价值的平等为核心，从权利平等、机会平等、责任平等和结果平等上来衡量两性平等，这才是真正的男女平等？

总结得很好，抓住这几个要素，才能更好掌握男女平等的深刻内涵。

第三节 社会性别建构之奥秘

L 老师讲授男女平等时引入了“生理性别”和“社会性别”概念，生理性别是由染色体决定的，这点已经很明确，社会性别是不是由社会文化决定的？

对，社会性别是由社会文化建构的。怎么建构，怎么影响我们每个人？可以从四方面探究。

一、男主女从的权力关系建构了社会性别

L 从母系社会到父权社会，权力关系是不是有从女性主宰到男性主宰关系的演变？马克思主义妇女观中“妇女被压迫是人类历史发展到一定阶段的社会现象”，是不是说明男女不平等只在一定阶段中存在着？

学者们认为，人类历史中母系社会是氏族社会的第一阶段，这个阶段权力关系是建立在女性生殖能力基础上，群婚制使人们按母系计算世系血统和继承财产。女性在人类生产和经济生活中取得主导地位和支配地位，并拥有至高的公共权力，此时权力关系以女性为尊。学者们认为母系社会时两性维持着平等、依靠和合作的伙伴关系。

随着社会生产力发展，体力在劳动中的重要性日益突出。承担更多生殖使命的女性无法与男子进行体力抗衡。婚姻向一夫一妻制过渡，男女权力关系随之发生重大改变。世系开始按父系计算，财产按父系继承，男子成为社会和家庭的核心，开始支配家庭财产和主宰家庭成员，生殖能力的控制让位于权力的控制，女性也渐渐成为附属。当然也有学者研究表明，

父权制在历史上始终居于主流，母系制只是例外。但无论如何，父权制对性别分工制度和男权制度的影响是深远和长久的，至今不容忽视。

今天处于信息高速发展的智能时代，人的智力和能力越来越成为重要的人力资本，在智力评价中，男性和女性难分伯仲，但对责任的担当则有更强烈的平权要求，这就造成新的两难境地：一方面，男权影响下的性别分工制度延续了传统“男主外女主内”的社会要求，男性要求女性延续妻子、女儿、母亲的角色来求得家庭平衡。另一方面，女性的社会地位和经济地位不断提升，在家庭掌握了一定的话语权，她们破茧而出，成为社会、单位和家庭的主角。于是在传统与现代的交织和碰撞中，以往以牺牲女性为代价所取得的家庭平衡开始被打破，女性的追求开始变得更丰富多样和更个性化，对男性的依附程度也在减小。

L 是的，我身边提出离婚的女性就比男性多，是不是说明女性对男性的依附程度减小，女性的独立性更强了？

男权社会的男性可以轻易休妻，中国古代“七出”对女性而言是严苛的。《大戴礼记·本命》：“妇有七去：不顺父母去，无子去，淫去，妒去，有恶疾去，多言去，窃盗去。不顺父母去，为其逆德也；无子，为其绝世也；淫，为其乱族也；妒，为其乱家也；有恶疾，为其不可与共粢盛也；口多言，为其离亲也；盗窃，为其反义也。”把无子看成是女性的责任，多言与生病，都被列入休妻理由之列，女性只能听任丈夫或家族的摆布。鲁迅笔下的祥林嫂没有自我，没有独立人格，最后一切只能任凭丈夫或家族摆布，是封建社会妇女人生的典型写照。

现代家庭的夫妻关系已经发生了巨变。有数据显示，如今向法院提出离婚申请，原告方为女性所占比高达七成以上，与人们设想的不同，离婚主要原因不是第三者插足或经济因素这些原则性问题，排第一位的是家庭琐事。当下，男主外女主内的传统结构正在被打破和改变，男性在家里当甩手掌柜和大爷的日子已经不好过了。留意身边事就会发现，男性逐步开始进入家庭角色，带娃、做饭、搞卫生。我上课经常问学员们以下几个问题，学员们用点头和摇头回答就行：你爷爷会不会抱着你父亲满街走呢？——全部摇头！你父亲会不会抱着你满街走呢？——多数摇头！你（男性）会不会抱着你孩子满街走呢？——一半点头！你儿子会不会抱着他的儿子满街走呢？——多数点头！这种变化说明男性在参与孩子养育中有了很大进步。曾经有个很火的综艺节目《爸爸去哪儿？》收视率很高，就是因为它没有遵循妈妈带娃的“专利”设定而改由父亲带娃了，如果这个节目叫《妈妈去哪儿？》，收视率肯定比不上前者，这就是结构性变化带来的结果。

L 今天的农村，还保持着从夫居习惯，女性“出嫁”到男方家里，会在权力关系上有影响吧？我同学姑姑在农村离婚了，没有住房，没有分红，一直漂泊在外打工，这是不是性别歧视呢？

从夫居在当下农村还是有很大市场的。在传统农耕社会里，男婚女嫁，从夫居，随父姓，表现得最典型和普遍。农村的主要生产资料是土地，主要生活资料是住房，这些不动产资源不能随着人的流动而迁移。男性拥有土地和房产这些固定资源，女性嫁出去意味着放弃了这些资源，因此从夫居给女性带来的影响在今天农村还是很常见。以下是我曾经调查过三个村的情况：

A村的阿玲离异后，户口留在前夫家，村里土地被修地铁征用，按户口每人可补贴8000元。但阿玲没有，原因是其前夫已再婚，现在的妻子户口虽然没迁来村里，但因从夫居，可分得一份。

B村的阿花是再婚女性，户口已经迁来本村，但村规民约规定，分红只能分给她丈夫的前妻，她婚后再生的孩子可以分红，但婚前带来的孩子不能分，她自己也没有权利享受分红。

C村的规定是，虽然离婚后女方户口和人都留在村里，但离婚后有没有分红要看是不是判有孩子的抚养权，而且判给女方的必须是个男孩，才能享受分红，女孩则不能享受分红。

这些不正是封建的“三从四德”的现代翻版吗？出嫁随“夫”，离婚从“子”，可见封建父权制今天仍有市场。当我问村里为什么这样对待离婚女性，得到的回答是村民们用民主方式讨论决定的。是的，民主是个好东西，但靠“举手表决”来决定个人的命运，用所谓的民主剥夺了少数弱者女性的权利，公然违背了宪法中男女平等的基本原则，恰恰是冠冕堂皇的歧视。但是处于弱势的农村妇女很难通过个人申诉去要回属于自己的权利，这正是从夫居带来的结果。

L 从夫居带来了对妇女权益的损害，特别是农村妇女的财产权益得不到保障，有没有什么办法来治理呢？

有啊，2023年1月1日起开始施行的新《妇女权益保障法》的第六章《财产权益》的第五十五条明确规定了“妇女在农村集体经济组织成员身份确认、土地承包经营、集体经济组织收益分配、土地征收补偿安置或者征用补偿以及宅基地使用等方面，享有与男子平等的权利”。第五十六条规定了“村民自治章程、村规民约，村民会议、村民代表会议的决定以及其他涉及村民利益事项的决定，不得以妇女未婚、结婚、离婚、丧偶、户无男性等为由，侵害妇女在农村集体经济组织中的各项权益”。这些对基层社会依法治理都是非常有力的法律依据。

L 还有一个问题值得关注，这种从夫居带来的不平等观念对男性有没有影响呢？国家已经实施了三孩政策，但人们生娃的意愿并不那么强烈，原因之一是性别选择。已有男孩的家庭担心，如果再生男孩，今后买房压力太大了。这里有没有性别权力关系的问题呢？

中国人的文化是以家族为本位的文化，自古以来，传宗接代的思想在中国家庭特别重要。一个家族，一是要有男丁，可以传宗接代，二是要有属于自己的房产，有稳定住所，这才构成家庭。于是形成了“男丁+房产=家”的公式，反过来，“家=男方出资+建房或买房”。当下很多农村，即使全家在外打工，但在老家给儿子建房娶媳妇还是天经地义的事。有些女方提出为了孩子今后的教育，男方还要有城镇的房子。当然这里相关因素是多方面的，一是由于前些年出生性别比失调，流失掉的女婴造成了婚姻中女性的稀缺（这点我们会放在后面分析），女方市场对男方要求更高了。二是传统从夫居观念带来影响，让这种权力关系不仅伤害了女性，同时给男性带来巨大的经济压力。男方给彩礼和男方购房的习俗，让农村很多有儿子的家庭难以承受。城里情况也差不多，不少家庭要给儿子准备一套婚房。无论小城市还是大城市，购房都是一笔不小的开支。尤其是北上广深一线城市，一套住房动辄几百万甚至上千万，对工薪族家庭来说，举几代之力都买不起，可见性别期待和性别分工对人们的生活还是有很大影响。

二、家庭期待、学校教育和媒体引导建构了社会性别

L 社会性别涉及方方面面，是什么因素建构了社会性别？是不是和我们每个人都有关系呢？

没错，我们每个人都在自觉和不自觉中建构着社会性别，并成为社会性别发展的推动者。

1．家庭的建构。

我们先从家庭说起吧，一个家庭，从孩子孕育之初就开始有性别期待。在传统社会的男权和父权制度影响下，“男性偏好”“传宗接代”的观念无论是在独生子女还是多子女政策下，都有比较广泛和深刻的影响。父母从妈妈怀孕起就开始性别建构了。给孩子取什么名字呢？“生个男孩就叫铁柱，生个女孩就叫小花吧！”父母对男女两性不同的期待已经显示出来了。上网查找给孩子取名字的建议，会看到这样的表述：“男宝宝名字，不宜太阴柔，用自然界一些大气磅礴的景物起名比较合适：如海州、天翔、伟瀚、浩宇、鹏程、峻峰等，要有男性的刚性。女宝宝名字，不宜太阳刚，要尊贵柔性，如珊珊、宝莹、琼琳、爱莲、秋霞、绮雯等，要具有女性魅力。”名字被赋予了鲜明的性别文化色彩，反映了人们的性别期待和性别判断。虽然名字只是个符号，但人们对符号的性别判断是不一样的。如女孩名字中带有所谓男性气质的词，如强、刚、海、博等，人们还能接受。

但如果男孩名字带有所谓女性气质的词，如花、娇、丽、秀等，人们就会用带有歧视的口吻说，你父母怎么给你取个“女里女气”的名字啊！这种明显不认同的态度，正是源于以男性文化为中心的性别歧视。随着孩子的出生，人们对男女两性孩子分色调买衣物、分性别买玩具，这些做法也在不知不觉构建着孩子的性别印象。在孩子成长过程中，人们对男女两性要求也不一样：男孩要坚强，女孩要温柔。家长和周边的每个人都在慢慢强化孩子的社会性别认同，孩子由此在成长过程中也会形成性别刻板印象。

L 是哦，我有个男同事的名字叫明秀，大家经常开玩笑地叫他“秀儿”，让他很不开心。而另一个女同事叫文强，有时出差，会务方会错误地安排她与男性同住一房间。这就是社会性别刻板印象吧。

是的，家庭的性别建构会对人生带来一定影响。这些都是显而易见的。所以我开设了一门课“性别平等与家庭和谐”，其内容会在后文有所展示。

2．学校的建构。

学校的性别建构不容忽视。如教师在组织教学时，会习惯按照“性别适合”的刻板印象分配。如语文和英语科代表由女生担任，物理和数学科代表则是男生。课堂提问时，逻辑性分析问题常让男生回答，记忆性问题则让女生回答。教师对学生评价也常会有性别刻板印象：“女生数学不好很正常，以后考文科吧。”“男生适合学理科，因为逻辑思维强。”这种性别认知导向，会让男生和女生都误认为这是“真”的，从而模糊了学业追求，固化了学科选择。

L 我们的教材也有这个问题。我小时的语文书中，男性多是科学家、政治家、画家，个个志向远大，聪明过人，而女性多是妈妈、奶奶或被保护者。这让我从小就觉得女性一定要学会照顾别人，多做家务，要会做饭和做缝纫。

教材中的性别偏见，一直是学者们关注的问题。在编写和审查教材过程中，男性主导倾向还是比较严重的。一是从人物数量上，教科书无论是课文还是插图，男性形象都大大多于女性。二是从角色上，男性多为主外的英雄式人物，女性则多为主内的细心的家庭主妇；男性多从事高科技行业，女性则从事技术含量较低的工作；男性知识丰富且理性，女性无知且处于从属位置。三是在榜样人物上，男性智慧都强于女性。如人教版五年级的课文《落花生》，开头是母亲主张开地种花生，而最后花生可贵之处的哲理性则要由父亲出场表述，父亲的高大和母亲的随从刻板定型了。沪教版四年级的课文《餐桌上的大学》更体现了鲜明的性别偏向。父亲问母亲："孩子妈，这个，你知道吗？"母亲回答："尼泊尔？我连它在什么地方都不知道呢！"父亲说："把地图拿来，我们来告诉妈妈尼泊尔在哪里。"于是，全家人开始在地图上找尼泊尔。在这一情景中，人物的形象设定——妈妈的无知和被教育形象、爸爸的睿智和教育者身份，带有明显的性别偏见。

教材人物性别设置也是男多女少、男强女弱。据统计，人教版1至6册的榜样人物共50位，其中男性46人，占比92%，女性仅4人，占比8%。这四位女性分别是领导人宋庆龄、科学家居里夫人、艺术家新凤霞和历史人物文成公主。而在教育家、发明家、医生、作家中，女性的榜样人物则为0人。小学语文教材榜样人物对学生人格教育有着目标引导和榜样作用，对学生人生观和价值观产生直接影响。男强女弱的引导，不仅不能全面准确展示女性的历史和现实的作用，也让占学生半数的女生们找不到榜样的力量，很难对自己的性别产生认同感。长此以往，女生会对自己的性别产生怀疑，在今后人生道路上的目标追求也会显得迷茫和不明晰，造成性别伤害和性别压抑，不利于人的全面发展。

L 除了学校的建构外，我发现媒体在宣传方面也有很多性别引导。比如我总是看到这样的标题，"女司机是马路杀手""女巨贪的奢靡生活"，广告中也常看到女性多是被动者和被围观者，如"他好我也好""没有油烟味，只有女人味""挺不起胸，怎么抬得起头"等等，这也是性别歧视吧？

3. 媒体的建构。

在媒介技术高速发展的今天，大众传媒作为发布信息的载体和工具，在公众交流和讨论的过程中，起着引导作用。媒体用什么方式和态度来宣传男女两性关系，用什么价值观对两性评价，会在自觉和不自觉中引导社会对两性形象的认定和评价。

比如女司机到底是不是“马路杀手”？一位大V的微博：“我在大街上，谁都不怕，就怕女司机。一看是女人开车，我都乖乖躲避三尺。”这种毫不掩饰的性别歧视言论，暗示女司机对路人更具危险性，事实果真如此吗？2020年，据上海交警数据显示，上海已申领机动车驾驶证的驾驶人760.6万人，女性264.4万人，占34.8%。而2018年全年上海女司机交通肇事只占比13%。长沙交警数据显示，2018年，长沙男性司机发生交通事故数为女性司机的3.8倍。深圳近三年，男性驾驶员伤人交通事故3849起，占比80.29%；女性为945起，占比不足两成。从这三个城市发布的数据看，女司机发生交通事故的比例大大低于男司机，但媒体对交通事故报道中，女司机占比大大超过男司机，而且总以存在失误、致人死伤角色出现。这种对女司机的报道，给人印象就是：女司机与“马路杀手”画等号。这正是媒体因性别刻板印象而进行“选择性报道”的偏差造成的。

在媒体报道中，一些性别歧视的词语也屡屡出现。为此，《中国妇女报》在官方微博、微信上发布了性别歧视类禁用词，要求媒体“禁用剩女、××婊、妓女、卖淫女、三陪小姐、×娘们、内人、贱内、破鞋、狐狸精、事业线、小三、二奶、泼妇、悍妇、怨妇、骚货、长舌妇、老女人、恶婆婆、事儿妈、二手货、灭绝师太、胸大无脑、好男不跟女斗、头发长见识短、最毒妇人心、母老虎等歧视女性的词语、短语，以及有性暗示的词语；同时也禁用直男癌、剩男、老光棍、娘炮、阴阳人、女里女气等歧视男性的词语”。但就在2021年，某部委的一份文件中还提出：“坚决杜绝‘娘炮’等畸形审美”，说明政策制定者如果没有社会性别敏感性，一样会在公共政策中出现误导公众的现象。

L 看来社会性别是由家庭、学校和媒体等在社会文化中共同建构的，我们每个人都不知不觉参与了这种建构，并且它对一个人一生都会产生影响，无论是积极还是消极影响。

对，社会性别的建构涉及每个人，所以性别平等教育也应该是全社会的。

三、社会分工、资源分配和制度建构了社会性别

早在20世纪70年代末，欧美一些学者就提出人类社会不仅有经济制度、政治制度、文化制度，还有一个社会性别制度。这个制度是导致社会性别差异的根源。这点在中央党校妇女研究中心李慧英老师主编的《社会性别与公共政策》一书（见“主要参考书目”第7条，以下引自该书第13—14页）有清晰的分析：

父权制度有两项核心的制度，一是性别分工制度，一是男权家庭制度。这两项制度是将女性置于从属于男性地位的根本制度。

一是性别分工制度。社会分为国和家两部分，国又分为公和私领域。公领域由男性贵族来管理，女性只能退到私领域。私领域分为内和外，男性主外，读书、做官、种田、挣钱，定位于养家糊口，拥有决定权和支配地位。女性主内，生儿育女、做家务、照顾家人，定位于关怀和照顾别人，处于辅佐和服从的地位。性别分工制度造成了男性对权势、武功和财富的崇拜，女性对权势的恐惧和与社会生活的隔绝。

二是男权家庭制度。以男性为中心的家庭婚姻结构的特点包括：以父系为中心的家庭权力机构；从夫居、随夫姓的家庭投资转移；以父传子、子传孙的延续家世制度。

这种性别分工和家庭制度强化了男孩的性别偏好、教育资源向男性倾斜、职业选择的不同以及对职业能力的评价，成为构成男女两性社会性别差距的主要根源。

L 以上分析很透彻，老师能不能举例说明性别制度对社会性别建构的作用和影响呢？

我们试从性别分工制度、分配制度和继承制度来分析。

分工制度：今天农村传统的男耕女织已经变为男工女耕，男性进城务工，女性在家务农。但男主外女主内的分工制度依然没有改变，村里下地干活的多为留守的中老年女性农民，主事的村长绝大多数还是男性，这种分工隔离，给女性发展带来一定阻滞。

分配制度：同工同酬实行了很多年，但女性在工资较高的职业中明显分布不足，在工资较低的分配中比例过高。即使同工往往也不同酬。据调查，2020年女性平均工资仅为男性的75.9%。现在有两个比较集中的分性别就业大军——男性快递和外卖行业，女性家政和服务行业。这两个行业，看起来工资不会相差太大，但是快递小哥们多是靠着大型的快递公司，多给员工买相应的保险，而女性从事的家政服务，特别是个体化的上门服务，少有买保险的，差距也就显现出来了。

继承制度：《民法典》规定："继承权男女平等。"但是由于传统父权制影响，男性上家谱，继承土地和房产，女性不能上家谱，没有平等继承权等现象非常普遍。

L 不仅在农村，在城市，即使是高级知识分子的家庭，这样的情况也屡见不鲜。我认识一对老夫妻，男性是一位厅级干部，女性是医学专家，他们有两个儿子，大儿子生了儿子，小儿子生了女儿。老两口一直住小儿子家，由小儿子和儿媳照顾直至为他们送终。最后，老两口的全部遗产，包括一套住房和积蓄，全部写在大孙子的名下，原因是男丁是他们家的后人，可以传宗接代。

类似这样的现象不是个别，很多家庭在遗产继承中有重男轻女的现象。结果往往是家庭成员不和睦，因遗产分配不公，有些兄弟姐妹从此不再往来；有的不满父母偏好男孩，兄弟姐妹法庭相见；还有的女性说自己很大度，将父母遗产全让给兄弟了，其实内心深处很不平衡。虽然法律规定继承权男女平等，但父权影响下的传统观念一时很难改变，这也是造成继承权不平等的重要原因。

希望随着性别平等观念的普及和深入人心，这种情况会得到改善，男女在遗产继承方面的待遇会更公平。

四、文化期待和性别文化建构了社会性别

课堂中我常用“感受性别词汇”的方式向学员提问，看看当一个词出现后，学员的第一反应：这个词所指的人是男还是女。这些词有：老中医、老农民、公安局局长、护士、大厨师、广场舞、幼儿园园长、小学校长、中学校长、大学校长等。

L 大家是不是将“老中医、老农民、公安局局长、大厨师、中学校长、大学校长”划为男性，将“护士、广场舞、幼儿园园长、小学校长”划为女性?

对，答案相当一致。接下来问题是，这种划分是生理因素决定的，还是社会文化的性别刻板印象呢？大家一致认为，是后者造成的职业隔离。

有一个真实的悲剧值得深思：我在给老师们讲授“性别平等与教师责任”时，一位老师分享了他姨夫的故事。他姨妈能干、有爱心，在农村被选为村主任，但姨夫不让她任这个职务，原因是姨夫性格比较内向，不希望老婆比他强。但村民都认为姨妈行，姨妈也乐意干，于是担任了村主任，干得还不错。自此姨夫觉得老婆比他强，作为大老爷儿们，在村里太没面子了，半年后喝农药自杀身亡了。虽然这是一个极端的例子，但非常值得深思。“男必须强于女”的社会文化认识是一只无形的手，性别偏见把这位丈夫推向了死亡。

L 好悲惨的故事，难道男性一定要刚强、勇敢、果断、坚定，女性一定要柔弱、细腻、体贴、温顺吗？这样的社会性别认知不仅给女性带来歧视，也给男性带来压力，所以人们常说，一个成功的男性身后，有

一个无私奉献的女性，而一个成功的女性身后，往往是一个辛酸的男性。要真正落实男女平等的基本国策，就要不断打破这种传统性别分工和父权家庭制度，让女性和男性都受到社会平等的待遇。

我们积极倡导性别平等是有积极意义的。性别平等不是生物意义上的平等，也不是让女性和男性变得一模一样，而是指所有人，不论男女，都可以在不受各种成见及社会性别角色分工观念的影响、不被各种歧视下，受到平等对待，每个人能凭内心的意愿进行自己的人生道路和爱好的选择，自由发展个人能力，实现自我价值，而不是被所谓“性别适合”的刻板印象束缚个人发展。

思考题

1. 人们说：“培养了一个男孩，是培养了一个人，而培养了一个女孩，是培养了一代人，因为她们是未来的母亲。”你同意吗？用你的性别身份来解答这个问题行得通吗？

2. 在你的人生道路上，性别因素对你哪段经历产生过积极或消极的影响？这种影响是否还在持续？你怎么评判这种影响？

第二讲

推动性别平等的国家力量

CHAPTER 2

L 老师对“男女平等”“社会性别”“性别平等”等概念从理论到实践、从形式到内涵进行了解读，那么，性别平等在各领域、各层次是什么关系，各部门应负起什么责任？老师能不能结合国情做进一步讲解呢？

党的二十大报告对新时代党和国家事业发展作出科学完整的战略部署，明确“五位一体”总体布局和“四个全面”战略布局，以丰富和发展人类文明的新形态。在这个总体布局和战略布局中，每方面都有性别话题和性别平等的相关内容，因此推动性别平等需要多方面努力，政府、学校、社会、媒体等多个层次都应担负起各自的责任。

L 性别平等涉及这么多部门，谁是推动性别平等的责任主体呢？

作为一项综合性治理工作，推动性别平等的责任主体是政府。本讲侧重讲政府推动性别平等的顶层设计和在实际中的推动力量。

第一节
党对妇女工作的领导和政府的系统谋划

党的十八大以来，习近平总书记将妇女事业的发展放在党和国家事业发展全局中擘画，对妇女儿童和妇联工作作了一系列重要指示，集中体现在2023年6月中央文献出版社出版的《习近平关于妇女儿童和妇联工作论述摘编》一书中，主要内容包括：坚持党的领导是做好党的妇女工作的根本保证；实现中华民族伟大复兴是当代中国妇女运动的时代主题；团结带领妇女建功新时代，做伟大事业的建设者、文明风尚的倡导者、敢于追梦的奋斗者；发挥妇女在社会生活和家庭生活中的独特作用；坚持男女平等基本国策，保障妇女儿童的合法权益；关心关爱少年儿童，为少年儿童茁壮成长创造有利条件；以改革创新精神加强和改进妇联组织自身建设；共建共享一个对所有妇女、对所有人更加美好的世界。在党的领导下，中国政府长期以来在顶层设计和系统谋划中致力于推动性别平等。

顶层设计首先体现在法律上，《中华人民共和国宪法》（以下简称《宪法》）第四十八条规定“中华人民共和国妇女在政治的、经济的、文化的、社会的和家庭的生活等各方面享有同男子平等的权利”。在宪法指导下，《妇女权益保障法》《反家庭暴力法》等一系列法律有效地保障了妇女权益。《民法典》系统整合了新中国70多年来长期实践形成的民事法律规范，是一部体现对生命健康、财产安全、公平交易、生活幸福、人格尊严等各方面权利平等保护的法典。学习和执行《民法典》时，要认真理解“平等”的价值理念，《民法典》的条款比以往的各项法律更注重“平等”和“公正”。如以往《中华人民共和国收养法》（以下简称《收养法》）中规定：“无配偶的男性收养女性的，收养人与被收养人的年龄应当相差40周岁以上。”这个表述就不够完备：无配偶的女性收养男性的，需要相差40周岁吗？考虑到性别的平等要求，《民法典》将此句改为“无配偶者收养异性子女的，收养人与被收养人的年龄应当相差40周岁以上”。这一改动真正体现了平等和公正的理念。

其次在系统谋划上注重性别平等的融入。在国家中长期的规划和计划中，都将性别平等纳入了总体目标。如《国家人权行动计划》《中国反对拐卖人口行动计划》《国家中长期人才发展规划纲要》《国家中长期教育改革和发展规划纲要》《卫生事业发展“十二五”规划》《中国农村扶贫开发纲要》《国家贫困地区儿童发展规划》《中华人民共和国国民经济和社会发展第十四个五年规划和2035年远景目标纲要》《中国妇女发展纲要（2021—2030年）》《中国儿童发展纲要（2021—2030年）》等国家级规划和纲要，都写入了男女平等的内容。

这些规划和纲要一是强调了男女平等的权利，二是注重发挥女性在国家治理和社会治理中的作用，三是从国家层面关注和维护妇女权益。如《中国农村扶贫开发纲要》把妇女儿童作为“重点群体”，要求把妇女儿童和残疾人的扶贫开发纳入规划，统一组织，同步实施，同等条件下优先安排，加大支持力度。推动贫困家庭妇女积极参与全国妇女“双学双比”活动，关注留守妇女和儿童的贫困问题。

L 2020年10月召开的两会上，我在电视里看到一场别开生面的中外记者招待会，五位脱贫攻坚中的女人大代表讲述了她们带领父老乡亲致富的故事。她们是湖南省湘西土家族苗族自治州花垣县十八洞村原党支部书记、妇联主席石顺莲、内蒙古自治区呼伦贝尔市莫力达瓦达斡尔族自治旗的岳桂玲、陕西省宝鸡市扶风县召公镇吴家村的村民王喜玲、广西壮族自治区钦州市灵山县三海镇苏屋塘村的村民甘有琴、湖北省咸宁市崇阳县白霓镇大市村党支部书记程桔。她们中有村干部，有普通村民，生动地讲述了在国家脱贫攻坚的整体部署中，作为农村妇女，不仅自己脱贫，还带领村民共同走上了致富道路的故事，很有感染力。听了她们的故事后，我真正感受到了推动性别平等中的国家力量。

是的，正是在国家总体指导下，2020年我国全面完成了脱贫攻坚任务，全面建成小康社会。这一目标只有在党和政府科学部署下才能达到。而妇女在脱贫攻坚和小康社会的建设中，发挥了重要的作用。

L 我国下一个百年的奋斗目标，是实现共同富裕，建设现代化强国，国家出台的政策更关心妇女的发展吧？

2021年3月，《中华人民共和国国民经济和社会发展第十四个五年规划和2035年远景目标纲要》发布，其中专门有一节“促进男女平等和妇女全面发展”，内容全面而丰富：“深入实施妇女发展纲要，持续改善妇女发展环境，促进妇女平等依法行使权利、参与经济社会发展、共享发展成果。保障妇女享有卫生健康服务，完善宫颈癌、乳腺癌综合防治体系和救助政策。保障妇女平等享有受教育权利，持续提高受教育年限和综合能力素质。保障妇女平等享有经济权益，消除就业性别歧视，依法享有产假和生育津贴，保障农村妇女土地权益。保障妇女平等享有政治权利，推动妇女广泛参与社会事务和民主管理。落实法规政策性别平等评估机制，完善分性别统计制度。提高留守妇女关爱服务水平。严厉打击侵害妇女和女童人身权利的违法犯罪行为。”这些具体要求，为“十四五”时期妇女儿童事业的发展提供了重要指导和根本遵循。

2021年9月9日，《国家人权行动计划（2021—2025年）》发布，行动计划在妇女儿童权益保障方面，列出了详尽计划，强调持续改善妇女发展环境，促进妇女依法平等行使权利、参与经济社会发展、共享发展成果。保障儿童生存、发展、受保护和参与的权利，缩小儿童发展的城乡、区域和群体差距，促进儿童健康、全面发展。

2021年9月发布的《中国妇女发展纲要（2021—2030年）》和《中国儿童发展纲要（2021—2030年）》更是对男女平等发展作了具体的部署和安排。

2022年10月30日，新修订的《中华人民共和国妇女权益保障法》通过并于2023年1月1日开始施行。其内容更全面和系统地保障了妇女的权益。

国家的系统谋划，比任何方式都有效地推动了妇女事业的发展。党的二十大提出了中国式现代化："坚持中国共产党领导，坚持中国特色社会主义，实现高质量发展，发展全过程人民民主，丰富人民精神世界，实现全体人民共同富裕，促进人与自然和谐共生，推动构建人类命运共同体，创造人类文明新形态。"在这一进程中，妇女不仅是受益者，同时也是参与者，正如习近平主席2015年9月27日在全球妇女峰会上的讲话所说："我们要把保障妇女权益系统纳入法律法规，上升为国家意志，内化为社会行为规范。"中国政府在妇女事业发展上的基层设计，正是国家意志的充分体现。

第二节
国务院妇儿工委的协调和推动

L 妇联和工会、共青团都是群众团体组织，但是“妇女儿童工作委员会”是个什么组织，与妇联是什么关系呢？

首先要明确，妇女儿童工作委员会是政府机构，从国家层面看，是国务院的一个部门，从各省区市看，是地方政府组织。这个机构成立于1990年2月，当时叫“国务院妇女儿童工作协调委员会”，1993年8月更名为国务院妇女儿童工作委员会，简称“国务院妇儿工委”，是国务院负责妇女儿童工作的议事协调机构，协调和推动政府有关部门来执行妇女儿童各项法律法规和政策措施。妇儿工委不仅在国家层面设置，省（区、市）、市、县（市、区）都有。

各级妇儿工委领导人层次比较高，国务院妇儿工委主任一般由副总理兼任，各地方妇儿工委则由副省长（副主席）、副市长、副县长兼任。国务院妇儿工委有35个成员单位，各地方妇儿工委也有相应的成员单位，这些单位在妇儿工委协调下，为各地妇女儿童事业发展担负起重要的推动作用。

L 妇儿工委推动和落实性别平等要做哪些具体工作呢？

凡是与妇女儿童发展相关的工作都与妇儿工委有关联。主要的工作有：

编制中国妇女和儿童发展纲要并组织实施和监测评估；协调和推动国务院妇女儿童工作委员会35个成员单位做好维护妇女儿童权益，实施妇女、儿童纲要工作；开展调查研究，为委员会决策妇女儿童发展中的重大问题提供依据；承办全国妇女儿童工作会、国务院妇女儿童工作委员会全委会、专题会和经验交流与表彰工作；指导省级妇女儿童工作委员会办公室的工作；负责日常行政事务，编发各类文件，并完成国务院妇女儿童工作委员会交办的其他工作。

国务院妇儿工委在推动每个周期的《中国妇女发展纲要》和《中国儿童发展纲要》（以下简称《两纲》）制定和出台、规范《两纲》的监测评估担纲了重要责任。通过实地考察，听取汇报，总结归纳，编制每个周期的中期和终期统计监测报告，展示了我国妇女儿童发展的总体情况。

国务院妇儿工委在我国推动性别平等主流化中做了大量有效的工作，特别是在推动性别平等教育进党校、进中小学课堂中发挥了积极的作用。发布相关文件，多次举办全国中小学性别平等教育培训班，编制参考资料，确立试点省市，主要领导亲自到一线去督导和调研，大大推动了性别平等的进程。

国务院妇儿工委积极推动全球性别平等和妇女发展，加强与国际妇女的联络，推动世界性别平等的进程。2023年3月7日，国务院妇儿工委派代表参加联合国安理会妇女、和平与安全问题公开辩论会，中方代表从多方面呼吁国际社会积极推动妇女事业的发展，发挥妇女在和平事业中的平等作用。还对中国推动世界和平所作的努力进行了回顾——过去30多年，中国派出1000多名女性官兵参与联合国维和行动，执行扫雷排爆、巡逻警戒、医疗救治等任务；中国帮助发展中国家实施“妇幼健康工程”，同联合国儿童基金会合作，共同改善了非洲国家孕产妇和新生儿健康；为发展中国家培训超过13万名妇女人才，托举了更多女性用知识和技能改变命运。还向世界展示了中国政府在支持妇女教育、妇女进入数字化领域、推动农村妇女发展直播带货等方面带来的有效成果。让世界对新时代中国妇女的发展有了全新认识。

各地的妇儿工委也做了大量的工作，如北京市妇儿工委在进一步消除就业性别歧视，切实减轻女性的家庭负担，加快儿童友好城市建设，关注家庭规模、家庭结构出现的新变化、新特征等方面做出了总体部署和具体工作。

上海市妇儿工委参与制定的《上海市妇女权益保障条例》于2023年1月

1日起实施。提出保障妇女的合法权益是全社会的共同责任，各行政区域内的国家机关、社会团体、企业事业单位、基层群众性自治组织以及其他组织和个人，要落实男女平等基本国策。

广东省妇儿工委在男女平等基本国策课程进省委党校主体班次和性别平等进中小学课堂中做了大量的推动工作，多次进行师资培训。2023年4月，广东省妇联、省妇儿工委再次举办“男女平等基本国策中小学师资能力提升活动”，通过专题讲课、现场教学等方式，取得了良好的效果。

第三节

《中国妇女发展纲要》和《中国儿童发展纲要》

L 我注意到，2021年8月25日，国务院常务会议审议通过了《中国妇女发展纲要（2021—2030年）》和《中国儿童发展纲要（2021—2030年）》（以下简称《两纲》），作为妇女和儿童10年的发展纲要，老师能不能解读一下这两个纲要呢？

从1995年开始，国务院妇儿工委就协助国务院制定和颁布《中国妇女发展纲要》和《中国儿童发展纲要》。2021年9月颁布新一轮的《两纲》是第四个周期。全国31个省（区、市）以及市、县（区）级政府根据国家《两纲》目标要求，制定本地区具有地方特色的《妇女发展规划》和《儿童发展规划》，在全国形成自上而下促进妇女和儿童发展的目标体系。

国家《两纲》体例基本一致，包括四大部分：前言；发展领域、主要目标和策略措施；组织实施；监测评估。《两纲》在坚持男女平等原则的基础上，积极回应了不同时期妇女儿童发展需求。下面我们来解读一下：

一、妇女儿童工作是伟大、有希望的事业

《中国妇女发展纲要（2021—2030年）》（以下简称《妇女发展纲要》）前言第一句话是："追求男女平等的事业是伟大的。妇女是人类文明的开创者、社会进步的推动者，是全面建设社会主义现代化国家的重要力量。"

《中国儿童发展纲要（2021—2030年）》（以下简称《儿童发展纲要》）第一句话是："儿童是国家的未来、民族的希望。当代中国少年儿

童既是实现第一个百年奋斗目标的经历者、见证者，更是实现第二个百年奋斗目标、建设社会主义现代化强国的生力军。”

这两段话把妇女和儿童事业提到了一个很高的高度——伟大而有希望的事业。

L 从现实看，我们怎样来理解将妇女儿童事业提到这个高度呢？

一是从妇女和儿童人口占比来看，第七次人口普查的数据显示，我国女性人口约为6.88亿，0—17周岁人口约为2.98亿，二者相加为9.86亿，占总人口14.1178亿中的69.8%。要服务和规划好中国近七成人口的发展，称之为伟大和有希望的事业并不为过。

二是从妇女和儿童事业发展来看，党的十八大以来，妇女事业得到了长足的发展，以习近平总书记为核心的党中央将“坚持男女平等基本国策，保障妇女儿童合法权益”写入了党的施政纲领，成为治国理政的重要内容。妇女参与经济社会发展的能力和贡献率明显提升，各项指标都在进步。儿童事业发展也得到了党中央高度重视，党和国家把培养少年儿童作为一项战略性、基础性的工作，坚持儿童优先原则，大力发展儿童事业，使中国儿童在健康、受教育等多方面得到关爱和保护，所以妇女儿童事业是伟大和有希望的事业。

三是从我国总体布局来看，随着我国小康社会向共同富裕社会推进，国家治理体系和治理能力的现代化水平不断提高，需要妇女更好发挥“半边天”作用，需要培养造就新时代德智体美劳全面发展的社会主义建设者和接班人，需要将性别平等理念上升为全社会的价值认同，因此妇女儿童事业是伟大、有希望的事业。

二、坚持问题导向规划好妇女儿童发展目标

L 党的十八大以来，我国妇女儿童事业发展是有目共睹的，无论在民主参与还是经济发展中，妇女都发挥了积极作用，但也存在对女性的就业

歧视、女性政治参与率不高等问题。儿童的保障越来越好，我们家门口就有好几家幼儿园，小区孩子都有幼儿园可上，但是普惠性幼儿园还是少了些，幼儿教育的科学性还待提升。这是不是说明，妇女和儿童事业在发展中还存在一些需要解决的问题？

是的，我国妇女儿童事业总体发展是积极向上的，社会保障水平不断提升，发展环境日益优化，但进入新时代后，我国社会主要矛盾发生了历史性变化，同时，受经济和社会发展水平以及地域发展不均衡等原因制约，我国妇女和儿童发展仍存在着发展不平衡、不充分的问题。《两纲》坚持问题导向、目标导向和结果导向，有针对性提出了我国妇女儿童发展中的现实问题和解决的思路。

从妇女发展来看，目前主要有四方面问题：

一是城乡、区域和群体之间妇女发展存在差距，农村特别是欠发达地区的妇女民生保障力度还需加大。二是妇女在就业、人身财产、婚姻家庭等方面平等权利的保障仍面临现实困难。三是妇女参与国家经济文化和社会事务管理的水平有待全面提升。四是针对妇女各种形式的歧视不同程度地存在，性别平等观念有待进一步普及，妇女发展的社会环境需要进一步优化。在这些问题中，性别不平等问题被多次提及，因为在发展不平衡、不充分中，妇女除了受到当地经济社会发展影响，还受到落后观念和相关因素的影响，如针对妇女各种形式的性别歧视，会反映在妇女参政、就业、家庭等多个方面，需要有关部门努力对标解决。

儿童发展中的问题主要有五方面：

一是贯彻儿童优先原则的力度需要进一步加大，儿童思想引领需要进一步增强。二是保障儿童权利的法制建设需要持续推进。三是儿童发展的城乡、区域和群体之间差距需要进一步缩小。四是基层儿童保护和服务机制需要进一步健全。五是科技进步和生活方式变革给做好儿童工作带来了新的挑战。儿童发展的问题已提上重要的议程，儿童是国家的未来、民族的希望，各项权利能不能得到保障，儿童的价值观和人生目标是不是正确，都关系到国家的未来。

L 坚持问题为导向，有利于提出有针对性的解决方案，《两纲》一方面看到了成绩，另一方面将问题罗列出来，在问题驱动下全盘设计和思考，会让妇女儿童事业更有目标导向性吧?

是的，从问题导向出发，对准确把握新发展阶段、深入贯彻新发展理念，加快构建新发展格局中同步推进妇女儿童事业高质量发展有积极的意义。《两纲》始终以习近平新时代中国特色社会主义思想为指导，贯穿以人民为中心的理念、实事求是的原则，在发现问题、聚焦短板弱项方面加大了目标力度。在解决问题上，强调了公共服务体系和制度机制建设，重点保障特殊困难妇女儿童群体权益，缩小了妇女儿童发展的城乡、区域、群体差距，强调家庭、学校、社会和网络对儿童全方位全过程的综合保护。

三、妇女儿童发展的领域和目标措施

L 《妇女发展纲要》设置了健康、教育、经济、参政、社会保障、家庭建设、环境、法律八个领域，提出75项主要目标和93项策略措施。《儿童发展纲要》设置了健康、安全、教育、福利、家庭、环境、法律保护七个领域，提出70项主要目标和89项策略措施。两个纲要纵向涉及面深，横向覆盖面广，对今后10年妇女儿童发展是一个非常好的指导吧?

对，这些目标措施非常完备。从《妇女发展纲要》看，妇女发展领域、主要目标和策略措施共涉及八个领域：

1. 妇女与健康。十大目标，对妇女的全生命周期提出了服务要求：妇女人均寿命的延长、孕产期的保健、两癌防治、优生优育、预防艾滋病、心理健康素养提升、健康素养、营养状况、参与锻炼、健全妇幼服务体系。

健康是生命之本，健康与性别关系密切，妇女担负着人类再生产的重担，将妇女生命全周期加以特殊保护，正是国家推动性别平等作出的努力。

2. 妇女与教育。十大目标：加强政治教育，贯彻男女平等基本国策，增强老师和学生的男女平等意识，女童义务教育巩固，平等接受高中教育，职业教育水平提高，高校男女均衡，培养女性科技人才、提高女性科学素养，促进终身学习，消除女性文盲等。

教育章节有两个亮点：一是强调思想政治教育的重要性，增进妇女对习近平新时代中国特色社会主义思想的全面认同，把妇女发展提到一定的政治高度，与习近平新时代中国特色社会主义思想教育更吻合。二是强调男女平等贯穿在教育的全过程，在目标体系中，从教育工作、大中小学、教育和学生、女童教育、高中教育等方面五次提到了“平等”的重要。在策略中多处明确性别平等推动的路径、方法和内容。如“探索构建学校教育、家庭教育、社会教育相结合的性别平等教育模式”，就是非常落地的性别平等要求。

3. 妇女与经济。九大目标：平等参与的权利和机会、促进平等就业、优化平等的就业结构、促进女性人才发展、男女劳动报酬公平、保障妇女的健康和安全、维护农村妇女权益、增强低收入女性群体发展的能力、鼓励妇女在乡村振兴中发挥作用。

促进妇女全面参加经济发展，强调平等就业、公平报酬和农村妇女平等权利，奠定了妇女发展基础，适应了人民追求美好生活的需要。将当前城市发展中妇女就业时受歧视，农村发展中妇女土地权益得不到保障等问题特别列出来，不仅是平等理念的传播，更为妇女充分参与经济高质量发展创造了有利条件。

4. 妇女与决策和管理。十大目标：提升参与民主建设和社会治理的水平、党员和党代会的女性比例、人大和政协女性的比例、县以上领导班子女干部比例、国家机关和县以上政府女性正职比例、事业单位领导班子女领导比例、企业领导和职代会女性比例、村两委女性比例、社区两委女性比例以及鼓励女性成为社会组织负责人。

在十大目标中，妇女参政目标从省级到村居，涵盖面很广。有些有数据比例要求，如村委会成员中女性比例达30%以上，社区居委会主任中女性比例达40%以上，这是最低的硬指标。有些没有量化，用“逐步提高”来表述，根据各级各地历史和现实情况确立，是实事求是的反映。

5. 妇女与社会保障。九大目标：平等享有社会保障权益、生育保障、医疗保障、养老保险、失业和工伤保险、社会救助、福利待遇、养老服务以及关爱困难妇女。

性别平等理念贯穿在社会保障体系中，妇女独特的生理特征和文化特征得到关注。如生育保险问题，解决得好，有助于国家生育政策的落实，更好应对老龄化社会。现实中，妇女易贫或返贫概率更大，因此强化社会救助对生活困难妇女的兜底保障，是解决社会难点的重要抓手。

6. 妇女与家庭建设。九大目标：爱国爱家的核心价值观、男女平等的家庭政策体系、公共服务对家庭的支持、家庭家教家风的作用、妇女的独特作用、男女平等的文明关系、男女共担家务、提升老年妇女的生活质量、夫妻共同承担子女的教养。

家庭建设是《妇女发展纲要》的新增章节，是将家庭从私领域纳入国家事务的重要转折。在树立新时代家庭观念中，始终贯穿性别平等理念，甚至把“支持男女共担家务，缩小两性家务劳动时间差距”具体表述列入了主要目标中，是鼓励男女两性在家庭事务中平等担责的国家倡导，体现了千家万户都好，国家才能好的新时代家庭观。

7. 妇女与环境。九大目标：提高思想政治意识、提升全社会性别平等意识、传媒领域性别平等评估和监管、妇女媒介素养、生态文明意识、减少环境污染、男女公厕位的标准化、应急处突能力的提高、国际交流合作。

环境包括社会环境和生态环境两大方面，社会环境方面的亮点是强调提升全社会性别平等意识，将男女平等基本国策的宣传推入“五进”，即进机关、进学校、进企业、进城乡社区、进家庭。长期以来，男女平等基本国策的宣传多停留在妇联工作中，这次提到全社会都要学习宣传性别平等，是落实习近平主席“保障妇女权益必须上升为国家意志，让性别平等真正成为全社会共同遵循的行为规范和价值标准”（《习近平在联合国大会纪念北京世界妇女大会25周年高级别会议上的讲话》，2020年10月1日）的具体举措。

8．妇女与法律。九大目标：落实男女平等的宪法原则、性别评估机制建设和落实、妇女学法守法用法意识、《反家庭暴力法》、严厉打击拐卖性侵妇女、遏制性骚扰、打击网络犯罪、保障妇女家庭财产权、提供司法求助。

在司法理论和司法实践中，本节强调了性别平等的理念和要求。全面贯彻落实宪法的男女平等原则，是所有立法的基础。无论法律法规还是村规民约，都不能违背这一原则。妇女自身要提高遵法学法守法的意识和能力，学会用法律保护自己，还要求国家和司法部门严厉打击违法犯罪行为，保障妇女合法权益，在整个司法全过程中体现性别平等的要求。

L 老师将《妇女发展纲要》解读得非常明白，在目标要求上，既有高屋建瓴的国家倡导，又有具体细小的目标要求。我对“妇女与家庭建设”这一节特别感兴趣，因为具体列了“男女共担家务”和“夫妻共同承担未成年子女的抚养、教育、保护责任”等内容。过去我们都认为家庭是私事，与外人无关，更何况国家呢！但现在国家纲要把家庭建设列为发展领域提出，说明家庭对促进社会和谐、国家稳定的作用越来越明显了。

是的，不仅在《妇女发展纲要》中增加了“家庭建设”这一节内容，在《儿童发展纲要》中也增加了两节内容，即“家庭建设”和“儿童安全”。

L 老师能不能也简要地解读一下《儿童发展纲要》？

《儿童发展纲要》七个目标包括：

1. 儿童与健康的十二项目标，对从父母婚前、孕期到新生儿到儿童整个成长时期的身心健康提出了保障要求。

2. 儿童与安全的十大目标，提出了减少儿童伤亡、保障各项生活的安全项目。

3. 儿童与教育的九大目标，提出了以立德树人为根本任务，提高儿童教育全过程的科学性要求。

4. 儿童与福利的十一个目标，强调了基本公共服务的均等化和普惠性教育体系的建立。

5. 儿童与家庭的八大目标，发挥家庭作为儿童的第一所学校的作用，尊重儿童的主体地位，构建平等和谐的亲子关系。

6. 儿童与环境的十大目标，强调儿童优先的理念和生态环境的保护，建设儿童友好城市和儿童友好社区。

7. 儿童与法律保护的十大目标，提出了司法保护体系的健全和儿童法治素养的提升。

L 新的《儿童发展纲要》与性别平等的关系表现在哪些方面呢?

《儿童发展纲要》在指导思想、基本原则中强调“坚持保障儿童平等发展。创造公平社会环境，消除对儿童一切形式的歧视，保障所有儿童平等享有发展权利和机会”。在目标要求上，多方面提出了性别平等的内容，如在教育中提出“中小学、幼儿园广泛开展性别平等教育”“保障女童平等接受义务教育”“开展民主、文明、和谐、平等的友好型学校建设”等要求。在“儿童与家庭”这一节中，强调“增强亲子互动，建立平等和谐的亲子关系”“教育引导儿童传承尊老爱幼、男女平等、夫妻和睦、勤俭持家、亲子平等、邻里团结的家庭美德”等内容。

性别平等从家庭做起、从娃娃抓起是一项特别重要的工作。家庭和学校有没有性别平等意识，对儿童特别是女童的成长至关重要，这点已经受到了国家的高度关注。

L 2023年4月，国家统计局发布了《2021年〈中国妇女发展纲要（2021—2030年）〉统计监测报告》，报告显示了《妇女发展纲要》开局之年的实施进展情况。应该较好地完成了相应的指标吧？

是的，2023年4月20日，国家统计局公布了《妇女发展纲要》八个领域的统计监测指标的相关数据，对实施进展情况作了综合分析。

统计结果显示：《妇女发展纲要》实施首年总体进展顺利——妇女健康水平持续提高，女性全生命周期管理不断健全；女性受教育水平稳步提升，高等学校在校女生已占在校生的50.2%；妇女经济社会地位不断提高，全社会就业人员中女性比重保持在四成以上；妇女参与决策和管理水平不断提升，女干部所占比例不断扩大、女性参与企业决策管理更为广泛、参加基层社会治理的女性人数不断提升，村委会主任中女性比例已经达到11.1%；妇女参与社会保障的范围不断扩大，更多城乡女性居民参加了基本医疗保险；妇女在家庭建设中发挥了更积极的作用，家庭家教家风建设不断深化；妇女与环境进一步优化，饮用水安全保障和人居环境得到改善；妇女权益得到更好的保障，预防和制止家庭暴力取得新成效，打击针对妇女违法犯罪行为取得新进展，女性接受公共法律服务可及性增强。

随着《中国妇女发展纲要（2021—2030年）》的实施和落实，到2030年，相信我国妇女在各方面的发展会越来越好。

第四节 建立完善的性别平等监测评估机制

一、性别平等的实施要求及监测机构的确立

L 从《两纲》来看，第三章是组织实施，第四章是监测评估，那么有没有专门机构来承担监测和评估的具体工作呢？

监测评估是《两纲》实施的重要环节，评估的指导思想和要求主要有以下几个方面：

一是坚持党的全面领导，坚持以习近平新时代中国特色社会主义思想为指导，坚持以人民为中心的发展思想，把党的领导贯穿在《两纲》实施的全过程。

二是坚持各方协同的实施机制，按照党委领导、政府主责、妇儿工委协调、多部门合作、全社会参与的工作机制落实《两纲》。从国务院到各级人民政府，特别是扛标单位，在实践中对标实施，在出台法律、制定政策、编制规划、部署工作时全面落实男女平等基本国策。

三是与国民经济和社会发展同步规划、部署、推进和落实。各省（区、市）、市、县（市、区）制定相应的规划和实施方案，完善工作制度和机制，加强经费支持，加大宣传力度。

四是加强对妇女和儿童发展规律的调查研究，为科学决策提供有效依据。

五是加强监测评估制度建设，落实监测评估的组织领导，责任到位，监测到位，中期和终期评估规范化。

六是加强分性别统计监测。将相关数据纳入国家和部门常规统计中，

建立完整和有效的分性别数据库，并有效利用数据成果。

以上指导思想是纲领性的，各相关部门要按照职责做好工作。特别是各级妇儿工委，要将纲要目标分解到各责任单位来健全报告制度，使之真正落到实处。

关于性别平等机构和机制的工作，我国探索了十几年，这就是“性别平等评估机构”的建立。2012年，江苏省妇联与江苏省政府法制办联合在全国率先成立了“政策法规性别平等咨询评估委员会”，建立全国第一个地方法律政策性别平等评估机制。2014年，广东省经过调研和结合省情，建立了广东省性别平等咨询评估委员会。随后各地纷纷探索建立了适合本地实际的性别平等评估机制，到2018年底，全国31个省（区、市）建立了法规政策性别平等评估机制，将男女平等价值理念具体落实到法规政策的制定、实施和监督各环节，男女平等法治保障更加健全。

L 性别平等咨询评估委员会主要工作职责是什么？工作是怎样运行的？

最早建立性别平等咨询评估委员会的江苏省将性别平等咨询评估委员会的工作原则确定为“立法中参与、立法后评估、性别理念传播”，他们的经验是：

一是建立健全评估机构，由指导委员、专业委员、特邀委员参加，由法律专家、法学专家、妇女学研究专家共同组成专家委员会。

二是评估委员会与法制办、人大建立良好的协作关系。受政府法制办委托和妇联委托，对将要出台的政策和法律进行研究、论证、跟踪评估，包括舆情收集、分析评估等，评估包括合理性、合法性、科学性和有效性。发现问题即形成书面报告，由法制办提交给制定或实施该法案或政策的部门和单位，接受单位必须对报告进行反馈。

三是建立工作制度，包括联席会议制度、规范性文件备案制度、专家审核制度、督查制度等。

四是完善工作程序：接受委托——收集研判信息——论证评估——提出建议——给予反馈答复。

在这个工作机制下，江苏省性别平等咨询评估委员会一年中就组织了154人次专家，参与了30多部政策法规制定，提出建议238条，其中44条被采纳，极大推动了性别平等理念在法规政策中的贯彻与落实。

二、分性别统计的科学化推进

L 在监测评估中，指标量化的方式是不是最好的监测评估方法呢？当下大数据发展背景下，通过分性别统计数据的公布，让监测评估的精准性更强，帮助有关部门制定对策时应该更有针对性吧？

是的，分性别统计确实是有用又好用的方法。2018年7月，我在网上看到广东深圳市的社会性别统计报告和河北省分性别统计分析报告，感受到分性别统计的重要性，于是在一个性别研究微信群里转发了。《中国妇女报》记者看到后，希望我谈谈对分性别统计的看法。为完整表述当时情景和分性别统计的重要性，下面转载发表在2018年8月7日《中国妇女报》的访谈全文。当年分性别统计入选了2018年度性别平等十大新闻事件之一，可见分性别统计的重要程度。

分性别统计：为推进性别平等提供科学依据

访谈提示：

近期，《2016年深圳市社会性别统计报告》和《2016年河北省分性别统计分析报告》先后发布，两份报告从人口构成到教育、就业、参政等方面较清晰地勾勒了两性发展的情况。两份报告分别揭示出两地性别平等推进的哪些信息？分性别统计的工作应如何系统开展？当下推进分性别统计面临哪些机遇和挑战？就这些问题，中国妇女报·中国女网记者采访了中共广州市委党校教授葛彬。

中国妇女报·中国女网记者　刘天红

中国妇女报·中国女网：从最近公布的《2016年河北省分性别统计

分析报告》(简称河北《报告》)和《2016年深圳市社会性别统计报告》(简称深圳《报告》)中，分别可以读出两地性别平等状况的哪些重要信息?

葛彬：两份报告从人口构成到教育、就业、参政等方面较为清晰地勾勒了两性发展的情况。河北是中部省份，其数据涉及城市和乡村，在中国更具有普遍性。河北《报告》通过城市和农村性别数据对比，显示了城乡妇女发展情况，如在参与公共管理方面，全省各地居民委员会成员中女性成员比例为63.6%，村委会成员中女性比例仅为16.1%；居民委员会主任中女性比例为63.0%，村委会主任中女性比例为1.39%。这说明城乡女性参与社会治理差距非常大，农村有很大的提升空间。

另一值得关注的是，分性别统计不仅限于女性，还关注了两性发展。如深圳《报告》的统计基本都有性别比。如在社会保障方面：基本养老保险参保男女性别比为129.71，基本医疗保险参保男女性别比为127.42，工伤保险参保男女性别比为134.56，生育保险参保男女性别比为131.54，失业保险参保男女性别比为134.82，住房公积金缴存男女性别比为145.06。这比较充分地反映了两性情况，如女性在社会保障方面的参保率明显不足，尤其在住房公积金的缴存方面差不多少了三分之一。

社会性别理论要求不仅关注女性，同时关注男性，通过这些数据比，能使有关部门发现两性存在的不同问题，以找到更精准的对策。

中国妇女报·中国女网：在河北和深圳这两份报告中，您最关注哪些指标?

葛彬：我最关心三点，一是出生性别比，二是女童受教育情况，三是女性就业情况。我国出生性别比虽连续多年下降，但还处于较高位置。深圳《报告》显示，2016年深圳市出生人口性别比为111.06，比2015年的107.76高出3.3个百分点。河北《报告》显示，2016年出生性别比为108.57。2015年中国出生性别比为113.51，对比来看，这两地相对还是比较低。国家一直在采取相应办法减少性别差距，从数据看还是取得了成效。女性文盲问题不解决，不仅会导致贫困的发生，增加扶贫难度，还会阻碍中国扶贫计划。两份报告显示，当今女童受教育程度都达到了百分之百，意味着未来社会将逐步消除文盲问题，尤其是女性文盲问题，这是让人欣喜的。在女性就业分布中，河北《报告》显示：城镇非私营单位就业人员中女性为237.37万人，占比为37.11%；乡村劳动力中女性达798.7万人，占比为42.9%，显示女性就业率总体向好。但也说明女性在工资较高职业中分布不足，在工资较低职业中比例过高，这也会影响到女性社会保障的情况，需要调整。

中国妇女报·中国女网：上述河北省和深圳市两份分性别统计数据报告的发布具有怎样的重要意义？为什么说在全国范围内推进性别统计工作，必要且迫切？

葛彬：性别统计是通过对男性和女性自然和社会属性及其相互关系与作用来反映性别发展特征的。我国历史上有关女性的统计资料非常少。我在写《宋代女性文化》这本书的过程中发现，在浩瀚的历史资料中，可以找到男丁人数，甚至耕牛数字，却很难找到与女性人口相关的数字。在1930年写的《寻乌调查》中，毛泽东用了大量统计数据显示20世纪30年代中国小城镇的情况，包括了对生活在社会底层妓女情况及原因的分析，到今天仍有现实意义。

中华人民共和国成立以来，我国越来越重视统计工作，1983年国家通过了《统计法》，为依法统计提供了法律依据。随着大数据时代的到来，统计的重要性日益彰显。两份报告，一是让人们更清楚地了解了两性在经济社会发展中的基本情况和地位、权利、作用和发展状况；二是通过数据可以发现两性发展中存在的问题，进而为分析、解决问题提供参考依据；三是数据反映的社会性别不平等现象，促使人们从性别理论的角度去看两性问题，在坚持男女平等基本国策的基础上促进男女两性和谐发展。

中国妇女报·中国女网：我们应如何理解“分性别统计”与“社会性别统计”？关于性别统计指标体系设计，您有什么建议？

葛彬：此次两地报告在名称上略有不同：《河北省分性别统计分析报告》和《深圳市社会性别统计报告》。从字面上来看，“分性别统计”包括生理性别，如出生人口和两性预期寿命的“自然”情况及经济社会发展中的社会性别发展情况，其实这些“自然”因素往往带有很浓的社会性别色彩。而“社会性别统计”，更多从社会性别视角，分析社会文化造成的性别差异。两地报告既有关联，又各具特色。如河北省妇儿工委在关于报告产生的过程中，讲到他们学习了深圳经验，又立足本省实际，综合现有监测统计数据及分性别统计数据，从社会性别视角直观反映河北省妇女儿童的发展现状。深圳是改革开放前沿，勇于创新，其展示了深圳两性发展的情况，内容细致、全面。其实我觉得用什么名称不是主要问题，重要的是能否坚持男女平等基本国策的指导，用社会性别理论来分析数据，使之更符合中国国情和地域特色。

至于性别统计的指标体系，两个报告基本涵盖了两性发展的基本情况，但在覆盖经济社会文化各个方面来讲，还不充分，如女性劳动付出与经济资源的分享，女性人口的分布与参与社会管理的对比性数据，针对家庭暴力和性骚扰的数据，妇女无酬的家务劳动及照料儿童的时间统计等内容还需要进一步完善。

中国妇女报·中国女网：您认为，当下中国推进性别统计工作有哪些机遇及挑战？应如何应对这些挑战？

葛彬：从国际上讲，1995年世界妇女大会通过的《北京行动纲领》从多方面要求各国制定适当的性别统计方法，提出促进研究、收集数据和编制有关性别的统计数字，编制归纳不同主题领域统计资料的产出，以求改善与妇女在经济、社会、文化和政治发展方面有关的数据。这对我们制定性别统计提供了可参考的要求，值得借鉴。

在全国范围内推行分性别统计工作，也已引起人们关注。2016年全国两会期间，全国政协委员张静提交了《关于加强性别统计工作的建议》，希望在国家大数据战略顶层设计中增加性别维度。国家统计局对此答复，说明国家《妇女儿童状况综合统计报表制度》的建立及目前正在实施性别统计的相关事宜。以此表明，在全国范围内建立分性别统计已得到政府相关部门的高度重视。政府作为推动性别平等的责任主体，意识到这点非常重要。1995年以来，国务院先后颁布了三个周期的《中国妇女发展纲要》，提出了妇女发展的总体目标、优先领域、主要目标及策略措施，要求建立和完善国家、省、地三级妇女发展监测数据库。这些都为推动国家级性别统计提供了基础。

当然，作为全国性的性别统计，还会遇到文化观念的、战略思维的、统计专业的、国际标准的等多方面的挑战。做好统计工作不仅是统计部门和妇儿工委、妇联的事情，更关系到社会各个部门。需要协调参与，共同编制。

L 看来用数据作为评价标准，是政府推动性别平等的重要依据，数据显示了性别平等的差异。为了消除数字鸿沟，各级政府和相关部门在制定政策、帮扶重点等方面会更有针对性和科学性吧？

对，分性别统计工作在各地越来越受到重视和关注，它可以使我们认识男女两性的生存状况、经济状况、社会地位的差距，并为决策提供依据。各地已经开始统一部署分性别统计的工作，2019年5月，广东省分性别统计工作会议在惠州召开，广东省级分性别统计工作也拉开了序幕，会议要求按照时间节点做好网上年报直报工作，写好两个规划统计监测报告，并要求运用统计数据推动全省两个规划如期达标，为编制新一轮妇儿纲要规划提供科学依据。与此同时，广东省分性别统计制度和分性别统计表的发布，对男女性别平等关注度较高的九大领域——婚姻、就业、教育、文化、卫生、社会管理、参政议政、权益维护和社会保障等方面的基本情况进行了指标规范，统计指标共有800多个。数据来源主要通过相关部门的行政记录、部门综合统计调查、人口普查、劳动力调查等方式获得。数据采用统计数据网络直报方式采集。广东省统计局负责组织实施和数据发布，22个省直部门参与相关数据的采集和报送工作。这项工作的开展，使分性别统计工作有了很好的参照依据。

为了更好地落实分性别统计，相关培训工作也在基层展开，2020年11月，广东省韶关市妇儿工委对其成员单位开设了分性别统计学习班，我为这个班讲授了“分性别统计的意义及实践”课程。2021年11月，广东省紫金县也将“分性别统计”的内容纳入基层妇联干部课程当中。我的课程涉及性别平等的理论和分性别统计的意义及方法。在新一轮的《两纲》颁布后，特别结合相关的指标要求，讲授分性别统计的重要性。

2022年5月，广东电视台民声热线的上线单位为广东省统计局，统计局领导亲自讲述了广东省分性别统计正在做的九大目标工作，记者也对我进行了专访，谈到了性别平等统计工作的重要性和紧迫性，从而得到网友们的点赞。

新的《妇女权益保障法》在总则中也提出了分性别的重要性——第九条：国家建立健全妇女发展状况统计调查制度，完善性别统计监测指标体系，定期开展妇女发展状况和权益保障统计调查和分析，发布有关信息。

当然，分性别统计是个很专业的工作，需要统计部门对各级妇儿工委成员单位的相关人员进行具体指导和专业培训，才能使数据科学有效。

三、有效利用监测评估成果

L 监测评估后的成果如何使用，在实践中进行得如何？老师有没有这方面的典型案例呢？

在实践中，分性别统计目前在不少领域已经应用于统计数据了。第七次人口普查给我们提供了很多性别相关的数据，要很好地利用。这里我引用2021年4月上海市统计局发布的《上海市老年人口和老龄事业监测统计调查制度》调查数据，调查截止时间为2020年12月31日，这个统计对上海老龄化的情况做了分性别统计，为科学决策提供了重要依据。

数据显示，上海60岁以上的老人比例已达36.1%，是超老龄化了。值得关注的是，这个统计对上海市老年人口性别分布作了精确表述——老年人口性别构成：60岁及以上老年人口中，男性占48.0%，女性占52.0%；65岁及以上男性占47.3%，女性占52.7%；70岁及以上男性占46.3%，女性占53.7%；80岁及以上男性占40.7%，女性占59.3%；100岁及以上男性占25.7%，女性占74.3%。数据显示，上海100岁及以上老年人口共3080人，其中男性792人，女性2288人。结果显示，年纪越大，女性长寿的比例越高。统计还精细到上海12个区百岁老人的分性别统计，如排在第一位的浦东新区人数最多，共642位，其中男性145位，女性497位，占77.4%。黄浦区百岁老人每10万人数中占比最高，达35.0%。

L 按照世界老龄化的标准，60岁的人口超10%就是老龄化社会了。上海60岁老人比例达到了36.1%，已经超老龄化了。年龄增长与性别关系很大，年龄越大，女性越多。这么精细的分性别统计有什么意义呢？

上海老龄化的比例在全国也是位居前列的。分性别统计的意义我已经在上述《中国妇女报》的访谈中简要表述，那么针对老龄化社会的分性别统计有什么意义呢？

一是公共政策和公共服务方面，可以精细地针对两性不同需求进行服务。如上海出台政策，除了增加养老金外，为年满60周岁的女性、满65周岁的男性，每人每月增加20元。将女性岁数提前，正是考虑到女性特殊情况。分性别统计将两性年龄段和地域分布作了罗列，可为养老机构的设置、社区托养机构的建设、长者照顾服务、医养结合等工作提供性别差异化服务。如在提供老年医疗服务时，更注重男女两性老年病的研究和治疗，长寿女性比较多，要关注高龄老年女性的健康和医疗特点，会让服务更精准化。

二是在老年维权方面关注女性特殊权益维护。由于历史等原因，上一代男女两性在资源拥有和文化教育程度等方面有较大性别差异。相对于女性，男性在房产、资金和公共领域保障、受教育层次等方面获得的资源更多和更有保障。女性受教育程度低，在非公共领域就业和承担家务劳动等方面的隐性劳动付出更多和更没有保障。因此对老年女性维权工作应给予更多差异性照料和倾斜性的保护。

三是对老年教育和老年社团建设更注意性别差异化服务。社会性别平等的目的是争取两性平等，也就是不仅关心女性还应关心男性。据中国老年大学协会2021年11月19日发布的《中国老年教育发展报告（2019—2020）》显示，我国老年大学在校学员约有1088.2万人；女性学员约占总数的71%，男性学员占比约29%，男女比例约为3∶7。这说明老年女性更多参与社会交往和社会学习。参加国内国外旅游的性别比例也是女多男少。从上海分性别统计数据看，60到70岁这段“低龄老人”男女数据差异并不大，为48∶52，但很多男性退休后“宅”在家里，因此，要特别提醒男性低龄老人，这个年龄段正是人生最好的阶段，应趁着身体好多参加社会活动，相关组织也可引导老年男性参与老年教育、老年旅游和社团活动。有关长寿研究表明，参与团队活动，可得到身心愉悦的收获，和朋友沟通，有利于健康、快乐和长寿。

L 这倒是个好主意，我也动员下我身边的同事，让Ta们的老爸们多参加社会活动，多和伙伴们联系，一定有利于身心健康。

第五节
政府扶持妇女的专项行动

L 政府除了在政策指导上做顶层设计，在实际操作上有什么具体行动呢？

中国政府不仅在政策法规上促进性别平等，在实操中也有不俗表现。针对不同群体，不同地区的妇女以及妇女发展中某些突出问题，各级政府采取了具体措施和专门行动。

扶持妇女就业创业：政府采取职业培训补贴、小额担保贷款财政贴息、税费减免等优惠政策，为妇女就业创业提供了有利条件。如广东省妇女创业小额担保贷款贴息项目实施十年来，全省发放贷款数额从2011年的2.5亿元飙升为年均发放10亿元，且还贷率达99.9%以上。围绕“创业创新巾帼行动”“巾帼脱贫行动”“乡村振兴巾帼行动”的资金扶持力度更大。小额贷款对农村的致富带头人，高校毕业生，返乡创业农民工，网络商户，相对贫困人口中有创业意愿、创业能力及创业项目的妇女给予特别关注。妇女们通过小额度的三五万元贷款，或收药材、或建大棚、或种养殖，很快脱贫致富。

促进妇女健康发展：政府历来关注妇女身心健康，如对孕产妇死亡率的控制、妇女常见病定期筛查、提高妇女心理健康知识和精神疾病预防知识等，都有具体目标。在《妇女发展纲要》中，对妇女健康问题，不仅规定了比例和分解目标，还落实了扛标单位的量化标准。如卫健局对标妇女健康，从2009年起，在全国范围内实施农村妇女宫颈癌和乳腺癌检查项目；实施预防艾滋病、梅毒和乙肝母婴阻断重大项目等。广东省2020年启动了为期三年的新一轮“两癌”免费检查项目，仅一项就惠及全省150万名城乡妇女。

单亲母亲安居房援建：援助单亲特困母亲建房行动是一项民生工程，

由基层妇联对特困单亲家庭按困难程度分门别类登记造册，制定建房计划和进度推进表，层层签订承诺书。如在遭受自然灾害后的重建项目，受益女性向妇联公开承诺，切实把项目资金用于灾后重建，并接受社会监督。项目明确资助建房的面积、工程进度和竣工时间，极大体现了党和政府对特困妇女的关心和关爱。

新疆自2013年起启动“单亲母亲安居房援建项目”，资助具备国家“富民安居”政策资助条件、符合农村低保家庭条件的单亲母亲，帮助部分单亲母亲解决建设资金，营造了社会各族各界关心和帮助单亲母亲的良好氛围。

广东省2011年着手这件事，当年十件民生实事中就有为单亲特困母亲建“安居房”，并落实配套资金问题。广东省韶关市由市妇联牵头，联合财政局、自然资源局、住管局、农业农村局等部门出台了《韶关市援建单亲特困母亲安居房项目实施方案》，在全市铺开了援建单亲特困母亲安居房项目，第一批援建了36户人家。项目资金通过“市级政府奖补一点、属地政府支持一点、妇联筹集一点、社会赞助一点、个人自筹一点、干部群众帮工节省一点”的办法解决，真正解决了弱势女性的基本住房问题。

L 这些实实在在的工作，给广大妇女带来了福音。政府购买服务也是一项非常有特色的方式吧，我看我们小区一些项目就是通过政府购买服务，社工参与组织来做的，如小区儿童书屋的建设、小区体育设施等。

是的，为推动妇女儿童事业的发展，各级政府运用购买服务、项目运作等方式在反对家庭暴力、服务残障人、儿童友好书屋建设、扶弱助老等方面给予资金扶持，解决了妇女群众急难愁盼的问题。

2019年9月19日，国务院新闻办公室发布了《平等　发展　共享：新中国70年妇女事业的发展与进步》白皮书，从国家高度重视并积极推进妇女事业发展、保障妇女权益的法治体系不断完善、妇女在经济社会发展中的半边天作用日益彰显、妇女政治地位显著提高、妇女受教育水平显著提升、妇女健康状况极大改善、妇女社会保障水平不断提高、妇女在家庭文明建设中发挥独特作用、妇女参与国际交流与合作日益广泛等九个方面，用数据和事实反映新中国成立70年来，在党的领导下，在社会主义制度的保障下，在中国政府积极推动下，男女平等的发展历程和辉煌成就，向世界展示了亿万中国妇女的成长历程和为国家建设做出的骄人业绩。

思考题

1. 请选择第七次人口普查有关性别方面的某组数据统计，做一个性别分析。发现什么问题？这个问题是社会文化造成的还是性别生理特点造成的？试作分析。

2. 上网查找你所在的县或区的《妇女发展规划》和《儿童发展规划》，看看内容与你和你的家庭有没有关系，有什么关系？

第三讲

妇联组织卓有成效的推动

CHAPTER 3

L 党和政府如此关心妇女，出台了很多好政策，那么，谁来将这些政策与妇女联系起来，并落实下去呢？

这个问题问得好，这就是我们这一讲要向大家介绍的一个重要的群众团体组织——妇女联合会。

人人都知道中国有个妇联，但十有八九却不知道妇联是干什么的。我曾在微信群里调查过这样一个问题："你知道妇联是干什么的吗？"近百条回答中，主要有三类：

一、妇联是管两口子吵架和解决家庭纠纷的；二、妇联是帮妇女说话的；三、妇联是维护妇女权益的。这三点当然没错，但是妇联工作远不止这三点，因此很有必要宣传一下妇联组织。

第一节
中国共产党对妇女组织的领导

2021年是中国共产党建党100周年，我开设了“中国共产党对中国妇女运动的领导”的课程，比较系统地介绍了党对妇女解放运动的领导和党史中妇女组织及优秀的妇女人物，在妇联和党校中宣讲中国共产党对妇女运动的领导历史。

L 老师能不能简单介绍一下中国共产党对妇女运动的领导以及中国妇女组织的发展历程？

中国共产党的建立和两个重要人物有关系——陈独秀和李大钊。他们早期接受马克思主义的同时对马克思主义妇女解放思想有了认识。1919年，李大钊在《新青年》第6卷上发表《战后之妇人问题》一文，他说：“妇人问题彻底解决的办法，一方面要合妇人全体的力量，去打破那男子专断的社会制度；一方面还要合世界无产阶级妇人的力量，去打破那有产阶级（包括男女）专断的社会制度。”把妇女问题与世界无产阶级解放相联系，是李大钊将马克思主义妇女理论与中国妇女实际相结合的一大突破。

陈独秀于1921年初在广州做了大量与妇女解放相关的演讲，创办《劳动妇女》等刊物，他以《妇女问题与社会主义》为题，将妇女问题与社会主义做了连接：“讨论女子问题，首要与社会主义有所联络，否则离了社会主义，女子问题断不会解决的。”在“南陈北李”相约建党过程中，他们把妇女解放作为探索中国出路的一个重要问题，在《新青年》杂志上发表了一系列关于妇女解放的文章。早期共产党人对妇女解放思想的探索，为后来党领导妇女解放运动奠定了重要的思想基础。

1921年7月中共“一大”通过了党的第一个纲领，明确“不分性别、国籍，均可接收为党员”。“一大”后的1921年12月，中共在上海改组了由徐宗汉等组织的中华女界联合会，《新青年》第9卷第5号登载了《中华女界联合会改造宣言及章程》，提出女子“要求得入一切学校上学，与男子受同等教育”“女子有选举权、被选举权及从事其他一切政治活动的权利；男女同工同酬”。联合会创办了中国共产党最早的妇女刊物《妇女声》，宣传妇女解放，还在上海创办了中共第一所平民女校，让更多妇女接受学校教育。这说明中国共产党从成立伊始就关注到妇女解放、男女平等并重视妇女组织的建立。

1922年，中共“二大”在上海召开，党对妇女运动的领导在“二大”上有两个重大突破：一是建立了妇女部，由向警予担任妇女部部长，妇女组织从此在共产党内有了一席地位。二是通过了党内第一个关于妇女运动的决议《关于妇女运动的决议案》，提出：帮助妇女们获得普通选举权及一切政治上的权利与自由；保护女工及童工的利益；打破旧社会一切礼教的束缚。

中共“三大”在广州召开，国共两党开始了第一次合作。1924年的3月8日，由国民党妇女部和共产党成员在广州共同组织召开了中国第一个“三八国际劳动妇女节”庆祝大会。在广州第一公园广场上，国民党妇女部部长何香凝慷慨激昂地宣传妇女解放思想，会后又组织在广州街区举行大巡游，自此，妇女解放思想在中国大地上得到广泛传播。

中共“四大”“六大”更注重联合工农妇女，加强工农联盟，扩大了妇女运动的群众面，并提出将妇女解放与中国解放事业相结合，使妇女成为民族解放运动的重要力量。

早期中国共产党人用马克思主义妇女理论探讨中国妇女问题，注重妇女组织建设，使之成为中国妇女运动的重要力量。

1931年中华苏维埃共和国临时中央政府在江西瑞金成立，苏维埃政府设立了妇女部，周月林、李坚真任妇女部部长。苏维埃政府颁布了我国历史上第一部体现男女平等和婚姻自由的《中华苏维埃共和国婚姻法》，废除了中国数千年封建婚姻制度，确立了婚姻自由和一夫一妻制，废除一切包办强迫和买卖的婚姻制度，禁止童养媳，明确离婚后对妇女和子女的特殊保护等男女平等条例，将男女平等的理念变为实际的行动。

1935年，红军长征到达延安后，于1937年12月成立了中共中央妇女运动委员会（简称中央妇委会），李富春任中央妇委会书记。在中央妇委会指导下，1938年3月8日国际妇女节这一天，陕甘宁边区妇女第一次代表大会在延安隆重召开，选举产生了陕甘宁边区各界妇女联合会，先后组织成立了18个县妇联，1个直属市妇联，179个区妇联，1065个乡妇女代表会，会员达27万人。中央妇委会号召妇女走出家门，投入抗战行列，妇女自卫军成为保卫陕甘宁边区一支重要的武装力量。在毛泽东倡议下，1939年，在延安创办了第一所中国女子大学，毛泽东在开学典礼上激昂地说："全国妇女起来之日，就是中国革命胜利之时。"男女平等在延安时期得到普遍认同和实践。

抗日战争期间，1937年中共中央组织部颁发了《妇女工作大纲》，从抗战争取民主自由中，争取男女在政治上、经济上、文化上的平等。1940年毛泽东在延安纪念"三八"节大会上指出："妇女的力量是伟大的。我们现在打日本要妇女参加，生产要妇女参加，世界上什么事情，没有妇女参加就不能成功。"1943年《中国共产党中央委员会关于各抗日根据地目前妇女工作方针的决定》强调占人口半数的妇女在抗日战争中的作用，提出妇女经济独立等问题。

解放战争时期，更多妇女参加到革命斗争中，妇女组织也发挥了重要作用。1946年华中解放区召开了第一次妇女代表大会，颁布了《华中解放区第一次妇女代表大会决议》，指出妇女工作方针是"改造重男轻女的社会思想旧制度"，并提出通过各种组织和会议，对群众进行男女平等的思想教育，批评封建思想和传统旧习。会议还提出要给无名氏妇女取名字，为她们加入各种社会组织、参加革命运动准备条件。1948年，中共中央中共颁布了《中国共产党中央委员会关于目前解放区农村妇女工作的决定》

等，对争取妇女权利的斗争起到了理论和政策指引。

1949年3月24日至4月3日，是中国妇女值得纪念的日子，中国妇女第一次全国代表大会在北平召开，会上宣布成立了全国妇女统一的群众性组织——中华全国民主妇女联合会，选举何香凝任名誉主席，蔡畅任主席，邓颖超、李德全、许广平任副主席。1957年9月改称中华人民共和国妇女联合会，1978年又改称中华全国妇女联合会，简称“全国妇联”。从此，妇联组织成为各族各界妇女为争取进一步解放与发展联合起来的、中国共产党领导下的人民团体，党和政府联系妇女群众的桥梁和纽带、国家政权的重要社会支柱。

第二节
妇联的组织架构和任务要求

L 综上所述，中国共产党从一开始就关注了占人口一半的妇女，从政治上、组织上带领妇女不断走向解放道路。那么今天的妇联组织架构是怎么搭建的，主要工作任务又是什么呢?

妇联组织架构现在共有六级：全国妇联、省级妇联、地市（州）级妇联、县（市、区）级妇联、街镇级妇联和村居级妇联。党的十八大以来，妇联始终坚持以习近平同志为核心的党中央领导，以党建带妇建，以政治性、先进性、群众性为工作主线，不断加强思想建设和组织建设，成为党和政府的坚强支柱。

2020年5月，全国妇联发布《关于深化妇联组织建设改革　实施“破难行动”的意见》，探索多种方式构建纵横交织的网络化组织体系，做到哪里有妇女群众、哪里就有妇联组织，怎么有利于做好妇女工作、就怎么建组织。文件把妇联组织改革重点放到县级妇联，提出县级妇联“挂职副主席不少于1名，兼职副主席不少于2名”的要求，按这一要求改革后，各级挂、兼职主席在基层发挥了很好的作用。我去广东某县送公益课，在一所小学开讲“遵循成长规律　做合格家长”的课程，几百位家长在礼堂听课，不仅纪律好，而且互动好，整个活动组织得井井有条，原来这所小学校长就是县妇联兼职副主席，所以特别负责，组织得也非常到位。

妇女之家也是妇联的一个品牌，为更好搭建“妇字号”平台，全国妇联于2010年发布《关于在党群共建创先争优活动中建设村、社区妇女之家的意见》，要求所有村（社区）建立妇女之家。

L 是的，我去社区办事，看到门口就挂了“妇女之家”的牌子。妇女之家是干什么的，有哪些功能呢？

妇女之家是基层民主协商、公共服务、社会治理的一个平台，它有三大功能——宣传教育、维权服务和组织活动。我多次在基层妇女之家讲过课，场所不大，但是很温馨，有的妇女之家和儿童友好之家联在一起，有的还设有舒心驿站，定期接待来访群众。

L 有了阵地就有做事的基础，妇联工作任务涵盖哪些方面，有没有统一要求呢？

妇联的工作任务主要是根据全国妇联章程要求完成。《中华全国妇女联合会章程》从中国妇女第一次全国代表大会通过后，历经多次修改，2018年11月2日中国妇女第十二次全国代表大会通过的章程罗列了妇联九大任务：

1. 用中国特色社会主义共同理想凝聚妇女。

2. 发挥妇女在社会生活和家庭生活中的独特作用。

3. 代表妇女参与管理国家事务等工作，落实国家《妇女发展纲要》《儿童发展纲要》的实施。

4. 维护妇女儿童合法权益，为受侵害的妇女儿童提供帮助。

5. 教育引导妇女树立“四自”精神，宣传马克思主义妇女观，推动落实男女平等基本国策。

6. 教育引导妇女践行社会主义核心价值观，推动形成家庭文明新风尚。

7. 关心妇女工作生活，推动全社会为妇女儿童和家庭服务。

8. 巩固和扩大各族各界妇女大团结。

9. 发展同世界各国妇女和妇女组织的友好交往。

作为党和政府与妇女群众联系的桥梁和纽带，妇联任务基本涵盖了妇女工作的全部。党的十八大以来，习近平总书记对妇联组织提出了厚望。习近平总书记两次对全国妇联新一届领导班子的讲话，对妇联在新时代发展中如何发挥作用提出了更高要求。

进入新的征程以来，为了落实妇女发展各项目标，全国妇联围绕国家“十四五”规划纲要提出的工作理念、战略、目标、任务和重大举措，围绕妇联组织引领服务联系的职能定位，于2021年8月19日，印发了《“十四五”时期妇联事业发展规划》，提出了21项目标任务、51项具体举措，是“十四五”时期妇联发展工作的重点，可概括为六方面：

一是加强思想政治引领，把妇女群众紧紧凝聚在党的周围；二是引领妇女建功新征程，充分发挥妇女在经济社会高质量发展中的“半边天”作用；三是深入实施“家家幸福安康工程”，推动社会主义核心价值观在家庭落地生根；四是强化维权和服务，不断增进妇女儿童的获得感、幸福感和安全感；五是深化与港澳台妇女联络联谊，加强全球妇女事业合作；六是坚持党对妇联的全面领导，进一步保持和增强政治性、先进性、群众性。

这一规划，对妇联在新时代的工作任务布置得特别细致，如讲到深入宣传男女平等基本国策：“要大力加强马克思主义妇女理论中国化研究阐释，持续推动男女平等基本国策宣传教育进机关、进学校、进企业、进社区、进家庭，纳入各级党政干部培训学习内容。推动出台加强性别平等教育工作的指导意见，推动因地制宜开发性别平等课程。推动开展文化与传媒领域工作者的性别平等培训，营造有利于妇女全面发展的社会舆论环境，推动性别平等成为全社会共同遵循的行为规范和价值标准”。这一表述，既结合了中国国情，又有具体要求，“五进、一纳入”有利于持续推动男女平等基本国策的宣传和性别平等教育的全面铺开，真正将习近平新时代中国特色社会主义思想的妇女理论宣传落到了实处。

2023年6月，《习近平关于妇女儿童和妇联工作论述摘编》（以下简称《论述摘编》）出版发行后，全国妇联立即印发通知，要求各级妇联把学习宣传贯彻《论述摘编》作为学习贯彻习近平新时代中国特色社会主义思想主题教育重要内容以及当前和今后一个时期妇联组织的重大政治任务，努力推动《论述摘编》走近妇女、走进家庭、走向全社会。推动《论述摘编》进机关学校、企事业单位、城乡社区。坚持以学铸魂、以学增智、以学正风、以学促干，更好服务大局、服务妇女、服务家庭，奋力谱写新征程上妇女儿童事业发展新篇章。

第三节
妇联组织推动性别平等的实践

L 打开全国妇联的官网，看到妇联重点工作涉及面很广：三八红旗手、最美家庭、巾帼建功、创业创新巾帼行动、乡村振兴巾帼行动、巾帼脱贫行动、公益项目、小额贷款、妇女之家、两癌检查、家风家教、妇女进村两委等各项工作。这些工作都非常务实，有效推动了性别平等吧？

妇联章程确定妇联组织是国家政权的重要社会支柱，在配合国家重要行动中，妇联始终是重要的参与者。妇联在国家一些重要项目中，如创业创新、精准脱贫、乡村振兴中都积极倡导妇女参加。下面我们从妇联几项重点工作来看性别平等的推动。

一、男女平等基本国策的宣传

1995年第四次世界妇女大会上，中国政府提出要把男女平等作为我国一项基本国策，自此，妇联把宣传男女平等基本国策作为妇联的重要任务，通过广泛、立体、全方位的宣传，做到大众知晓，众人皆知。

从全国妇联看，妇联主席们一直是宣传男女平等基本国策的领头人。改革开放以来，全国妇联历任主席陈慕华、彭珮云、顾秀莲多次讲话和撰文做宣传，亲自参与宣传男女平等基本国策。2005年，在男女平等基本国策发布10周年时，时任全国妇联主席顾秀莲亲自为中央国家机关和北京、天津、黑龙江、山东、广东、宁夏等9个省区市的党政领导干部以及20多个省区市基层妇儿工委办公室干部，作《实施男女平等基本国策　谱写中国妇女发展新篇章》的报告，宣传面覆盖之广、影响之大、层次之高前所未有。在妇联推动下，男女平等基本国策的理念成为各级领导必备的知识点。

各级妇联也纷纷将男女平等基本国策课程开设到党校和行政学院。遍及全国基层妇联对男女平等国策的宣传更是既轰轰烈烈又扎扎实实，我们撷取几个片断：

湖北省妇联主席走进湖北省委党校，以“从新中国妇女事业发展历史性成就看男女平等基本国策推动与落实”为题，为主体班学员上了一堂精彩的宣讲课。

甘肃省妇联主席到省委党校作“深入贯彻男女平等基本国策，合力推进全省妇女事业创新发展”的专题报告。

江西省妇联主席为江西省委党校学员作“贯彻男女平等基本国策　促进妇女全面发展”专题授课。学员们表示要坚定地树立男女平等观念，为社会营造尊重妇女、关爱女性的良好社会环境和浓厚氛围，让男女平等成为国家意志、普遍共识和自觉行动。

山东省东营市妇联在全市开展了丰富多彩的活动，宣传男女平等基本国策。各县（市、区）妇联组织巾帼志愿者，走上街道、集市、农贸市场等，开展男女平等、妇女维权宣传活动。

浙江温州瓯海区妇联为进一步做好男女平等基本国策的宣传工作营造良好的氛围，通过悬挂宣传标语、张贴宣传画、发放宣传手册、组织巾帼志愿者义务服务等形式，向辖区广大妇女大力宣传男女平等基本国策。

随着新时代的到来，宣传男女平等基本国策，更成了各地妇联工作的重要任务。

2023年3月，陕西省妇女儿童工作委员会办公室和省妇联联合发文《关于成立省级男女平等基本国策宣讲团的通知》，提出要打造一支优质师资队伍和一批精品专题课程，以更好地面向机关、学校、企业、城乡社区、家庭，广泛开展男女平等基本国策宣传教育活动。相信这支由妇联领导和专家学者组成的宣讲队伍，一定会在促进男女平等成为全社会共同遵循的行为规范和价值标准中作出积极的贡献。

L 妇联宣传男女平等基本国策很尽力，我问过周边的人，现在绝大多数都知道男女平等是我国的一项基本国策，说明效果很好啊！

男女平等是我国的一项基本国策，延续了以往“时代不同了，男女都一样，男同志能做到的事，女同志也能做到”“女人能顶半边天”的话语，成为新时代男女平等的重要内容。男女平等基本国策作为元政策，进入到各专门的法律当中，有具体实施要求，成为有内容、有血肉、有生命力的政策。男女平等基本国策上升到国家意志，成为全社会的行为规范和价值标准，先进的性别文化理念才更深入人心。

二、家家幸福安康工程与妇女儿童维权

家是最小国，国是千万家，千家万户都好，国家才能好，民族才能好。以往讲到家庭，是私领域的事，党的十八大以来，以习近平同志为核心的党中央非常重视家庭文明建设，习近平总书记在多个场合讲到家庭建设的重要性。中央文献出版社2021年3月出版发行了《习近平关于注重家庭家教家风建设论述摘编》，汇集了习近平总书记关于家庭建设的重要观点。习近平总书记把家庭文明建设提到了治国理政的高度，并要求各级妇联组织注重发挥妇女在社会生活和家庭生活中的独特作用，为此，妇联将落实家庭文明建设作为工作抓手，开展了一系列创新工作。

做好家庭工作是党中央交给妇联的重要任务，2019年5月15日国际家庭日到来之际，全国妇联在北京召开了“家家幸福安康工程”启动部署暨2019年度全国最美家庭揭晓会。自此，各地妇联组织“家家幸福安康工程”和“寻找最美家庭”活动全面启动。

全国妇联、教育部于2022年5月9日至15日开展首个全国家庭教育宣传周活动。以“送法进万家，家教伴成长”为主题，弘扬传承中华民族家庭美德，树立良好家风，推动形成家庭文明新风尚。教育部会同全国

妇联组织编写了家长“应知应会”宣传语：“父母承担家庭教育主体责任，陪伴孩子共同成长。”“让社会主义核心价值观成为孩子终生的价值追求。”“弘扬传统美德，树立良好家风。”“言传又身教，教子亦教己。”起到了朗朗上口、宣传到位的效果。还分别对幼儿园、小学、初中、高中、大学家庭教育的宣传语作了概括和指导，很有特点。

L 老师在落实习近平总书记关于家庭文明建设方面的重要论述做了哪些工作，开设了哪些课程，有哪些理论研究呢？

我一直关注家庭对人生的重要影响，开设的相关课程有“坚定文化自信　传承美好家风”“夫妻和谐与亲子教育”“遵循成长规律　做合格家长”“家庭·事业·人生——寻找幸福的钥匙”“修身·治业·齐家——做合格的党员”等课程。党的二十大召开后，围绕党的二十大提出的“为党育人，为国育才”的要求，在中国儿童中心讲授了“育人育才与树人——好家风成就好孩子”的直播，收视率达到10万多人次。我多次在各级党校、武警部队、公安干警、国有企业、机关事业单位、各级妇联等多个部门讲授“好家风”课程。2019年5月，受广东省江门市妇联邀请，为江门市所辖七个县（市、区）进行了家风课程的巡讲，听课人数达数千人。值得一提的是，这些课程都是由各级妇联组织的，说明妇联对家庭家教和家风方面宣传的重视度。

在研究方面，2021年第四期《中华家教》刊登了我的一篇文章《坚定文化自信　传承美好家风——论习近平新时代的家庭观》，文章从“治国理政与家风、立德树人与家教、文化自信与家和”三方面论述了习近平总书记以爱国主义为核心，以品德教育为支撑的爱国爱家、相亲相爱、向上向善、共建共享的新时代中国特色社会主义的家庭观。

L 老师为家家幸福安康工程做了很多工作啊！妇联在维护妇女儿童权益方面也做了很多工作，主要包括哪些呢？

维护妇女儿童的合法权益，从宪法到党的文件中都有强调。新《妇女权益保障法》总则的第六条要求“中华全国妇女联合会和地方各级妇女联合会依照法律和中华全国妇女联合会章程，代表和维护各族各界妇女的利益，做好维护妇女权益、促进男女平等和妇女全面发展的工作”。此法还对维护妇女权益提出了更多的保护条文，妇联要根据相关内容，做好维护妇女权益的工作。妇联的维权工作涵盖面很广，如妇女信访工作，妇女议事活动，调处婚姻家庭矛盾纠纷、财产权益纠纷，处置家庭暴力，参与综治和平安建设，设置妇女维权与信息服务站，开设舒心驿站心理咨询室等都是非常务实的工作。

妇联信访工作是了解妇女心声、解决妇女问题的重要窗口，是党和政府信访工作的组成部分。习近平总书记特别关心信访工作，2017年曾对信访工作作出重要指示：“各级党委、政府和领导干部要坚持把信访工作作为了解民情、集中民智、维护民利、凝聚民心的一项重要工作，千方百计为群众排忧解难。”

妇联信访工作对妇女群众排忧解难，将“做好登记、明确诉求，依规办理、及时回复，整理归档、保护隐私，做好回访，科学结案”作为基本要求。做好这些工作不仅要求妇联同志有良好的沟通协调能力，还要有很强的性别平等意识。来妇联信访的绝大多数是妇女群众，反映和咨询的问题有家庭矛盾问题，离婚财产分割、孩子抚育等问题，在答复这些问题的时候除了用好政策和法律，社会性别理论知识是很好的理论工具。如夫妻离婚的子女赡养问题，除了法律明确规定的内容，还要特别关注母亲的抚养能力和情感陪护等问题。

L 妇女有婚姻家庭问题会找到妇联，那么男性这方面的问题找谁呢，可不可以找妇联?

可以啊，也有男性来妇联信访的，人数虽然不多，但妇联也接访和处理，这正是性别平等意识的体现，如家庭暴力问题，虽然受暴者多为女性，但也有少部分为男性。这些男性受暴者也可以到妇联求帮助，妇联要给予耐心指导帮助和支持。

三、选树优秀的巾帼榜样

L 2021年第32届奥林匹克运动会结束后，我国体育健儿取得了38枚金牌、32枚银牌、18枚铜牌的优异成绩，其中女运动员获奖占比很大，她们向世界展示了中国女性自尊、自信、自立、自强的巾帼风采。为此，全国妇联授予杨倩、侯志慧、孙一文、王涵、孙梦雅等26名女运动员“全国三八红旗手”称号，还授予中国女子乒乓球队“全国三八红旗集体”称号，这就是为广大妇女树立榜样吧?

是的，全国妇联还授予了我国参加东京残奥会的郭玲玲、邓雪梅、边静等16名女运动员“全国三八红旗手”称号，授予中国轮椅击剑女子重剑团体等5个集体“全国三八红旗集体”称号。榜样的力量是无穷的，对女运动员的表彰，为全国人民树立了挑战极限、锐意进取、顽强拼搏的榜样。

全国妇联于1960年始设立“全国三八红旗手”“全国三八红旗集体”称号，是全国专项表彰妇女先进人物的最高荣誉。表彰对象是各时期、各领域为国家建设作出杰出贡献的先进妇女典型，旨在用榜样的力量激励引领广大妇女不断前进。

除了在每年“三八”期间颁奖外，对一些特殊时期的优秀女性也给予及时表彰。

如2012年10月，全国妇联授予在执行神舟九号与天宫一号载人交会对接任务中作出突出贡献的女航天员刘洋“全国三八红旗手标兵”荣誉称号。刘洋作为我国首位登上太空的女航天员，展示了当代中国妇女的时代风采，成为众多女性学习科学的动力和榜样，她还当选为全国妇联兼职副主席，为推动性别平等继续工作。

2020年9月，抗击新冠肺炎疫情全国三八红旗手（集体）表彰云发布活动在京举行。活动以“弘扬伟大抗疫精神　唱响新时代颂歌”为主题，表彰了800名抗击新冠肺炎疫情全国三八红旗手和200个抗击新冠肺炎疫情全国三八红旗集体，极大鼓励了在抗疫一线作出突出贡献的女性。正如习近平在联合国大会纪念北京世界妇女大会25周年高级别会议上的讲话中说的："妇女是人类文明的开创者、社会进步的推动者，在各行各业书写着不平凡的成就。我们正在抗击新冠肺炎疫情，广大女性医务人员、疾控人员、科技人员、社区工作者、志愿者等不畏艰险、日夜奋战，坚守在疫情防控第一线，用勤劳和智慧书写着保护生命、拯救生命的壮丽诗篇。我们要为她们点赞。"上光荣榜是对妇女作为社会进步推动者的肯定和褒扬，也是让全社会更多了解和支持妇女的进步和发展。

"三八红旗手"称号也可以追授。2019年6月21日，全国妇联追授广西壮族自治区百色市乐业县新化镇百坭村第一书记黄文秀为全国三八红旗手。黄文秀生前担任百色市乐业县新化镇百坭村第一书记，在突发山洪中不幸遇难，献出了年仅30岁的宝贵生命。她是新时代年轻一代女性以实际行动坚守共产党员初心，牢记为人民服务使命的典范和榜样。

各省、区、市也设立了相应的表彰，有省级、市级三八红旗手和三八红旗集体，以鼓励更多的优秀女性脱颖而出。

除授予"三八红旗手"的称号，妇联还有很多表彰活动，如对最美家庭的表彰、书香家庭的评选、巾帼志愿者的表彰等，这些活动的传播效果和所传递的榜样力量都是值得推崇的。

四、妇联两会代表和委员积极参政议政

L 我注意到，时任广东省人大代表、省妇联主席许红在省人大提出建议免费为中学女生接种HPV疫苗的消息迅速冲上微博热搜，阅读人次达4.5亿，讨论人次3.7万，说明妇联系统的人大代表建议很得民心啊！

这一建议确实引起网民们的极大关注。时任广东省妇联主席许红在省十三届人大四次会议上提交《关于将中学在校女学生 HPV 疫苗接种纳入基本公共卫生服务范围的建议》，广东省卫生健康委及时作出答复，并很快得到了落实。2021 年 11 月 15 日，广东省卫生健康委联合省教育厅、省财政厅等

共同制定了《广东省适龄女生HPV疫苗免费接种工作实施方案（2022—2024年）》，按照知情、自愿、免费的原则，对适龄女生进行HPV疫苗免费接种。

妇联组织作为广大妇女利益的忠实代表者和维护者，在每年全国人大和政协两会上，都积极参与推动性别平等的立法过程，提出促进性别平等相关的提案、议案和建议。

2019年，全国人大代表、全国妇联副主席、书记处书记谭琳提交了《关于修改〈妇女权益保障法〉的议案》，此次是《妇女权益保障法》第三次大修，引起了社会特别强烈的关注，目前新的《妇女权益保障法》已经通过并实施。

2020年，全国政协委员、全国妇联党组书记、副主席黄晓薇提交《关于将3岁以下婴幼儿家庭教育支持服务纳入政府公共服务》的提案，建议从改善家庭教养环境入手进行有效的干预指导，建立健全3岁以下婴幼儿家庭教育支持服务机制等。这一提案，为三孩政策落地提供了务实的策略，为科学决策提供了依据。

2020年，全国人大常委会委员、全国妇联原副主席、书记处书记邓丽提交了《关于将构建家庭教育指导服务体系相关内容纳入家庭教育立法的建议》，将强化家庭教育工作机制、指导服务阵地规范化、指导服务队伍专业化建设等内容作为今后家庭立法的重要参考依据。2021年10月，《中华人民共和国家庭教育促进法》经过10年努力，终于出台并于2022年1月1日起开始实施。

各省妇联也积极参与立法活动。2019年湖南省人大会议上，湖南省人大常委会委员、省妇联党组副书记、副主席王邵刚提交了《关于制定〈湖南省家庭教育促进条例〉的议案》。这个议案很快有了结果，湖南省人大经过两年调查论证，于2021年1月通过《湖南省家庭教育促进条例》，并于当年的3月1日开始实施。

各级妇联参政议政，人大代表和政协委员们积极参与推动性别平等的立法，卓有成效，这正是发挥了妇联组织作为国家支柱的重要作用。

五、发展与世界妇女的友好交往

L 全国妇联第一届主席蔡畅早年赴法国勤工俭学，又有过苏联学习经历，是具有国际视野和世界眼光的妇联领导人。她连续三届当选为妇联主席，在她的带领下，妇联与世界妇女友好的交往越来越密切吧？

蔡畅是我国老一辈无产阶级革命家、中国妇女运动的开拓者、妇联早期领导人之一，为中国妇女事业作出了突出贡献。早在妇联成立前，1947年2月，蔡畅就代表解放区妇女参加了国际妇联第一次理事会议，在会上作了《为争取独立、民主、和平而奋斗的中国妇女》报告，首次向世界介绍中国妇女运动的发展。1948年11月，蔡畅又率团参加第二次世界妇女代表大会，并当选为国际民主妇女联合会副主席，促进了中国妇女与世界妇女之间的交流。1949年全国妇联成立之初把维护世界和平、促进共同发展作为工作任务之一。1949年12月10日至16日亚洲妇女代表会议在北京举行，时任国际民主妇女联合会副主席的蔡畅致开幕词，全国妇联副主席邓颖超在会上作了报告，向全世界介绍新中国妇女解放的情况。会议通过了《致亚洲各国妇女姊妹书》和《关于争取妇女权力的决议》等文件。

1956年4月，国际民主妇联理事会会议在北京召开。会议强调，没有妇女参加，人类争取和平和幸福的事业不可能取得胜利。会议热情邀请与会代表到中国各地参观指导。

蔡畅在担任全国妇联主席期间，全国妇联与世界各地妇女组织联系密切而广泛，她接待过多国妇女来访并组织多次出访，打开了中国妇女的国际视野，使中国妇女走上了更为广阔的国际舞台，为国际妇女运动作出了重要贡献。全国妇联历任主席和荣誉主席宋庆龄、邓颖超、康克清、陈慕华、彭珮云等都为世界妇女大团结做了积极有效的工作。

L 我去过北京宋庆龄故居，她的居室有一间是接待宾客的，作为全国妇联名誉主席的宋庆龄，在那里接待过多位外国重要来宾。故居还陈列着各个时期国内外友人、外国元首、政府馈赠的礼品、纪念品和往来书信手稿等，让我感受到宋庆龄主席对推动世界妇女运动作出的突出贡献。

宋庆龄作为全国妇联的名誉主席，对中国妇女解放和男女平等的推动不遗余力，周恩来总理对她的评价是“国之瑰宝”，向这些老前辈致敬！

第四次世界妇女大会在北京召开后，全国妇联与世界各国的联系更为紧密。习近平提出“一带一路”和人类命运共同体的内容，也进入到全国妇联章程的任务栏中：“积极发展同世界各国妇女和妇女组织的友好交往，加深了解、增进友谊、促进合作，积极参与‘一带一路’建设，推动构建人类命运共同体，为维护世界和平、促进共同发展作贡献。”随着“一带一路”和“人类命运共同体”的发展，全国妇联与世界妇女的联系更多，工作视野更开阔了。

第四次世界妇女大会召开后的5年、10年、15年、20年、25年等节点上，联合国开展了一系列活动，全国妇联积极参与，向世界介绍中国妇女在推动性别平等、落实《北京宣言》等文件的实施情况。2015年，全国妇联举行了一系列外交活动：沈跃跃主席会见联合国妇女署执行主任努卡和联合国第四次世界妇女大会秘书长蒙盖拉夫人，宋秀岩副主席出席世妇会东道国四国会谈，孟晓驷副主席出席“投资妇女、女童和性别平等”圆桌会和女性国际公益慈善拍卖晚宴等。各种外交活动，拉近了中国妇女与世界妇女的联系，有力地推动了世界性别平等的进程。

2021年9月18日，全国妇联与联合国妇女署合作在湖北武汉举行纪念中华人民共和国恢复联合国合法席位50周年——“支持女性应对疫情及后期经济恢复”项目启动会。会议提出，全国妇联将与联合国妇女署和各国妇女组织进一步加强交流合作，为帮助妇女摆脱新冠肺炎疫情影响、促进经济发展积累有益经验，为实现性别平等与妇女全面发展、为推动构建人类命运共同体作出新的贡献。

2022年5月10日下午，联合国妇女署中国办公室与全国妇联联合举办了“推进妇女创新创业，共同塑造可持续未来：赋能妇女领导中小企业疫后恢复研讨会”线上活动。会议汇集了来自亚洲、非洲国家、联合国机构的高级别官员，以及国内相关部门和组织代表等80余人线上参与，探讨可复制和可推广的良好做法以及各国在支持女性创新创业方面的经验教训。

疫情期间，全国妇联继续在线上与各国妇女进行了广泛联系沟通和密集交往，为中外妇女共同发展、构建人类命运共同体发挥了积极作用。仅在2022年底就有一系列的交流活动：11月25日，“构建幸福家庭　共创和谐社会”纪念中韩建交30周年妇女研讨会在北京和首尔连线举行。11月28日，南部非洲国家政党妇女干部研修班在线上成功举办。12月7日，中俄妇女“构建家庭友好型社会”研讨会在北京和莫斯科连线举行。12月9日，全国妇联联络部与日本创价学会妇女部以视频连线方式共同举办“传承友好　共创未来”纪念中日邦交正常化50周年妇女交流会。

2020年10月1日纪念北京世界妇女大会25周年高级别视频会上，习近平主席说：“五年前，我倡议召开全球妇女峰会，提出一系列全球合作倡议，已经得到全面落实。我们将继续加大对全球妇女事业支持力度。中国倡议在2025年再次召开全球妇女峰会。”习近平主席的倡议将再一次续写中国妇女与世界妇女的联系。党的二十大报告中说，“我们真诚呼吁，世界各国弘扬和平、发展、公平、正义、民主、自由的全人类共同价值，促进各国人民相知相亲，共同应对各种全球性挑战”。当前，中国式的现代化在应对全球性挑战中不断探索，全国妇联在推进中国妇女融入全球化的进程中，在促进各国人民相知相亲中，在构建人类命运共同体中正发挥更加积极的作用。

思考题

1. 学习全国妇联章程，了解妇联的具体工作。

2. 登录到你所在地区的妇联网站，了解该妇联做了哪些工作并思考：这些工作与你有联系吗？有哪些联系？

第四讲

性别平等教育从娃娃抓起

CHAPTER 4

L 老师一直致力于推动性别平等教育进中小学的工作，参与这项工作很有成就感吧。性别平等从娃娃抓起特别好，让孩子们从小就树立性别平等意识，有利于人的一生成长。老师能不能分享是怎么做好这项工作并见到成效的?

这一讲我将结合参与性别平等教育进中小学试点工作的做法和体会，讲讲性别平等进中小学的意义和需注意的问题。

第一节

性别平等教育进中小学的实践

2014年2月27日，广东省妇儿工委办公室的领导带着我们来到广东省茂名高州石鼓镇中心小学，广东省性别平等教育进中小学的试点就选在这里。这是一所以留守儿童为主要对象的学校，走进校园，性别平等的气息扑面而来，教学大楼上大幅红色标语特别醒目——“男孩女孩一样强　长大都能成栋梁”。我们在学校停留了两天，第一天听了一节三年级的性别平等课，课题为“身体的红绿灯”。我一直讲授性别平等相关课程，但主要针对妇联干部和党校学员等成人教育，到小学听课还是第一次，觉得很新鲜。

课程主题是儿童身体的自我保护，教学采用参与式方法，学生们围成几个圈，老师用PPT演示并进行引导。老师给每个组发了男孩和女孩的简笔全身图片，让学生分别在男孩和女孩的图片上用红色贴纸标出别人不能触碰的隐私部位，然后解答，说明选择的正确与否，并解释隐私部位保护的重要性和应对方法。课堂很活跃，学生互动得很好。通过教学，学生对身体的敏感部位不仅有了认识，也有了一定的防护意识和方法。

L 这个教学内容是儿童的性安全教育，这是不是就是性别平等进中小学的教育呢?

性别平等教育内容很丰富，儿童性安全教育只是其中一点。对留守儿童来说，无论男女，培养身体的保护意识和掌握保护方法非常重要，这节课的教学目的基本达到了。

第二天，是师资培训课，我的课题是“性别平等与教师责任”，内容分两部分：第一部分从理论上解答社会性别平等的概念、生理性别与社会性别的区别，进而分析社会性别形成的基础以及在中小学推动性别平等教育的意义；第二部分讲授如何在中小学中推动性别平等课。本课结合教师性别刻板印象对学生的影响，以及如何运用社会性别理论来对课程进行设计和分析。我用的是参与式教学法，如课程开头就设置了性别判断内容，发现老师们的性别刻板印象还是比较深的，之后通过介绍社会性别理论，进而讨论如何将理论融入到教学中去。

经过多年的性别平等教育，石鼓镇中心小学的性别平等教育越做越好，影响也越来越大。国务院妇儿工委和广东省妇儿工委的领导多次到学校调研和指导，学校因性别平等教育的实践经验也获得很多荣誉，一些外地学校也前来取经学习。学校在儿童性安全专题课的基础上，又不断创新探索，分别开设了主题班会实践课和性别平等融合课。特别值得一提的是，学校老师们通过教学实践，编写了校本教材《性别平等教育试点教材（高、中、低年级）》，学校申报的“性别平等试点”课题也获广东省教育厅德育课题资助，并顺利结项。

L 看来，性别平等教育在这所学校真是硕果累累啊！那么老师在广东省其他地区还参与过这项工作吗？

当时广东省妇联确立性别平等教育进中小学试点时，选了两个点，一个是茂名高州，探索经济欠发达地区怎么推动；另一个是珠三角发达地区的中山市，中山市性别平等教育进中小学的经验更是可圈可点。

2014年10月16日，我对中山市中小学性别平等教育进行第一次指导。当天我朋友圈的发文是：“下午往中山，参加一件开创性的工作，对中小学进行性别平等教育。”第二天，在中山市委党校，中山市中小学性别平等教育工作专题培训班开班了，这次全部用参与式方法给老师们讲课，主要讲性别平等的理论和推动性别平等进校园的方法。人数不多，才15人，但这是一支真正的种子队伍。一个月后的11月19日，我又来到中山华侨中学讲课，这次队伍扩大到四所试点学校，近百名老师参加。后来事实证明，这些最早接受性别平等理论的老师，都成为推动性别平等教育的中坚力量，中山市性别平等教育也成为全国的典范。

L 为什么说性别平等教育在中山是一个开创性的工作？体现在哪些方面呢？

作为孙中山故乡，中山市确实是“敢为天下先”的创新城市。第一次去中山上课，中山市妇儿工委就给了我一本手册——《中山市性别平等教育大纲（征求意见稿二）》（以下简称《教育大纲》），执笔的是中山市教体局教研部的冯继有老师。拿到这本厚厚的《教育大纲》，觉得特别吃惊，因为《教育大纲》不仅观点正确，而且将性别平等教育的教学目的、不同年级的教学目标和教学要求写得特别细致和到位，是一本正确和准确的指南。

L 老师为什么会为这个大纲吃惊呢？

当时我问中山市妇儿工委的同志，这位冯老师有没有接受专门的性别平等教育培训，回答是没有，这是令我吃惊的原因之一。因为性别平等教育理论如果不经过比较系统的学习和培训，是不太容易把握的，一不留神，就会受性别刻板印象的影响，而这本《教育大纲》的作者对性别平等理论理解得非常到位和准确。吃惊的原因之二，是《教育大纲》体系性很强，开创性地提出了性别平等教育的三类课，即专题课、融合课和实践课，并对每类课程的课时、内容、上课方式，都作了详细解说。吃惊的原因之三，是教学内容中对性别平等的学习任务陈述得特别细致和精准，分别从小学低年级、小学中年级、小学高年级、初中、高中（包括普高和职高）等五个方面列举了不同的学习任务和教学目标。内容循序渐进，形式多种多样，为教师们如何针对不同对象上好性别平等的课提供了根本遵循和具体参考。任课老师只要认真学习，参照大纲要求设计课程就非常到位了。

L 哦，这位冯老师真不简单啊，是位女老师吗？但是看名字又像男老师，Ta是怎么做到的呢？

又出现性别刻板印象了吧！冯继有恰恰是位男教师。不过有这样的感觉也很正常，以往涉及性别问题的研究者多为女性，因为在现实中女性受到不平等待遇比较常见，更容易接受性别平等理论，目前我国研究性别平等的学者大多数也是女性。

冯老师2014年7月8日最开始接受这个工作任务时，也是从零开始。他在对性别平等教育进行了理论思考和实践教育后，出版了《中小学性别平等教育指南》，他在书中这样表述："我读的第一批书是中山市妇儿工委办罗慧玲主任送来的，其中有一本妇联干部教育培训参考教材，书名叫《社会性别主流化读本》，这是我第一次接触到'社会性别'这个概念。""我用刚学到的社会性别理论，借鉴国内外的相关经验，花了不到两个月的时间，在9月26日写出了《大纲》的第一稿。"（见"主要参考书目"第12条，引自该书第1页）可见这是一位爱学习、爱思考、勤奋、有责任感和使命感的教师。《教育大纲》送到我手上时，已是征求意见第二稿，看完后，我感觉有些地方的表述虽然还不够完善和精练，但基本理论、框架模式非常清晰。从接触这项工作至今，冯老师一直致力于性别平等教育的推动工作。作为一线教师，他和中山市的老师们打造了不少性别平等的精品课。他撰写的《中小学性别平等教育指南》，成为在全国推动性别平等教育的教材和指导。如今冯老师已经成为我国推动性别平等教育的学者，是国务院妇儿工委性别平等教育推广的专家，经常到全国各地指导性别平等进中小学的工作。我非常佩服冯老师的专业水平和敬业精神，在此特别推荐冯继有老师的公众号，他很有性别敏感度，经常对一些细小的、不容易发现的性别问题进行分析，其文章以小见深。冯老师还在网上开设了"性别平等暑期课堂"系列讲座，每堂课也就5分钟左右，通过"别让性别限制你"的话题讲一两个性别小故事传播性别平等的理念，很容易让人接受。

第二节 性别平等教育三类课程介绍

L 老师前面提到《教育大纲》列举了专题课、融合课、实践课三类课，这三类课程具体内容是什么，中山怎么上这三门课的，老师能不能详细地介绍一下？

这三类课程最早是由中山打造的，现在成了我国性别平等教育进中小学的教学模板，下面分别介绍之。

一、专题课

性别平等专题课主要由学校思想品德教育、健康教育、心理教育的教师讲授。2014年11月21日，我们在中山听的第一堂课就是专题课，中山市东区柏苑小学龙贻君老师给五年级学生讲授“男生女生——多样的我们”。那天听课时我觉得挺神圣的，第一课终于开讲了，但又有点担心，因为毕竟是短时间内开发的课，不知效果如何。中山的媒体及相关领导都到场听课，课堂上黑压压一片的听课者，对老师来说，还是挺有些压力的。

龙老师是位年轻的女老师，课程一开始以“猜猜我是男孩还是女孩”引入，PPT展示：“1. 小李参加击剑比赛获得市里的一等奖。2. 小黎是老师的好帮手，在奥数比赛中拿过市里一等奖，还是一名柔道队员。3. 小黄喜欢玩花绳，就连老师没有破解编法的花样都能玩。4. 小华性格内向，很害羞，说话声音很小，喜欢哭……”课堂氛围一下活跃起来，同学们七嘴八舌讨论着，可想而知，性别刻板印象也表现出来了。

L 是不是把1、2猜成男孩，3、4猜成女孩？

对，接着龙老师用“你猜对了吗？”揭晓答案，多数学生都因性别刻板印象猜错了。这时龙老师开始用事实说话，最有说服力的是那位击剑冠军就是本班的女生胡悦洋同学，而此时大家都忽略了这点。课堂上，龙老师让胡悦洋和袁圆两位女同学用比赛用剑在讲台前挥舞起来，一时课堂气氛特别热烈。

接着龙老师给出一些词语，让学生填写在分别标有男、女性别的纸上，词语有阳刚、细心、阴柔、坚强、勇敢、胆小、冲动、心灵手巧……学生分类时，很自然又受到了性别刻板印象的影响。龙老师问：“这些词语可不可以互换呢？”得到学生的认可后，龙老师说：“性别特点是丰富多彩的，每位男生和女生也是多样的，只要你喜欢，就可以成为多样的自己，不要拘泥于性别刻板印象而限制自己的发展。”最后，龙老师让同学们写出能表现自己的个性特征的词语，也可以画出来。课堂上同学们将写有个性特点的彩纸高高举起时，我很激动地拍下这生动的场面。有男生写的是“勇敢、坚强、细心、爱心、善良”，有女生写的是“热情、开朗、有责任心、勇敢、暴力”（哈哈，居然把“暴力”也写成自己的特点）。这是一堂成功的性别平等专题课。通过课后评议才知道，这节课是学校多位老师共同探讨、反复打磨、多次修改后才成形的。课后《中山日报》记者采访了我，我真的很激动：“中山性别平等第一课是个开创性的伟大工作，这天是值得载入史册的日子，老师很用心，同学很开心，媒体很关心。希望中山性别平等教育进中小学的工作越走越好！”时任中山市妇联主席陈江梅的观点让我很感动，她说：“中山市在中小学推动性别平等教育，一定会见到长远社会效益的，这些孩子长大后，在工作和家庭中有性别平等意识，会让今后的中山变得更平等、幸福与和谐。”

二、融合课

L 中山人有这样的认真态度和远见，真心为中山点赞，希望中山的未来会在性别平等理念的影响下发展得更好！老师接下来给我们介绍一下融合课吧。

融合课即在语文、数学、英语、体育、音乐等多门课中融入性别平等的理念。

2014年11月28日，我们到性别平等教育试点中山市华侨中学听了高一班的语文课“北大是我美丽羞涩的梦”，还到中山市实验小学听了二年级的音乐课“洋娃娃和小熊跳舞”。

融合课要融合得自然到位，不是件容易的事情。如《北大是我美丽羞涩的梦》这篇课文选自2001年四川省一位高考理科状元女生的发表文章。作者讲到自己家庭重男轻女，从小她就受到各种歧视，但是这反而让她更坚强和努力，终于考上了北大。这是一篇很励志的文章。但授课老师当时在课堂上没有发掘出性别平等的内容，因此融合得不够好。后来评课时大家还是热情地鼓励了老师，并提出了改进意见。

实验小学的音乐课“洋娃娃和小熊跳舞”，老师融合得比较成功。老师先通过弹奏曲子，让学生掌握歌曲节拍，然后通过化装舞会环节，加强学生对音乐的熟悉度和舞蹈参与感。老师准备了舞会服装，对学生说：“我们就要开始举行化装舞会了，谁愿意扮小熊，谁愿意扮洋娃娃呢？”刚开始，选小熊是清一色的男生，选洋娃娃的则是女生。这时，老师及时引导：“男生如果喜欢也可以扮演洋娃娃，女生也可以扮演小熊啊，按自己喜欢就可以。”这种引导非常好，马上就有好几位女生愿意当小熊，当然愿意当洋娃娃的男生不多，因为二年级学生已有性别刻板印象了。课堂上，老师弹奏曲子，学生们欢快舞蹈，气氛欢快而融洽。但老师最后的课堂总结，一不留神又表现出了性别刻板印象：“今天的舞会很成功，特别要表扬一下女生，当男生跳得不好时，女生主动帮助了男生。”

课后我在点评中指出，老师在课堂上表现出一些性别刻板印象：一位小男生跳舞时有点局促，另一位女生走过去教他动作，但老师总结时却以个体性别代替了全部，说“女生”优秀，帮助了“男生”，其实应该说某某同学帮助了某某同学，而不是按“男、女生”分类来说。老师听后也感觉到自己一不留神，性别刻板印象就表现出来了。可见根深蒂固的性别文化对我们影响有多大。后来《中山日报》对我在课堂的点评进行了报道：“葛彬教授对当日的授课予以了综合点评和分别评价，回答了在座老师关于‘性别平等教育如何定位、内化’的疑惑。她说，推进性别平等教育从根本上说是为了社会和谐发展。性别平等应当建立在尊重个性发展、男女相互尊重的基础上。因此要想促使性别平等观念内化于心绝非易事，不能一蹴而就，建议各位老师不要着急，先提升自己，克服自身的性别刻板印象，多花心思做足功课，推广经验，同时注意做好总结。”

三类课中对融合课要求比较高，但融合得好的话，效果也最好。受中小学的学业课时所限，不可能有太多专题课列入教学计划，但只要老师接受了性别平等理念，无论语文、数学、英语、美术、体育课都可进行融合。中山市经过几年实践，编写了《中小学性别平等教育教学案例集》，由广东教育出版社出版。我们列举几个融合课案例就可见其特点：

美术课“变形金刚该给谁”，说明男女生只要用心都可以拼接好变形金刚，不要刻意分性别地玩所谓的男女分别玩的玩具。语文课“说说我自己”，通过解构性别角色的二元对立，让学生发现自己，认同与欣赏自我，从而在生活中克服性别刻板印象。英语课“Jobs”通过对单词的拼写，让学生了解职业类词汇的性别隔离，引导学生按照自己的喜好来进行职场规划。政治课“新时代的劳动者　男女共擎一片天”、生物课“人的性别遗传”和科学课“常用工具——男生女生大挑战”等都将性别平等的理念融入到课程中，起到了非常好的性别教育效果。

三、实践课

L 那么实践课是不是更费课时和精力呢？效果会不会也更有特色呢？

实践课顾名思义是在实践中进行的。中山在实践课中做了大胆探索，因这类课无先例可借鉴，必须创新。我最早听的一节实践课是中山市实验小学五年级的“从性别视角看校园”。这节课师生做了充分的准备，老师和学生共同设计教学实践活动方案，学生分成若干调查小组，从性别视角对学校不同场地和学生参与社团等情况做现场调查，制作PPT，在课堂上呈现调查结果，最后由教师点评。

这节实践课，同学们对校园观察得很细致，从不同角度呈现调查内容，包括“运动设施”“公共厕所”“功能场室”“社团培训”“课堂教学”“饭堂配餐”等六方面的分性别统计数据。如“公共厕所”一组调查时，学生们从老师那借来秒表，分别统计男女厕位数量和男女生如厕时间，最后提出建议：希望学校增加女生厕位，不要占用厕位堆放杂物，学生不要乱丢异物到厕所中。社团调查组从音乐、科学等不同小组的男女同学参加比例着手做汇报，鼓励男生女生可根据个人兴趣选择社团，不要拘泥于性别隔离的引导。实践课不仅体现了性别视角，还体现了参与精神和团队力量，将性别平等理念与实践相结合，是很有效的探索。

中山的实践课开发了不少课程，如“高中生学科性别刻板印象的调查与发现”“家庭中的性别不平等状况及对策研究”等。在实践课中，让学生把关于男性和女性的故事讲述出来，鼓励Ta们凭自己内心想法和期待去实现自我价值，不要被所谓“男孩要有男孩样，女孩要有女孩样”束缚意愿，而是按个人兴趣爱好选择要走的路，这样从小就种下了性别平等的种子。

L 老师推荐的这本《中小学性别平等教育教学案例集》有什么特色，可以介绍下吗？

这本书是经过几年时间打磨成形的，中山市一直以来有个很好的传统，就是由妇联和教体局联合主办，每年对教师开发性别平等课程进行评奖。连续评选了三届，我是评委之一，老师们在性别平等教育方面开发了300多个课程，可以说每节课都是老师们努力探索和不断创新的结果，集结着老师们辛勤的汗水和智慧。中山将这些案例进行归集，出过好几本内部发行的案例集。2019年，中山市妇联和中山市教体局组成编写组，从几百个课程中选择了部分精品课编辑成书，我对此书书稿进行了审核和编撰指导。这是我国第一本公开出版的中小学性别平等教育案例集，书籍出版后，反响很好，《中国妇女报》记者约我写一个书评，于是我撰写了一文，发表在2021年3月30日的《中国妇女报》上，该文于2021年6月11日由“学习强国”转载。为了让大家更好了解这本书的实用价值，现将该书评转载如下：

性别平等教育实践的鲜活记录

——评《中小学性别平等教育教学案例集》

编者按：近期，《中小学性别平等教育教学案例集》一书正式出版。本书选取了中山市16所中小学校、中职学校26名教师的24个教案汇编，其中专题课9个、融合课12个、实践课3个。本书是一线教师在性别平等教育过程中反复探索的成果，是一本闻得到课堂气息、听得到师生对话的性别平等教育案例集，也是一次培育教师和学生性别平等意识的有效尝试。本书可成为教师们的教学典例集，推动性别平等进中小学课堂走得更科学、更专业。

■葛彬

《中小学性别平等教育教学案例集》（以下简称《案例集》）一书由广东教育出版社正式出版了。这本由中山市妇女儿童工作委员会和中山市教育教学研究室联合打造的中小学性别平等教育进课堂的成果，选取了中山市16所中小学校、中职学校26名教师的24个教案汇编，其中专题课9个、融合课12个、实践课3个。书中每门课都可让教师们拿来作为学习和操作的专题，从而使性别平等进中小学课堂走得更科学、更专业。

一线教师在性别平等教育过程中反复探索的成果

性别平等进中小学在广东实践最早是在2014年，当时广东省妇儿工委确定了性别平等进中小学的两个试点——广东茂名市和中山市。茂名市侧重于儿童安全保护，中山市侧重于专题课、融合课和实践课的探索。中山市委和市政府对此项工作非常重视，中山市妇儿工委做了大量工作，中山市教育局对此项工作也给予了大力支持，两家合作组织撰写了《中山市性别平等教育大纲》，给性别平等进课堂提供了很好的参考。大纲开创性地将性别平等课分为专题课、融合课和实践课，对每类课程的课时、内容、目标和各年级学习任务做了详细解说。只要认真学习和思考，就可以照着大纲要求设计课程，不容易走偏。

2014年11月21日，性别平等教育专题课在中山市东区柏苑小学五年级开课了，题为《男生女生——多样的我们》。课程以“猜猜我是男孩还是女孩”引入，通过教师引导，最后学生在性别平等意识引导下有了个性化选择。这门课经多位老师反复打磨，多次修改后才成形。

经过几年探索，如今这门课以《不同的性别　同样的精彩》在《案例集》里出现，课程更加成熟，内容更加生动，师生的互动更加融合。其实本书每门课都是经过多位教师反复实践探索而成的集体结晶。为了促进教师们不断创新，中山市连续几年开展了性别平等进中小学的课程评选工作，老师们开发了300余门课。如本书《前言》所述：“本书中的案例，都是中山市开展性别平等教育的特色精品课程，通过精心设计的教学内容和方法，适切地表达了性别平等相关知识和理论。”中山人在探索性别平等教育方面走了前人没有走过的路，这些精心设计的课程是有典型性的，可以拿到中小学课堂效仿。

一本闻得到课堂气息、听得到师生对话的性别平等教育案例集

这本《案例集》的课程编写分为三部分：教学设计、课堂实录和教学反思。三部分组成一个有机的组合体，都是实践者说。

如第一部分设计可以看到课程总体框架，拿专题课“过家家”来说，包括了学习任务、教学途径、适用年级、教学时间、教学资源、运用素材、课前准备、教学目标、教学过程等所有教学环节。教师按这些设计去准备就可以。第二部分实录最为精彩，最有课堂气息，40分钟的教学实录，虽然是躺在纸上的文字，但师生在课堂上的欢声笑语、幽默风趣、现实陈述、理论提升都得到鲜活的呈现。如“职业生涯　你我共规划”一课是为初中学生设计的职业生涯规划融合课。教师实录很贴近学生：“6月你们即将迎来中考，中考过后，同学们即将迎来人生的第一个转折点——初中毕业，老师想问问同学们，你思考过初中毕业后做什么吗？哪个同学来回答呢？生1：我想成为一名天文学家，我觉得天文很神秘，我想去研究一下。师：所以你将会继续读高中，是吧？生1：是的。师：非常好。”在经过小组讨论和教师指导后：“师：你们还能说出哪些职业隔离现象？生1：有一些医院的妇科医生是男性，然而大部分妇科医生是女性，但是可能男妇科医生的技术比女的更好（作者按：其实这也有性别刻板印象了）。生2：修车行里的工作人员是男生，因为那里的工作很辛苦而且脏，大部分人认为这是不适合女性的。生3：国家元首大部分也是男性，因为大家认为男性更适合统治国家。师：女生可以当警察或者消防员吗？男生可以当护士或化妆师吗？生：可以。”这些接地气又有时代特色的课堂对话，如同一堂性别平等盛宴，很有味道。认真去阅读这本《案例集》，老师们一定从中有所收获。

培育教师和学生性别平等意识的有效尝试

男女平等是我国的一项基本国策，但是怎样把这项国策落到实处，是需要思考和实践的。国务院妇儿工委把性别平等教育进中小学作为性别平等主流化的重要推手，举办了多次师资培训班和试点教学，很有成效。

性别平等进中小学，首先教师要学习和理解性别平等这一理论。2020年10月，习近平主席在联合国大会纪念北京世界妇女大会25周年高级别会议上发表了重要讲话，讲话七次提到了“性别平等”这一概念。那么什么叫性别平等，如何用这一理论来指导教学实践，这本书给了大家很好的回答。

本书课程的第三部分是教学反思，很多教师都谈到了接受性别理论和指导教学实践的过程。如给高一学生设计的政治融合课“新时代的劳动者 男女共擎一片天”的老师说：“不得不说，这是我第一次上性别平等教育课，更是第一次把学科课程和性别平等理念进行融合，本次教育教学活动给我开启了另一扇门，让我明白了原来政治课除了知识教育，还可以进行性别平等教育，既感到惊讶，又感到激动。”美术融合课“我的劳动小围裙”的老师说：“要上好一节性别平等教育课，老师必须把‘性别平等’这一概念摸透，性别特点是多样的，要做到平等，就必须先悦纳自己，勇敢做自己。”

男女平等是我国的基本国策，更多是从目标导向上来说，而性别平等更多是从理论上厘清生理性别和社会性别的区别，从而考虑到差异化的平等。正如习近平主席2013年在同全国妇联新一届领导班子成员集体谈话时强调：“要坚持男女平等基本国策，在出台法律、制定政策、编制规划、部署工作时充分考虑两性的现实差异和妇女的特殊利益。”这里讲到“两性的现实差异”是需要从性别平等理论去分析理解和认识的，而这本《案例集》正是这种解读的实践。本书的最后附有《中山市中小学性别平等教育指导大纲（试行）》，是理论和实践的汇集，也是性别平等进中小学教育的科学指引，相信会给广大中小学教师更务实的指导。

L 听了老师的介绍，觉得这本书实用性很强，我也要去读读这本书，了解一下中小学老师是怎么上性别平等课的。

第三节

性别平等教育进中小学的经验及需要注意的问题

L 性别平等教育这么重要，可以在全国中小学全面铺开吗？老师怎样才能给学生讲好课，讲课中怎样避免出现性别刻板印象呢？

国务院妇儿工委在中小学中推动性别平等教育，依据是国务院颁布的《中国妇女发展纲要（2011—2020年）》在“妇女与教育”中提出：“教育工作全面贯彻性别平等原则”“性别平等原则和理念在各级各类教育课程标准及教学过程中得到充分体现”。纲要还在“策略措施”中提出，在教育法规、政策和规划的制定、修订、执行和评估中，落实性别平等原则，实施教育内容和教育过程的性别评估；在教育内容和教育方式中充分体现社会性别理念，引导学生树立男女平等的性别观念。为此，国务院妇儿工委印制了《中小学性别平等教育工作手册（试用）》，以指导各地中小学性别平等教育。2013年以来，广东、黑龙江、上海等地结合实际，大胆尝试、积极探索，开始推动落实《中国妇女发展纲要》目标任务，在中小学开设相关课程。此项工作推动以来，积累了不少经验，取得了很好的成效，但作为一项探索性的工作，也存在一些问题。

一、性别平等教育的推进需要各方合力

性别平等教育的实施主要在中小学，但这项工作需要政府、教育、妇联、高校、社工组织等多个部门联手，以及教育学、性别学、社会学、心理学等多个学科参与，这些资源如何整合，如何将教育落到实处，如何给

教师培训，如何检验教育成果等问题的解决，都需要全面系统的统筹和规划设计。

L 广东在性别平等教育的推动中走在全国前列，在各部门协作方面有什么好经验呢？

广东省全面推动性别平等教育进中小学的启动，是由广东省妇儿工委、广东省教育厅和广东省妇联三个部门于2018年8月联合发布了《关于在我省全面开展中小学性别平等教育的通知》，通知要求各地成立中小学性别平等教育工作领导小组，争取各级财政专项经费和社会资源。在分工方面，由各级妇儿工委负责统筹协调性别平等教育工作；各级教育行政部门负责将性别平等教育纳入学校教育内容；各级妇联做好中小学性别平等教育的宣传工作。要求创新教学特色、组建工作团队、加强舆论引导等。这样有分工有合作的系统整合，有效推进了全省开展中小学性别平等教育工作。

但在实操中，部门之间合作并不是件容易的事情。如果决策者们对此项工作认识不到位，重视程度不够，那么性别平等进课堂，特别是纳入长期教学计划中，就不是件容易的事。因为在现实中，人们发现性别不平等的问题并不十分困难，困难的是如何让各级决策者和政策执行者真正意识到性别问题的重要性，并通过政策的制定和实施，提出解决的方案。

中山市这项工作之所以既全面又扎实，最主要是整合了各方面的力量。在管理上，中山市委市政府、中山市妇儿工委和中山市教体局及其下属单位教研部共同推动，从政策指引、经费保障、专业培训等方面进行合作；在教育体系上，初步建立起“学校—家庭—妇联”三位一体的格局；在教学指导上，编写了国内首个中小学性别平等教育指导大纲、教师指南和教案汇编；在课程探索上，形成了小学、普通中学和职业技术学校各年级的样板课程；在课程设置上，开创性提出了专题课、融合课和实践课三类样板教学课程。立体交叉的联动，使中山市性别平等教育创造了“中山模式”，走在了全国前列。

但在很多地方，部门决策者还没有意识到性别平等纳入决策主流的重要性，包括教育部门和学校领导存有认识误区，经常可以听到有些学校领导这样提问：性别平等课进校园会打乱教学规律吗？性别平等教育会影响孩子们的性别认同吗？老师讲授的性别平等课程科学吗？性别平等教育与考试有关系吗？这些问题也让性别平等进校园存在一定的难度。

教育部门和学校领导提出的这些问题我们在本书中都有分析和解答。从男女平等是我国的一项基本国策的角度来认识，从国务院《两纲》要求来理解，会更清楚地认识到性别平等教育进中小学的重要性。

新《妇女权益保障法》总则的第十条提出："国家将男女平等基本国策纳入国民教育体系，开展宣传教育，增强全社会的男女平等意识，培育尊重和关爱妇女的社会风尚。"对于推动性别平等教育进中小学，起到了更好的法律保障。性别平等教育其实是一项研究人的工作，即通过性别平等教育，促进人的全面发展，促进社会的和谐进步，从娃娃抓起，一定会起到长远的战略效果。

二、性别平等教育需要科学的理论指导

2004年我在中央党校接受性别平等教育时，几乎所有参加学习的老师都有疑问："不是已经有男女平等了吗？为什么又提出性别平等？是不是从名称上哗众取宠呀？"那次培训内容和时间安排得非常紧凑，来自全国各地党校教师们白天听课，晚上讨论或看相关的影片。一批早期接受性别平等理论的老师们从社会学、心理学、文化学、教育学等不同角度给我们讲授社会性别理论。经过讨论、争论和分析研究，我们渐渐明白生理性别和社会性别的区别，明白性别平等主流化的内涵和形成及在实际中的运用，明白了男女平等和性别平等的异同点，可见接受一个理论不容易，用一个新理论来指导实践更不是唾手可得的。

L 既然要系统学习，那么，中小学教师们在传播性别平等理论的时候如何与本地的实际相结合呢？

性别平等理论的学习要与中国实际相结合才能更接地气，几千年封建传统观念根深蒂固，一不经意就出现性别刻板印象了。不少老师谈到，在性别平等理论学习过程中，有时会出现顿悟，因为现实看来再平常不过的事情，如果用性别平等的理论分析，突然就发现其深层次的问题。如老师一直认为男孩抽象思维好是生理现象，用社会性别理论分析，发现不是这么回事，数学科代表虽然是男生，但是好几位女生数学都不错。老师认为男孩比较淘气，班干部多选女生担任，但仔细研究发现，不少男生个人约束力还是不错的，交给他们班级的工作一样完成得很好。这就涉及观念和工作方式的改变，当老师们认识到生理性别和社会性别的区别，认识到尊重性别多样性的选择，认识到性别特征不能取代个性特征时，就能比较正确看待男女学生并科学引导了。

当然，老师如果没有学习性别平等理论，最好不要轻易开课，否则貌似在讲性别平等，实则非常刻板，甚至背道而驰，反而给学生带来困惑。

如“男女大不同——性别平等教育”是一堂给小学高年级讲的性别平等课，虽然初衷是做性别平等教育，但是效果却完全相反。我们试作分析：

课程设计意图：小学高年级学生已有模糊的性别概念，男女生之间开始出现界限和对抗。此时，如果忽略学生性别教育与引导，会致使男孩子性格柔弱、女性化，女孩子性格偏激和怪异化。针对这种现状，对学生进行性别教育以及培养男生女生合作意识显得尤为重要。本课正是在这种背景和理念下及时对学生实施心理健康引导的。（从教师的设计意图来看，传承“男强女弱”“男刚女柔”的观念成为此节课性别教育的核心。——作者点评，下同。）

课程目标：通过活动让学生认识男女性别的不同，男生女生都有自己的优势和不足，男女是平等的。让学生了解自己性别的优势和不足，接受和喜爱自己的性别，知道怎样做个受欢迎的男生或女生。（课程目标与课程设计是吻合的，这个目标只会造成更严重的性别隔离，加深学生性别刻板印象。不仅没有达到性别平等教育的目的，反而引导学生向相反的方向发展。）

课程结论：男女性别不同，造成了男女性别差异。在生活中，我们男女是平等的，没有优劣胜负之分，如果我们男生、女生各自发挥自己的性别优势，吸纳对方的长处，扬长避短，互相帮助，互相配合，共同成长，大家就会更出色，也更受人欢迎，会生活得更快乐。男孩是天，女孩是地，异样的性别，同样的美丽。只要付出努力，男孩和女孩都会成为了不起的人。（教师没有认真学习性别平等理论，因此完全没有性别平等意识，课程内容也在不断误导学生。教师认为男女各自发挥自己的优势，共同成长就是性别平等，这是一个非常广泛和传统的观点，也是很让大家迷惑的观点，特别是对未成年人，Ta们对性别概念已有了一定认识，但还不成熟，这时正确的性别平等教育更重要。应当让学生们意识到男女两性的生理性别是有差异的，但后天形成的社会性别影响更大。男孩所谓的坚强和女孩所谓的温柔，是一种刻板印象，因为坚强和温柔都是人类的优秀品质。同时人人都可以享受平等权利，突破刻板印象，做自己想做的自己，这才是真正的性别平等教育。老师把男孩当天，女孩当地，传递的不是性别平等的理念，而是背道而驰的“男强女弱”“男高女低”的封建传统观念。）

老师课堂上凭自己的印象罗列了男生女生的一系列特点，更是相当之刻板了。

特点 性别 活动	男	女
玩玩具	酷的	软的、可爱的
心理变化	有泪不轻弹	穿着有挑拣
回到家	看球赛	做饭、洗衣服
看电影	看到睡着	哈哈大笑
吃零食	吃得多	吃得少
起床后	动作迅速	磨蹭打扮
上厕所	一个人去	组队去
买东西	直接有目标	东瞧瞧西看看

L 这位老师对男女生特点的罗列很主观，好像特别刻板，如果我们把“男”“女”调换一下，这些词一样成立吧。这是以偏概全，以个别代集群，以个人观点替代整体特色了。这样的教学可能谈不上性别平等教育，而是强化了性别不平等的教育吧。

对，这位老师的出发点是好的，想通过性别平等专题课，让学生树立互相尊重、互相悦纳的目的，但由于没有认真学习社会性别平等理论，没有理解什么是真正的男女平等，而用传统男强女弱的思维来设计课程，肯定就误入歧途了。这样的“性别平等”课不仅不能起到推动性别平等的作用，反而强化了学生的性别刻板印象。

三、性别平等进课堂不是刻板套用

有些老师以为讲了“性别平等”这个词，这节课就有了性别平等意识，这个问题在融合课中比较常见。融合课要求老师融入性别平等意识，于是有些老师就刻意地往性别平等上去靠，显得比较生硬。如在体育课融合中，老师没有认真研究男女两性的身体素质的差异，用男生女生都能做到引体向上的运动，说明男女是平等的，认为就是性别平等进课堂了。我们要正视男女生理上的差别，但又不能夸大这种差别。如男女生到了青春发育期，会有不同表现。女生会来月经，要注意好经期的卫生；男生会遗精，也要注意好心理调节和卫生。无论男生女生，都需要关注自己的身体变化。在讲授专题课的时候，不要用生理性别替代个性特征。如某女生特别爱哭，老师说这是由女性生理上的情感比较细腻决定的。但其实不是所有女生都爱哭，这只是个性而已。也不是所有男孩都不能哭，否则会给男生带来情绪压抑。

当然，性别平等理论只是诸多理论中的一种，教学中还是要坚持学校整体的教学计划，并将其自然而然地融入教学计划中。

思考题

1. 人们担心，当下男孩普遍缺少阳刚之气，很难再现“男儿当自强”，让国家未来发展受到影响。你怎么看这种担心？试用性别平等的理论来进行分析。

2. 请回忆你在中小学学习期间，有没有受到老师的性别引导和同学之间的性别歧视？如果有，可用性别平等的理论分析其原因。

第五讲

将性别平等纳入党校和高校的成效

CHAPTER 5

L 老师在推动性别平等教育进中小学中做了很多工作，可圈可点。但老师一直在党校工作，能不能谈谈性别平等进党校和高校的意义和成效呢?

作为党校教师，将性别平等纳入党校主体班次是我多年来坚持不懈的工作，从2004年至今从未间断过。多年党校教学实践让我有一种强烈的体会：性别平等进党校有效又有用！高校将性别平等的课程纳入教学体系中，让大学生接受性别平等教育也取得了很好的效果。

第一节
性别平等进党校的情况

推动性别平等的责任主体是政府部门，那么政府由哪些人来推动，怎么样推动呢？不言而喻，当然是决策人。这些决策人会集中在哪里呢？就是各级党校和干校。党校（行政学院）的工作条例规定，党校的工作任务是对各级党政领导干部、公务员、国有企业领导人员、事业单位领导人员、年轻干部、理论宣传骨干、高层次人才、基层干部、党员和党校（行政学院）系统师资的培训。在我国，各级领导干部是公共政策的制定者和执行者，将性别平等课程纳入各级党校主体班，让领导们接受性别平等意识，对性别平等纳入决策主流有着非常重要的意义。

自1995年第四次世界妇女大会召开以来，性别平等课进入各级党校教学就有着积极的倡导和实践。从各级党校开课情况来看，多所省级党校和多个地市级党校开设了性别平等的课程，如广东省委党校、甘肃省委党校、湖南省委党校、山西省委党校、江苏省委党校、青海省委党校、浙江省委党校、江西省委党校、贵州省委党校、山西省委党校、广西区委党校、宁夏区委党校等都在主体班次开设了相关课程。

党的十八大以来，各级党政部门推动性别平等的力度不断加大，特别是党的二十大继续把推动男女平等写入报告，各地积极推动性别平等进党校有了新突破。辽宁、重庆、陕西等地出台具体意见，要求将男女平等纳入党校教学中，如辽宁省六部门出台《辽宁省推进男女平等基本国策教育培训进党校（行政学院）、社会主义学院的实施意见》，重庆市妇儿工委等七个单位出台了《重庆市推进男女平等基本国策教育培训进党校（行政院校）、社会主义学院的实施意见》，不仅要求全覆盖，还将男女平等基本国策进党校形成长效机制，师资队伍逐步发展壮大，教学水平和培训效果显著提升。男女平等基本国策教育培训进党校持续性、规范化开展的要求具体化了。

从开课内容上看，主要有三大类：

第一类是以男女平等基本国策为主线的课程，如“深入贯彻男女平等基本国策　推动妇女事业的创新发展”“男女平等基本国策的理论与实践”“贯彻男女平等基本国策　促进社会和谐发展”“马克思主义妇女观与男女平等基本国策”等。

第二类是以性别平等理论为主线的课程，如“全球化背景下的性别平等与妇女发展”“性别平等主流化与男女平等基本国策的贯彻与落实”“性别平等与政府责任”“社会性别与公共政策”等。

第三类是与妇女发展相关联的课，主要针对妇女干部培训班开设，如“性别视角和女性责任”“性别平等与女性发展”“性别平等与妇女干部综合素养的提升”“女领导干部性别平等理念的提升”等。

从开课路径上看，第一类比较容易进党校，从“男女平等基本国策”的角度，与主流话语很吻合，这类题目在党校开设得最多。第二类是与社会性别平等理论相联系，效果比较好，用社会性别理论来分析问题，讲授者如果分析到位，能厘清很多模糊看法，领导干部容易接受，也乐于思考，但对教师的要求比较高。第三类主要针对妇女干部，因为党校每年都有培训女干部的任务，因此很容易进入妇女干部培训班，接受度也比较高。当然这三类课只是大致分类，不是截然分开的，内容也经常交叉进行。

授课教师也有三类：第一类是全国或省市级妇联领导到党校讲课，因为党校工作条例要求党校有外请领导干部讲课的任务，从行政指导方面比较顺，妇联领导们多讲授第一类课题。第二类是外请专家学者，主要请中央党校、全国妇联或高校的专家，因为进党校讲课，对教师的政治素养和专业素养都有比较高的要求。第三类是各级党校自己的师资队伍。从2004

年开始，中央党校妇女研究中心举办了多期性别平等师资培训班，来自全国各省区市党校的老师们参加了比较系统的培训，还编写了教材《党校系统社会性别培训老师手册》（中央党校性别平等政策倡导课题组编）。党校教师经过培训，接受了性别平等理论，回校后结合本地特色，开设了一批有特色的课程。党校教师来自各教研部，能较好结合专业特色，如在法学、心理学、管理学、文化学、社会学等方面不断探索，开设了与专业相关的性别平等课程，如“性别平等在法律中的运用”“性别平等与心理调适”“从管理学角度看性别平等”“性别平等与传统女性文化”“中国共产党对男女平等的推动”等课程。我就是通过在中央党校的学习，在党校系统开设了“性别平等与政府责任”“性别平等主流化与男女平等基本国策的贯彻与落实”“性别平等与媒体责任”“中国共产党对妇女运动的领导”等课程。2021年12月，国务院妇儿工委发布了《关于推进男女平等基本国策教育培训进党校（行政学院）、社会主义学院的通知》，提出要将推动男女平等基本国策纳入课程招标体系，争取列入党校（行政学院）、社会主义学院主体班次。要围绕习近平总书记关于妇女和妇女工作的重要论述、马克思主义妇女观及其中国化理论成果、男女平等基本国策内涵的要义及形成与发展、男女平等和妇女权益保障相关法律法规政策及国际公约和文件、贯彻落实男女平等基本国策的有效做法和实践经验等设计课程内容。这一通知对性别平等进党校和干校是一个很好的政策指导。

L 老师在党校上课最深的体会是什么，能不能分享一下？

我在党校开设性别相关的课程20余年，体会还是很深的，因为性别问题不仅关乎性别平等与差异，更重要的是探讨人类社会文明进步的程度。现实中每个人，都以一定性别身份存在，不论在家庭、单位还是社会，都有着自己的性别角色。因此，妇女与性别理论建构，通过追求性别平等，能达到两性和谐与幸福。同时，在社会和各个领域都会有性别不平等的问题，党校学员作为各级各部门的决策人，有没有性别敏感性，能不能将性别平等纳入决策主流，决定着男女平等基本国策是否能得到贯彻与落实。

我在这块阵地上一直坚持不懈，努力耕耘，还是很有成就感和收获的。2019年2月12日，《中国妇女报》刊登了一篇我的文章《性别平等教育应以创新彰显中国特色》，谈到了在党校和中小学推进性别平等的体会，为了更好地帮助大家认识性别平等进党校的重要性，现全文转载如下：

性别平等教育应以创新彰显中国特色

编者：当下推动性别平等教育进各级党校、进中小学的系列举措正稳步实施，并取得了重要成果。但性别平等教育是个系统工程，推动性别平等教育仍需破除束缚，用科学的新思维思考现实问题。本文作者结合其推动性别平等教育的实践经验提出建议，认为需要将性别平等进党校干校纳入常规教学计划，加强对教育工作者的培训，使其有正确的性别意识，同时在课程设置上要有中国特色。

■葛彬

推广性别平等教育是传播先进性别文化，在全社会树立正确、健康的性别意识的重要举措。当下推动性别平等教育进各级党校、进中小学的系列举措正在稳步实施，并取得了重要成果。结合20余年从事性别平等教育工作的实践经验，笔者尝试从以下三个方面为进一步推动性别平等教育提出建议。

性别平等进党校干校要纳入常规教学计划

党校和干校的主要职责是承担各级领导干部和中青年后备干部的培训，领导干部是公共政策的制定者和实施者，其具备了性别平等意识，有利于性别平等进程的整体推进。这些年来，各地也有将男女平等基本国策的相关内容纳入党校和干校教学中的经验，但主要是两种情况——

第一，聘请部分性别理论的专家学者承担讲课的内容，往往以临时讲座的形式开展，如在“三八”国际劳动妇女节或上级有要求时开设相关课程。这种课往往都具有很强的临时性，难以长期持续发挥作用。

第二，各级党校内部部分热心研究妇女理论的教师主动承担课程。因为授课教师来自各个专业，所以常从经济学、法学、管理学的角度来进行讲授。但是主体班的教学，一般一个班次一位老师只能担任一门课。各科老师都有自己的专业课，很难在主体班次开设两个专题课。如笔者曾在党校开设的专业课是“领导干部的语言艺术”，如果再开一个“性别平等与政府责任”就很难了，后来为了保留后一个课，只能将专业课取消了。同时，性别平等课题研究在党校的职称评定中很难进入专业论文的范围。笔者认识的一位教师，在性别平等研究上颇有建树，承担了不少课题，发表了不少文章，但是由于她的专业是管理学，所以在评正高职称时，很难将其研究成果作为评定的依据。所以，性别平等课程只靠教师个人努力争取进入党校主体班还是比较难的。即使勉强进入了，也因人员变动而变化，常常是人走课停。

若将性别平等课程纳入教学的总体规划中，这门课就有了可持续性和生命力。如中共广州市委党校荔湾分校，从2006年起就将“性别平等与政府责任”一课纳入教学计划中，这门课在该校的主体班长期开设。2018年又将这门课前移到初任公务员的培训当中，效果非常好。笔者希望，从中央党校到各省市区党校都在教学计划中纳入这门课，使之常态化。

应加强对各层次教师的性别平等意识培训

性别平等观念不是无师自通的，必须经过学习与培训来加以认识。尤其是对社会性别的认识，更是一个需要培训和学习的过程。目前性别平等的师资队伍还非常匮乏，除了一些女子院校外，高校一般没有女性学学科。

中央党校性别平等倡导课题组从2004年开始对党校教师进行培训，已经培训500余名教师。但是这些教师往往分散在各个部门，回去后能长期开设课程的不多。同时，性别平等课程看起来简单，其实有很多理论需要厘清，也需要比较系统的学习和培训。以广东省中山市为例：从2015年广东省妇儿工委在中山市进行“性别平等教育进课堂”以来，一直重视对中小学教师的培训，为此，中山市教育局教研室还编写了《中小学性别平等教育指南》《中小学性别平等教育手册》《中山市中小学性别平等教育试点工作汇编》等系列教材，效果不错。性别平等教育的师资队伍非常重要，每所党校干校中都有能给厅局级、县处级等干部讲课的有水平的教师，才能更好地提高培训效果。

性别平等课程的内容要有中国特色

社会性别理论是西方的舶来品，与我国提出的男女平等基本国策的内容有重叠又有不同。男女平等基本国策强调女性在经济、政治、文化等方面与男性享有平等的权利。

性别平等理论涉及一系列深层次的问题：如在对社会性别的认识上，强调社会性别问题就是社会问题；在实现性别平等的途径上，强调把性别平等纳入政府和社会发展的宏观决策系统；在平等权利的认识上，强调男性和女性都应享有基本人权框架下的平等权利……但是如果照搬照抄这些理论是很难让学员理解的。要将社会性别理论融入到中国的国情中，使之更有中国特色，还需要不断思考和创新。

第一，在主流话语教学中加入性别视角。如“一带一路”“中国梦”“反腐倡廉”“好家风传承”“精准扶贫”等内容都是当前的主流话语，这些课程的设置可以用马克思主义妇女观理论指导，引入性别平等的内容与分析，强调性别平等的意义。

第二，在对社会热点问题进行案例分析时，可以从性别平等的角度入手。如，讲社会学理论时可以对出嫁女土地权益与维稳关系进行分析，找到性别不平等对公共政策带来的影响；对出生性别比失衡的问题进行分析，找到大龄男女未婚青年产生的原因及对策；对国家推行全面两孩政策后妇女就业和家庭和谐的关系进行分析，以促进相应的公共政策出台，解决家庭生育的后顾之忧；在对职务犯罪领导干部的“婚外情”进行分析时，注意分析“女人是祸水”传统错误观念的影响等；对“精准扶贫”的认识，可认真分析贫困人口的结构，其中很大一部分是妇女儿童，把焦点对准，才能让“一个都不能掉队”的问题得到解决。社会热点问题看起来是社会问题，但深层次原因很多是源于社会的不平等，而性别不平等是较常见的不平等，要解决这些问题，用社会性别理论找到问题的症结，进行深刻分析，或许能发现解决问题的新途径。

第三，从不同角度开设性别平等专题课。如，从经济学角度可以讲“经济发展与妇女发展”；从政治学角度，可以讲“妇女参政与社会进步”；从党建学的角度可以讲“新时代中国共产党的男女平等理论”；从社会学角度可以讲授“养老政策与性别平等”“社区发展与性别平等”；从家庭的角度可以讲“性别平等与家庭和谐”；从国际发展的角度可以讲“世界妇女性别平等之路”等。如果将性别平等理论与国内国际现状相结合，可以更好地讲深讲透，真正让性别平等进入决策主流。

推进性别平等教育任重道远，需要破除束缚，用科学的新思维去思考现实问题。笔者相信，随着中国改革开放的不断深入，社会主义核心价值观的“平等”理念会更广泛地传递，性别平等的推动也会更有效、更全面。

L 看来，性别平等进党校课堂，是具有挑战性的，因为党校学员层次较高，实践经验很丰富，要把性别平等这门课讲好讲透，并让学员接受，既要有理论深度又要有实践广度，还要善于运用良好的教学方法。老师用什么方法讲好这门课呢？

党校（行政学院）是培养领导干部的主渠道，党校学员不仅学历层次高，实践经验丰富，而且参加过各种培训班，听过各种高层次的课，要求也比较高。要讲好这门课，对教师的确很有挑战性。这门课看起来从性别角度出发，但落脚点是“人”，是男女平等基本国策在治国理政中的体现。正如习近平主席在联合国大会纪念北京世界妇女大会25周年高级别会议上的讲话中说的，“让性别平等真正成为全社会共同遵循的行为规范和价值标准”，要站在这个高度备课，主题的设置、技巧的运用、案例的选择甚至讲课的方式方法等，都需要严谨斟酌，认真思考设计。

第二节

性别平等在党校开课的要求

党校开设性别平等的专题课，对老师的要求还是比较高的，因此要特别用心来进行设计。

一、科学设置教学内容

首先，题目很重要。党校教学课题审核是比较严格的，有个好题目，不仅在教学审核中容易通过，而且让学员容易接受。我以往给主体班次讲课的题目为“性别平等与政府责任”，以突出公职人员，特别是领导干部应了解的性别知识和承担的责任。这个课对领导干部和各级妇儿工委成员单位的干部讲授效果很好，特别是对那些要完成妇女儿童规划纲要任务的扛标单位，要担负起相应的责任，完成规定的指标，必须有性别平等意识。

还有一堂课题为“性别平等主流化与男女平等基本国策的贯彻与落实”，这个题目一是强调了性别平等进入决策主流的重要性，二是与男女平等基本国策相联系，三是体现了各部门推动性别平等的工作内容等。这个课比较容易走进党校主体班次，后来我在省级党校和各地市党校主体班讲课，用的都是这个题目。

其次，内容很重要。前面提到过，在省级党校开设性别平等课程，部分是省级妇联主席或副主席开讲，但主席届满时就要轮岗，有些主席在妇联工作一段时间后，通过学习了解了男女平等基本国策和性别平等理论，讲课内容比较深刻，但有些新上任的妇联主席还没有接受过性别平等理论的学习，便走上党校讲台，由于对性别平等理论理解得不够深刻，在一定程度上也会影响教学效果。

专家学者讲课有深度、有特点，内容也很丰富，但因为外请比较多，课程多为通识内容，与本地区特色结合得不那么紧。就我的教学体会来看，这门课，要让学员听得进，理解透并认同性别平等的观念，有三个要求：一是有高度，二是有深度，三是接地气。

一是有高度：党校工作条例提出要坚持党校姓党，把旗帜鲜明讲政治融入党校（行政学院）工作全过程和各方面。在性别平等的宣传中，要坚持马克思主义妇女观，以党的文件和宪法关于男女平等基本国策的要求为指导，以习近平新时代中国特色社会主义思想的妇女理论为根本遵循，以中国共产党领导妇女解放运动的历史为基础来设计讲课内容，在坚定“两个确立”，增强“四个意识”，坚定“四个自信”，做到“两个维护”方面不动摇，以保证政治上的可靠，贴近时代主流话语。

二是有深度：党校课程有党史党建、经济学、管理学、哲学、社会学、文化学、心理学等多门，在这些课程中融入性别平等意识，会让讲课的内容多一个视角，多一些理论深度。如学员们在工作时对性别问题的接触中，在家庭中夫妻相处的性别关系中，在社会上对男女两性的评价上的浸润中，在媒体对性别的引导上，都会有性别判断。但到底什么是男女平等？其内涵是什么？男女平等是男女一样吗？如何理解男女的生理差异和社会差异？在政策制定等方面如何能既尊重差异又做到平等？对女性弱者的尊重和关注是平等吗？岗位招聘要设置性别需求吗？生育养育孩子时父母需要各担责任吗……诸如此类问题，是需要用社会性别理论框架深入分析的。通过分析什么是平等，什么是男女平等，什么是社会性别平等，社会性别是怎样形成的，我国男女平等落实情况怎么样等要点，就可以更好引导学员在制定政策中怎样用性别平等进行评估，新的政策出台有没有考虑到对两性的不同影响等。在教学中运用社会性别平等理论厘清形式平等和实质平等的关系，尊重差异和考虑妇女特殊利益，考虑生理性别和社会性别对人的发展的影响等，借鉴先进的性别理论，特别是运用马克思主义妇女理论和习近平新时代中国特色社会主义思想的妇女理论来指导，会让学员对现实性别问题有更深层次的思考和分析。

三是接地气：性别平等是人们非常关注也最能引发学员参与讨论的热点话题，因为每个人都置身其中，所以讲课案例要紧跟当下热点和本地区实际。我长期给广东省、市、县（市、区）妇联干部讲课，非常关注本地妇女发展实际，直接参与了不少地区基层妇联组织的妇女儿童公益项目的评选和指导，参加了广东省、广州市及区级的妇女儿童发展规划的制定与讨论，也经常到基层和乡村去调查研究，给基层家长们送性别平等和家庭教育方面的公益课，对基层存在的性别方面的问题比较熟悉，所以在举例子、找材料方面，有比较多优势，因此在给党校学员上课时，有更多鲜活的素材，让学员感受到性别问题就发生在自己身边，在辨别和分析中，认同和接受性别平等基本理论。

二、灵活运用教学方法

根据党校（行政学院）工作条例规定，党校教学要用讲授式、案例式、模拟式、体验式等多种互动式教学方法来增强学员思考。国务院妇儿工委《关于推进男女平等基本国策教育培训进党校（行政学院）、社会主义学院的通知》明确指出，在党校（行政学院）开课的方式“可以采用专题讲座、辅导报告、实践分享、集中研讨、视频课程等多种形式提升培训实效。根据地方实践经验建议学制一个月及以上的一般不少于半天，学制一个月以下的一般不少于两学时”。到党校学习的学员们来自不同岗位，往往带着问题来，因此善于思考，主动参与性很强。仅用讲授法远远不能满足学员要求，还要尽量让课堂加大互动比例，扩大学员的思考空间，这就需要在内容上和方法上进行精细化和科学化设计。

L 据我了解，党校开设性别平等课有一特点就是以大课讲座形式，在校学习的班次集中听课。我也听过几位外请教授在党校讲授“男女平等基本国策”课，是在学校大礼堂举行，人数多，场面大，影响面广，这种场合效果好吗？可以互动吗？

性别平等内容涉及“男人和女人”。每个人都或多或少会有性别经验，为了让学员参与互动讨论，我每堂课都设置问题，即使在大礼堂讲专题课一样有互动。比如课程一开始就将人们常见的、身边发生的、最新的性别问题抛出，组织小组讨论，然后请学员代表亮出小组观点。学员发言后，往往会出现性别刻板印象，我并不马上解答和分析问题，而是留下一点悬念，在讲课过程中逐步掀开性别刻板印象和性别隔离的面纱，让学员边接受理论边思考现实。讲课过程中也时不时抛出问题，在互动和参与中，让学员领悟相关理论。再就是每节课最后，都设置几个简单的问卷，让学员马上回复。通过互动，我的课评价一直名列前茅，在学员中受到欢迎，效果还是不错的。

三、认真总结教学经验

L 老师能不能把你的课件内容分享呢？课堂中是怎样设问，怎样讲授，怎样参与，怎样设置问卷的？有什么好的教学经验呢？

下面把我在教学过程中的经验和大家分享，将“性别平等主流化与男女平等基本国策的贯彻与落实”一课的主要提纲列出。

性别平等主流化与男女平等基本国策的贯彻与落实

葛彬

课堂引入：请思考下列问题并进行讨论，每组请派一位代表综述本组观点。

第一组：人们认为，当下不少男生做事畏缩、依赖性强，缺乏敢于冒险等“男子气概”，学校应考虑性别差异，加强性别教育，让“男孩更像男孩，女孩更像女孩”。你认同吗？为什么？

第二组：一对夫妻离婚时对共同财产无法达成协议，向法院提起诉讼，法院判决时（无其他过错等因素）更多照顾了女方。有人认为，法院应本着男女平等原则平均分配，否则有失公平。你认为呢？

第三组：某地举办“廉内助”培训班，由领导干部配偶参加廉洁教育学习，旨在通过“廉内助”帮助“廉掌柜”，以达到反腐倡廉目的，结果来学习的都是领导干部的妻子。你认为有用吗？为什么？

第四组：某城管单位招聘人员，明确标明适合男性，有人说这是性别歧视，领导说，城管工作很辛苦，我们是照顾女性。你怎么看这个“照顾政策”？（注：问题会根据不同的教学对象进行调整）

一、男女平等基本国策概说

（一）男女平等基本国策的提出和意义

1995年9月在北京第四次世界妇女大会上，中国政府提出：“把男女平等作为促进我国社会发展的一项基本国策。”党的十八大、十九大、二十大报告都提到：“坚持男女平等基本国策，保障妇女儿童合法权益。”男女平等成为中国共产党治国理政的重要内容之一。毛泽东、邓小平、江泽民、胡锦涛等党和国家的领导人历来都重视推动男女平等和发挥妇女的伟大作用，提出了符合中国国情、具有时代特征的妇女发展理论。习近平总书记将促进男女平等和妇女全面发展放在中国特色社会主义事业发展全局中总体设计，提出了坚持党对妇女工作的领导等一系列重要观点。

各位领导人将马克思主义妇女观与中国实际相结合，提出妇女解放思想和男女平等理论，对推动中国妇女事业的发展有着重要指导意义。

（二）男女平等的内涵

展示相关的图片，如内容为“男=女”，或男女分别在一个天平的两端，讨论什么是真正的男女平等。

男女平等不是让男性和女性变得一模一样，而是从权利平等、机会平等、责任平等和结果平等四方面体现平等。

（解答第四组的讨论题：所谓的照顾政策，其实是剥夺了女性的权利；赋予女性权利，才是对女性的尊重和维权。）

（三）男女平等基本国策的实施

1. 公共政策层面：

男女平等基本国策的实施首先体现在公共政策层面。在《宪法》指导下，《民法典》《妇女权益保障法》《村民委员会组织法》《反家庭暴力法》《家庭教育促进法》等一系列法律保障了男女平等。

2. 宣传教育层面：

对公务员和领导干部、教师和家长、媒体人员、党代表、人大代表、政协委员、妇联干部和执委以及妇儿工委的成员单位相关人员等进行性别平等的教育。

3. 实际操作层面：

政治上，男女共同参与民主政治，参与社会治理。经济上，男女在就业、职场等方面享有平等的权利和机会，并共同享有平等的工资福利待遇。文化上，从观念上改变性别歧视和偏见，包括显性和隐性歧视，倡导先进的性别文化。家庭中，倡导夫妻共同承担养育子女、照料老人等家庭责任，共同承担家务。

（解答第三组的讨论题："廉内助"学习班是将腐败的板子打到了女性身上，是封建的"女人是祸水"文化观念的现代延伸。如果要办此类班，应该举办"廉洁家庭"培训班，包括男女领导的家属都要参加学习，家庭成员共同倡导廉洁，传承廉洁家风。）

二、社会性别理论的学习及认识

男女平等与社会性别平等的关系：

二者共同目标：促进男女平等的实现。

区别：男女平等作为基本国策，更多从政策导向和宣传层面提出目标要求，具有中国特色。社会性别平等是一个分析范畴和理论，在区分生理性别和社会性别中，分析性别不平等产生的深层次原因，提出性别平等的实质、实现的途径及对平等本质的认识，从而使男女平等的实施更为科学和到位，是一个国际化概念。

（一）生理性别和社会性别

生理性别（Sex）：雌雄两性的区别，男女两性的生理区别是由染色体决定的，男性的性染色体为XY，女性的性染色体为XX。这个不可改变，也不需要改变。

社会性别（Gender）：是一个舶来词，是基于男女生理差别之上的社会文化对两性及两性关系的期待、要求和评价，人们有意识和无意识地不断强化它，从而形成一种性别的群体特征，表现在角色、活动及责任等各方面。

性别的生物和社会属性：人类性别既有生物属性也有社会属性。大家可以思考：

生物属性是否会带来两性的社会差异呢？是每人的个性差异大，还是性别差异大？

我们不否认生物属性对性别的影响，但目前科学还很难精确测量出男女两性的自然差异对人的发展带来多大的影响。因此，从社会文化角度认识两性的差异至关重要。

社会性别是后天形成的。社会文化在很大程度上建构了男女的性别特征和差异。既然是后天形成的，意味着是可以改变的。这种改变就是从性别平等的角度去思考和解决社会问题。

（二）社会性别的形成

1. 社会建构：家庭、学校和媒体共同建构着社会性别。

一是家庭建构着社会性别。

提问：父母通常怎么给男宝宝和女宝宝取名字？

取名显示了父母对孩子的性别期待。姓名文化已经将符号性别化了，造成了一定的性别刻板印象。同时，长此以来的随父姓，也是对父权社会的一种延续。三孩时代，有的家庭让孩子们分别随父母姓，是一种对传统父权的些许改变。

提问：父母通常给男孩和女孩买什么玩具呢？

男孩玩枪、汽车、变形金刚，女孩玩芭比娃娃、小厨具、毛绒玩具，这往往会将儿童引至性别隔离。不建议分性别买玩具，可引导孩子按兴趣和爱好选择玩具。

二是学校建构着社会性别。

互动：回忆中小学课堂上老师有没有进行过性别引导，对你有影响吗？

学校教师的性别观念往往影响着学生，如老师认为男孩比较调皮，逻辑思维好，最好报考理科，女孩比较细致，形象思维好，适合去学文科。这种刻板印象会左右老师对男女学生的态度，影响到学生的个性化选择。在班级工作分配中，将男生选为劳动委员，数学、物理科代表，女生则选为文艺委员，语文、音乐科代表，这种分工强化了学生的性别隔离。

互动：回忆小学教材中给你印象最深的男女英雄人物，他们各是谁？

在教材中，性别隔离情况也比较常见。特别是榜样人物，无论是政治家、科学家、文学家、艺术家，男性数量大大超过女性。

三是媒体建构着社会性别。

媒体人对现实报道选择性是很强的。如报道腐败案例，涉及女性职务犯罪的，往往会特别加上性别和性的相关内容，如《女巨贪与40多位领导有染》《女巨贪为缓刑色诱看守所副所长苟合，被抓奸又色诱所长！》，让人们感觉到女性职务犯罪一定和性有关联。在对模范人物报道中，对男性更多是其工作优异成绩的展示，对女性更多报道如何处理工作和家庭的关系。

2. 权力关系建构：从夫居、随夫姓、男主女从的权力关系建构了社会性别。

从夫居：标志着男女之间的权力关系，男性可以继承、拥有土地和房产等资源，女性通过婚姻成为男性附属品，获得必要生活来源。从夫居给男性也带来巨大经济压力，彩礼和男方购房习俗，让很多有儿子的家庭难以承受。

3. 制度安排的建构：分工、分配、继承等制度建构着社会性别。

分工制度：农村传统的男耕女织分工模式在改变，男进城务工，女在家务农，变成男工女耕。但男主外、女主内的分工制度依然没改变。村里绝大多数妇女留守，但村长往往是男性。妇幼医院绝大多数是女医护人员，但院长则男性居多。中小学里女老师占多数，校长却多是男性。

分配制度：女性在工资较高的职业中分布不足，在较低的分配中比例过高，存在职业性别隔离，同工有时也不同酬。

继承制度：《民法典》规定，继承权男女平等。但男性上家谱，继承土地和房产，女性不能参加祭祖等活动，没有继承权或继承不公平的现实今天在很多家庭都仍存在着。

思考：你家有没有财产继承方面的性别问题？

4. 文化积淀的建构：男强女弱的社会观念对男人与女人的期望和评价形成了性别隔离、性别偏见和刻板印象定型。

社会偏见给男女两性都带来压力。社会偏见如“女性当领导不大气”“女司机是‘马路杀手’”“女人不要太强势”“女孩子终归要嫁人，读那么多书干啥”等给女性带来压力。偏见同时给男性也带来压力：“男人就是应该比女人强”“男人怎么能哭”“男人就该有阳刚之气”“男人怎么能有娘娘腔”“男人怎么能比老婆差”等等。长期以来的性别文化标准，给男女双方都带来压力，不仅是性别不平等的表述，也不利于人的全面发展。

（解答第一组的讨论题：男孩应该是什么样？女孩应该是什么样？不要贴标签，刚强坚毅和细心温柔是人类的优秀品质，不是某一性别特享的品性。）

（三）社会性别平等

社会性别平等不是生物意义上的平等，女性和男性不可能变得一模一样，而是指所有人，不论男女，都可以在不受各种成见及社会性别角色分工观念的影响、不被各种歧视下，受到平等对待，并自由发展个人能力和做出自己的选择。

三、性别平等主流化实现的途径

社会性别主流化：在国家层面对各个领域和各个层面评估所有计划对男女双方的影响，最终使男女双方受益均等并不受到歧视，社会性别主流化最终目标是实现社会性别平等。

（一）政府做好顶层设计

性别平等涉及政治、经济、教育、健康、婚姻家庭等多个领域，需要有效的法律和政策规定来保障调整。政府在推动性别平等中是责任主体，因此要承担起公共政策的制定和监督。

公共政策要有性别视角，落实男女平等基本国策。如近几年中央一号文件一直强调，推进村集体产权制度改革中，要注重保护外嫁女等特殊人群的合法权利。乡村振兴的政策，强调了妇女土地权益和股权利益问题。打击人口拐卖的国家计划中，提出改变传宗接代的旧观念和对留守妇女儿童的关爱等。《妇女权益保障法》从政策层面推动性别平等，具有不可替代的作用。

（解答第二组的讨论题：在没有过错的情况下，法院更多照顾女性是基于对“弱者”的尊重。《民法典》明确要保护妇女、儿童、残疾人和老年人的合法权益，说明女性在生理和社会因素影响下还处于弱者，因此要特别照顾，说明平等是要让“弱者”得到尊重。）

（二）用性别平等视角审视本职工作

在工作中会遇到各种各样的性别问题：行业招聘中，有没有性别要求？（有没有只适合男性或女性的工作，什么工作？）干部提拔中有没有刻意性别选择？（有没有金字塔现象、玻璃天花板现象？按性别还是能力来提拔干部？）公共服务的教育，养老、医疗、失业保险，脱贫致富中的性别问题。（以上事项中有没有性别特殊需求？）在突发性事件中，有没有性别问题？（发生自然灾害如地震，突发社会公共卫生事件，有没有保护妇女和儿童的专门政策？）以上各项事情都与性别有关，要保持性别敏感，用性别分析框架来审视问题和处理问题。

（三）性别平等的评估、监督和认证

在性别平等的评估和监督中，有他山之石可借鉴。英国：1975年建立了平等机会委员会，2010年颁布了《平等法案》，此法案对立法、政策制定、项目制定、预算、报告等的性别平等进行评估和服务。加拿大：司法部启动“性别平等项目”，将性别顾问派往各部委，把关审查政府所有的行政政策。芬兰：将性别机构纳入政府议会内，由议员组成就业和平等委员会，负责处理性别平等大量事务。瑞典：2012年出台《政府部门社会性别主流化战略》，总理为战略实施负最终责任，各部门在各自职责范围内制定社会性别主流化行动计划。

国务院颁布的《中国妇女发展纲要（2021—2030年）》和《中国儿童发展纲要（2021—2030年）》对性别平等的推动提出了相应要求和目标，各成员单位在对标中，要对性别平等各方面进行评估和监督。《妇女权益保障法》也强调了分性别统计的重要性，为消除性别的数字鸿沟提供了法律依据。

（四）鼓励好家风的建设和传承

习近平强调：注重家庭、注重家教、注重家风。将家风建设提到了治国理政的高度，家风建设是性别平等主流化的应有之义。

习近平在2016年12月第一届全国文明家庭表彰大会上强调：各级领导干部要带头抓好家风，做家风建设的表率。家风问题不仅是女性的问题，也不是个人的问题，是千家万户的事，需要所有领导干部带头抓好自己的家风建设。2021年10月颁布的《家庭教育促进法》，强调父母亲自陪伴、男女共担家务劳动的法律倡导，是对性别平等的具体表述。

课后调查　　　班级：　　　性别：

1. 在你的人生道路上，对你影响最大的人是谁?

2. 今天听课的体会和提出的问题。

3. 拟出听课后的行动计划。

L 我对课后的调查很感兴趣，这三个答案老师有统计过吗?

在我讲授的课程中，这个调查进行了很多年，积累了几千份答卷。看起来很简单的几道题，却折射出很多性别内容。我将在下一节做分析。

第三节 性别平等进党校的效果

一、家庭对人生影响的性别分析

第一题，在你的人生道路上对你影响最大的人是谁？这个问题我不仅在讲授性别平等课时设置，在其他课程中也常设置，比如家风建设课、夫妻和谐与亲子教育课、语言艺术课等。在所有问卷中，均要求学员标注性别。调查对象涵盖厅局级干部、企业高中管、县处级干部、科级干部、初任公务员、妇女干部、家长、大学生等。在2018年之前，对这个问题的回答结果非常一致，无论哪个层次，或男或女，对自己人生影响最大的，排在第一位的永远是父亲，其次是母亲或其他家人，再后才是老师、名人、领导或其他，答案没有例外，包括我自己，也是父亲对我的人生影响最大。

2018年一次调查却颠覆了这个答案，我给某区初任公务员学员讲课，拿到名单后作了统计，一共31位，全部是90后的年轻人，其中12位男生、19位女生。调查结果是，16位填写母亲，6位填写父亲，其余是其他。更有意思的是有3位男生填写的是女朋友，竟没有一位女性填写男朋友的，这一结果让我特别惊奇，但人数毕竟不多，典型性不强。不久后，我又给另一个单位的年轻人上课，一共129位学员，统计数据显示，填写母亲的达到58位，填写父亲的才22位，剩下的是其他。因为没有名单和年龄，我就问大家，90后的请举手，大约五分之四的学员举起手。在这之后，我特别关注90后这个年龄段的群体，调查结果分水岭还是比较清楚，1990年前出生的填的还是父亲排第一，90后填的则是母亲排第一位了。近期对年轻人的调查也出现了不同结果，虽然父母还是排列在前，但答案更多元化了，老师、领导、同学、名人等的比例也在上升，说明年轻人的榜样更多元化了。

L 为什么会有这个结果的转变呢？是不是意味着女性的家庭地位提高了，影响力扩大了？

这个问题可以用社会性别理论来观察和分析。传统性别分工是男主外女主内，目前60岁及以上的父母，这种性别分工以往泾渭分明，男性在外工作学习，女性则在家相夫教子。我是1977年恢复高考后第一届的大学生，所读专业是汉语言文学专业，我们班97位同学中有24位女生，女生比例已经相当高了。当时学校理科班的女生是凤毛麟角，有些只是个位数。50后、60后男性在这种社会结构中，其文化程度和工作经历比同时代的女性要高出很多，这就决定了父亲往往更有见识，在对人生的目标和职场规划、价值理念方面，父亲容易给子女人生导师的印象，作为男权社会的代表，父亲的价值观会成为家庭的核心价值观。所以这一代人，父亲影响比例最大。

随着妇女受教育程度的普遍提高和社会参与领域的不断拓展，妇女正由被动的客体变为能动的主体。特别是60后和70后女性们学历层次不断提高，观念也在改变。如今高校女生占比已达到52.5%，而女硕士、女博士也越来越多，国家公务员录用女性的比例有时甚至超过了一半。传统“男尊女卑”观念随着社会进步也在解体，女性家庭地位有了提升，其价值观念也开始影响到孩子。在传统与现代性别观念胶着又产生碰撞时，一方面妇女解放成为趋势，女性的眼界随着文化层次的提升不断扩大，另一方面对母职的要求是“为母则刚”，虽然是传统观念，但人们对它的接受程度还是很高的，加之母亲在育儿方面比父亲付出更多，即便在不合理与困难环境下，母亲们也往往具有默默承担的韧性和克服困难的毅力，这些并不是母亲与生俱来的生理因素，而是社会文化的形塑。因此，90后和00后的孩子们在受到母亲的生活关爱和人生规划的双重教育中，会更多亲近母亲，接受母亲的价值理念，受到母亲教育的影响。

今后的年轻人，个性张扬的可能会更多，Ta们对“女性天生细心温柔，适合在家庭当主妇，男性天生刚强坚毅，适合在社会上闯荡”的性别刻板印象有较大的突破，对男强女弱的性格塑造、男女有别的刻板印象和男优女劣的价值判断不认同，而看到细心温柔和刚强坚毅的优秀品质汇集在某人身上时，则会有更多认同和效仿，这也是性别平等发展的一个重要趋势。

L 经老师这么一分析，还是很有意思的，那么男生和女生对母亲的感觉是一样的吗？

这个问题问得很好，以往我也没关注男女学员对此问题的表述，性别统计后，我发现关系不大。我们看这两段表述：

“对我影响最大的是妈妈，她学历不高，但年轻时就知道自己想要什么，为此她一直努力工作付出，过上了她想要的生活。她与父亲相亲相爱，懂得尊重彼此。她对我们的教育虽属放养型，但经常在做人处事上认真教育我们。”

“我妈妈对我影响最大，因为她总是以身作则地影响着我。记得我小时候有一次和妈妈走在路上，路中间有一块大石头挡着路了，我一下迈过去了。妈妈却把这块石头很费劲地搬到路边去了，我当时觉得妈妈很为别人着想。这件事让我记了一辈子，让我在工作中处理问题时更注重为别人着想了。”

可以分辨得出以上讲述者的性别吗？上面那位是女学员，下面这位是男学员。其实每个家庭对孩子的影响都是终身的，无论是父亲还是母亲。

二、现实中性别刻板印象影响的分析

L 党校学员在听课后的体会和问题是什么？他们的行动计划又会体现在哪些方面呢？

学员所提出的问题当然是五花八门的，这里列举一些，看大家是否能区分哪些是女性学员的回答，哪些是男性学员的回答。

“性别平等在当今社会很难实现，各行各业都存在着歧视女性的现象，尤其在农村，重男轻女的思想还很严重，为了生男孩，不顾家庭条件、生命危险，甚至已经有七八个孩子了还在想生男孩。有的还丢弃女婴，带来严重的社会问题。听了老师的课，感觉加大力度宣传性别平等太重要了。回去后会通过微信、微博等新媒体进行宣传，让大家的思想有所改变，不再重男轻女。”

“这堂课更新了我的知识和观念，之前我认为男女平等就是绝对平均，通过上课我才知道，平等是要让弱者得到尊重。我的问题是：家庭教育方面如何让男孩和女孩受到一样的教育，而不是穷养和富养的区分。我的行动计划是改变自己，尊重孩子。”

“听了老师的课后觉得妇联工作很繁重，推动男女平等工作任重道远，特别是外嫁女问题。我们那里这样的问题不少，她们经常会到镇里上访。希望通过性别平等的落实，相关单位会关注外嫁女，解决她们的实际问题。行动计划是在工作中推动家庭教育讲座的开设，让更多群众受益。”

“在日常生活中，虽然认为女儿和儿子一样，但是很多不自觉的行为带有性别区别。在培养儿子时，强调男孩要坚强，不能哭，对女儿则说女孩不要太疯，像个假小子不好，要柔顺一些。老师的课让我明白了社会性别的理论，以后会更注重男女平等的教育，在家里培育平等的价值观。”

以上是女学员的答卷，下面是男学员的答卷。

“男女平等在现实中越来越普及，成为社会的主流。回去后，要努力做一名合格的父亲，尤其是要加强小孩的安全教育，加强与爱人和小孩的交流。”

“教育孩子认识性别，保护自己。我的问题是：如何避免‘男人事业越成功，子女教育越失败’的怪圈？我的行动计划是，以实际行动维护男女平等，比如人事招聘中，要更注重能力，而不是性别。加强家风家教，与妻子、儿子平等相待，不把工作情绪带回家，不用管理下属的思维去教育孩子。今天下课后与他们深入交流一次。”

“在我的人生道路上影响最大的是父亲，在我印象中，父亲博爱、智慧、理智，且富有才华，他会在报纸上发表文章，又是技术能手。体会是，男女平等任重道远，但在全社会提高女权意识的现实中，是否也应关爱下男性的社会压力的解放？因为自己非常尊重女性了，且平等运动也应该有渐进的过程。”

“怎样看待‘小鲜肉，男不男女不女’的现实？行动计划：和家人宣讲，到学校宣讲男女平等的观念。”

L 这些问题很有意思，老师在课堂上解答吗？

我会在课堂上解答一些有代表性的问题，如“男人事业越成功，子女教育越失败”的怪圈问题。其实这个问题不能一概而论。很多成功男性对子女的教育也很成功。当然出问题的也不少，究其原因，一是成功人士，特别是公众人物，其子女容易仰仗父辈资源忘乎所以，出了问题很容易被媒体曝光；二是成功人士强调工作忙，没时间管教，致使儿女出问题。这些“原因”其实多是一种推诿。我们要求教育要重视立德树人，让孩子学会做人，成功人士一样能教育出好孩子。传统的“子不教，父之过”也不完整，教育孩子不仅是父亲的责任，母亲的教育也一样重要。孟母三迁、岳母刺字的故事不都是母亲教育的典范吗？

“小鲜肉，男不男女不女”的问题，已成为大众的一种担忧。在电视传媒上，“美少男”常被扩大宣传，成为一种审美引导。好事者还把国外的男人做引体向上和国内男演员娇嗔的视频放一起，想以此说明这是中国男性的堕落，其实这是一种很无聊的比较。各国都有不一样的男人和女人，我们把男性一律要求为“阳刚、坚强、有担当”而不能“温柔、细腻、流泪”，因此大家心中对男性的评判标准就是不能“男不男女不女”。什么是“男不男”？什么是“女不女”？可以用社会性别理论来分析。我们不倡导无病呻吟的美，但我们也要尊重个人内心的选择。当年梅兰芳演绎贵妃醉酒的身段和唱腔之美，是一种艺术追求。但当日本入侵中国时，他却蓄须罢演，表现了铁骨铮铮的爱国品德。用什么生活方式来生活，是个性化的选择，但一定要在遵纪守法的原则下做出自由选择。

L 我曾经帮老师整理过学员的答卷，发现女学员特别是妇联干部回答问题时，内容更丰满，更容易接受性别平等的观念，这是为什么呢？

因为作为女性，亲身体验到性别不平等的情况更多。特别是受到家庭、社会、单位的性别期盼不同、性别评价不同、性别塑造不同，尤其是重男轻女思想的影响，容易给女性带来更多身心创伤和阴影，因此女性学员在性别平等教学中，更容易接受性别平等的理念，也更希望社会和自身得到改变。

我其实更愿意给男性领导上课，因为决策者中男性还是占大多数，让性别平等意识进入决策者头脑中，使他们具有社会性别敏感和社会性别意识，他们在制定公共政策时，在选拔人才时，在做决策时，在夫妻相处时，在与社会沟通时，会更注重实质上的性别平等。虽然这种改变不是一蹴而就的，但是每当决策人改变一点点，社会一定会前进一大步！

第四节 性别平等教育进高校的必要性

L 老师在性别平等进党校方面做了不少工作，也取得了很好的成效。那么，性别平等进高校也应该是很重要的吧？

党校教育，对象是成年领导干部，我给党校学员上课时，不少学员都提到这个问题："老师，如果我们在大学期间接触到性别平等这个理论就好了，这个理论应该提前到大学学习。"新一轮的《妇女发展纲要》强调：大中小学性别平等教育要全面推进；要推动各级各类学校广泛开展性别平等教育；促进性别平等教育融入学校教学内容、校园文化、社团活动和社会实践活动；推动有条件的高校开设妇女研究及性别平等相关课程。新《妇女权益保障法》也提出性别平等教育纳入国民教育体系，包括中小学和高校。因此在高校中开设性别平等相关课程有利于大学生进入社会后更全面地发展。

一、高校开设性别平等课的意义

2021年春季，我参加一所高校教师关于女性领导能力的TOT培训，培训中一位大学老师说，她是理科班的班主任，高校理科生无论男生女生，语言表达都不行，本来女性的语言能力应该是很强的，可她那个班的女生，个个倾心于实验，不善于语言表达。这是学科限制还是性别限制呢？

我多年从事语言和演讲相关课程，我告诉她，这不是理科和文科之分，也不是男生女生之分的问题，主要是考试机制令学生们从小学到中学口头表达机会不多。考核用的是笔试，口头表达没受到重视，因此学生锻炼机会少。我提议这位老师每天给学生一点时间轮流在班上说话，如一分钟介绍自己，或三分钟介绍你的实验，或说说你的家乡，或在每节课后安排一位学生做课程总结等，增加大学生们在公众面前讲话的机会，经过训练，不论男生和女生，都会在语言表达上有进步。

这位老师非常认同我的观点。有位老师说，她就是理科女，原本不善于表达，做学生管理后，一定要和学生沟通说话，经过锻炼，现在她的语言能力得到很大提升。可见社会刻板印象影响了大家的认同，也限制了学生多种能力的发展。所以在大学里开设性别平等相关课程，让学生突破性别刻板印象很有必要。

大学生正处于青春旺盛期，他们对性别问题是很关注的。包括生理上“性”的问题，以往大家认为“性”是神秘和隐私的，不宜在课堂上讲授，现在网上什么都有，“性知识”也是无师自通的，大学生似乎根本不需要学习这方面的知识。其实现实完全不是这样。我身边有个很典型的案例：一位重点大学的90后女生，毕业后找了个男朋友，父母不同意，后来意外怀孕了，做了人流并与男友分手，经历了精神和身体的痛苦历程。我问她为什么不避孕，她说：“老师，真不好意思，长这么大，我一点性知识都没有，不知道女生怎么会怀孕。”类似这样的情况绝非个案，也不是天方夜谭，因此，在高校开设有关性别的课程，同时对大学生进行性教育是非常重要的。

二、高校性别平等课程效果明显

当今时代，性别研究在全球蓬勃发展，各高校也纷纷开设了相关课程。如美国有600多所高校开设了多门妇女学的课程，学科门类齐全，涉及哲学、伦理学、心理学、历史学、文学各个领域，形成庞大的学科体系。哈佛大学一年开设的和性别研究相关的课程就有200多门。在国内，很多高校也成立了性别或女性研究中心，开设了各种课程。性别平等研究不仅为妇女运动提供方向和理论基础，也引导着当今中国特色女性学的发展，成为各学科新的学科生长点。

2021年北京大学春季学期最火爆的课程中，北京大学社会学系教授、北京大学中外妇女问题研究中心副主任佟新老师开设的“社会性别研究”课在通识课中排名第一。这门课从1998年开设延续至今，一直都非常受学生欢迎。

佟老师课程的内容丰富生动，从社会性别和性别、社会性别体制的基本概念入手，对社会性别研究的基本内容、理论和研究方法作了阐述。从文化角度剖析了社会如何通过社会化、性别观念、教育系统和大众传媒建构男性气质和女性气质，进而分析中国社会性别刻板印象的符号建构和日常生活中的性别身份认同。从身体社会学出发，分析了身体的社会建构、亲密关系的建立、家庭中父职与母职的建构及其暴力产生的原因。从劳动性别分工的角度出发，分析了两性职业发展和规划、职场的性别分割、性别和社会发展以及公共政策中的性别取向，从个人、组织到社会公共政策的连续性，解读公私领域交织在一起的性别革命等丰富的内容。

佟老师的教学方法也很有特色，每讲引导学生看一部电影，然后从性别角度进行讨论。如讲到“生理性别与社会性别”和“社会性别体制”时，让学生看电影《霸王别姬》，讨论题是：生物性别与社会性别的关系是怎样的？性别身份是天然的还是被社会建构的？

考核方式也很接地气，期中作业要求进行一篇小调查，主题是与性别相关的访谈、观察或文本分析，占总成绩的40%。作业还建议学生从个人（或访谈Ta）的社会化经历，反思性别刻板印象的作用，或从校园文化以及各种互动关系，来反思高等教育中的性别关系及其可能的改变途径。

期末的考核用论文的形式，应用学习到的知识和理论，就自己感兴趣的性别文本或调查展开性别分析，可以是网络事件的讨论，也可以是性别互动、性别文化、性别表演等。

佟老师希望这门课程可以告诉学生的是：我们的性别观念可以而且应

该改变，这种改变会使生活更加精彩、完整、幸福。无论男生还是女生都是平等的人，都有自己的梦想，都可以做很多事情。佟老师的教材《社会性别研究导论》一书，两次再版七次加印，入选为北京高等教育的精品教材，可见课程受大学生欢迎的程度。

清华大学肖巍教授的“性别研究与女性主义伦理学”也是一门有理论、有实践、有深度的性别平等课。她认为，按海德格尔的说法，每一个时代都有一个热衷的话题，而且仅有一个。对性别差异的研究也许就是我们这个时代从理智上获得拯救的关键课题。她从哲学伦理学角度分析，指出当前时代最突出的问题是社会公正的问题，而性别问题就是其中之一，如果能从性别角度去思考公正问题，会是解决当代社会不公平、不公正等现象的一条有效路径。把性别平等提到这样的高度，引起了众多关注。这门课共20讲，还成为慕课进入了“喜马拉雅”音频分享平台。

复旦大学沈奕斐教授自2004年起，就在本科生中开设“视觉文化与社会性别”课程。她的课生动、有激情，通过讲授理论、学生讨论、视觉资料等互动方式，讲解社会性别理论，讨论性别平等议题。沈老师的课特别接地气，经常联系性别热点问题，让不同学科的学生通过学习社会性别理论来分析社会问题、解决个人困惑，促进社会的平等。

沈老师的作业也很有特点，如让学生分析父权制的影响，了解社会性别对人的影响等。沈教授还在网易公开课中开设了“透过性别看世界”课程，共20讲，讲解了社会性别的概念、女性主义的流派和方法论、社会性别的分析范畴、性别差异与性别平等、性别模式化与刻板印象等内容。给学生多一个工具、多一个视角看世界，能重新认识“以人为本”的实质内容。

华南师范大学也开设了性别类课程，从20多年前的“女性学导论”到如今的“性别文化”通识课，已形成学校的品牌课。专题涉及哲学、伦理学、生理、心理、教育、音乐、法律、国学、艺术、体育等多个领域，教师是来自多个学院的教授、副教授、博士甚至校医院专家。课程内容有

“社会性别理论及其演进”“文学视野里的性别问题”“性别与流行音乐”“媒体与性别形象”“性别与交响乐”“性别与爱情”“礼仪与性别形象”“两性心理”“大学生性知识与性保健”“性别与两性教育”“法律权益维护”“性别与体操”等，学生选课积极性很高，课程一位难求。

与党校教学的讲座课不同，大学的性别类课程为系列课，内容更丰富、更全面，也更有深度和系统性，可以从各方面给学生启迪。大学生们此时接触性别平等的理念，比工作后再来学习效果要好很多。

三、将男女平等基本国策纳入国民教育体系怎么操作

新《妇女权益保障法》首次提出：“国家将男女平等基本国策纳入国民教育体系，开展宣传教育，增强全社会的男女平等意识，培育尊重和关爱妇女的社会风尚。”那么，将男女平等基本国策纳入国民教育体系是否可行？由谁来做？如何落实这项工作呢？2022年12月27日，《中国妇女报》刊登了我的文章《如何将男女平等基本国策纳入国民教育体系》，文章中我提出了几个着力点：

首先是做好师资培训。育人者先育己，目前在师范教育和高等教育中，性别平等的理论学习还没有全面进入，对性别的生物属性和社会属性、两性气质的心理建构和文化建构以及现实中的性别分工等知识还需要系统学习，才能在教学实践中不至于走偏。

其次是教材编写。性别平等理论涉及生理学、社会学、心理学、文化学、教育学等多学科，目前不少学校在教材编写上进行探索，但统一的特别是能在国民教育体系中分层次的教材还需要更专业的团队进行编写。

再次是消除认识误区。男女平等基本国策教育进入学校时，会有不少误区：“男女平等教育会影响孩子们的性别认同吗？老师讲授的性别平等课程科学吗？性别平等教育与考试有关系吗？”等等。要破除这些思想误区，教师要以马克思主义妇女观为指导，认识到性别平等教育对促进人的

全面发展的重要意义。

最后要科学设置课程。从纵向来看，国民教育体系从幼儿园、小学、中学到大学，跨度特别大，要根据人的生命周期的认知特点来设计课程。从横向来看，性别平等教育理论要立足国情，创新设立更多的本土化课程，让课程更接地气、更科学和有针对性。

将男女平等基本国策教育纳入国民教育体系，还有很多工作要做，需要各级政府部门、妇联、学校共同努力，特别是进入到高等教育中，需要更多有经验的教师进行科学研究和讲授，才能真正有效果。

思考题

1. 现在在高校中，女生占比已经超过一半，你怎么看待这个现实？你认为这对性别平等的推动有什么意义？

2. 如果你是党校或干校学员，你认为应该怎样用性别平等的理论来分析和指导你的工作，以更好落实男女平等的基本国策？

第六讲

性别平等与大众传媒

CHAPTER 6

L 当今社会是一个现代媒介技术极度发达的社会，在此之前，没有任何一个时代，信息传播得如此之快和如此之广。媒介传播与性别平等的关系是不是更值得重视和关注呢?

大众传媒是发布新闻和信息的工具，作为公共话语空间，为大众自由交流和讨论提供了公共平台。在这个平台上，与性别相关的议题，不仅影响着人们性别价值观念的走向，还影响着公共政策的制定。因此，注重大众传媒对公众的影响，是推动性别平等的应有之义。

第一节
大众传媒对营造性别平等环境的影响

一、媒体人的性别观念影响大众评判

在信息化高速发展的时代，人们通过媒介了解世界，在立体、全方位的传播中，人们接收信息与现实事件的发生基本同步。任何一个角落发生重大的事件，马上就可以传遍全世界，传播者就是媒介。今天媒介已经成为人们传递或获取信息的工具、渠道、载体、中介物的重要手段。但媒体人所反映的现实并不是真实的全部，而是经过媒体人的评判、选择、组合后展示出来的世界。媒体人选择什么样的对象、站在什么样的立场、用什么价值理念进行评判和讲述，对大众的价值观、民意的倾向性都有很强的引导性。

从性别视角看，大众传媒在讲述各种故事时，展示了媒体人对男性气质和女性气质的期望和判断，撷取什么故事，用什么方式来讲这些故事，往往带有性别选择。媒体既可通过先进性别文化引导，唤起大众的性别觉醒，推动性别平等的进程，也可能因性别刻板印象引导人们产生性别偏见或性别歧视。近些年来，虽然媒体在性别平等宣传方面有进步，但女性还是没有与男性平等分享媒介的话语权，新闻报道中的性别刻板印象仍然或隐或显地存在着。

L 我也观察到，媒体的价值观和态度的选择，带有性别有色眼镜的案例不少。男强女弱、男主女从、男外女内等传统理念通过媒体人的重塑和强化还是很鲜明的吧？

是的，从报道内容看，媒体展示的优秀男性多为勇敢坚强、阳刚有力，或是社会的保护者，或是体能超强的能人，或是聪慧过人的智者；优秀女性多为温柔细致、贤良淑德，还要有美貌外形，强调她们出色工作后，努力承担家务劳动、养育子女、照顾老人，工作家庭两不误。

从性别标签看，报道男科学家、男领导人、男企业家时，不会冠以性别，而报道女科学家、女领导人、女企业家时，却要标注性别。清华大学一位女教授在央视《开讲啦》节目上接受主持人采访时直接表明，“女科学家”称呼带有不尊重的含义，是一种歧视。她表示科学的世界对性别没有偏向性，每个女孩都应该遵从内心，勇敢做自己。

在新冠疫情的防治中，中国工程院院士、军事科学院军事医学研究院研究员陈薇作出了突出贡献，《解放军报》对陈薇院士的一篇评论就很有特色：

“作为一名军人，她闻令而动、敢打敢拼，展现了钢铁战士的血性本色；作为一名党员，她关键时刻冲得上去、危难关头豁得出来，发挥了党员的先锋模范作用；作为一名院士，她领衔研发全球第一个进入二期临床试验的新冠病毒疫苗，彰显了中国的科技实力，用实际行动谱写了绚丽的奋斗篇章。”（《争分夺秒，让疫苗捍卫生命》，解放军报记者邵龙飞，特约记者张振威，载《解放军报》2020年5月14日第1版）这篇评论，如果不用“她”来表述，很难把“闻令而动、敢打敢拼、钢铁战士、血性本色”等词汇和一位女军人关联，而这正是一位现代女院士、女将军的真实写照。《解放军报》注意从人物的能力传播，社会影响更有典型意义。陈薇曾就读的浙江兰溪云山小学的女生们，看了陈薇参军报国和心怀大爱的事迹后表示：“陈薇少将以国家与人类需求为己任，心怀大爱。我们将以她为榜样，好好学习，争做新时代的有志少年，长大后为祖国、为家乡做贡献。”这种传播就非常有意义。

L 媒体对人物的报道有时有很强的性别刻板印象。我发现因职务犯罪的女性领导，往往成为媒体和大众津津乐道、围观的对象，而且很有性别特征。

是的，中国福利彩票发行管理中心原主任王素英犯受贿、滥用职权、巨额财产来源不明等罪行，经北京市第二中级人民法院审判后作出一审判决有期徒刑11年。纪检部门将王素英等四人的忏悔视频作为警示教材公开后，一段王素英带着哭腔“坦白交代问题撕开了心灵最丑陋的部分，却让我从内心轻松了下来……”的视频在微信、抖音上被广泛传播，其余三个男性的忏悔视频则被剪去。突出贪官的性别，以换得人们更多的兴趣和关注，是媒体吸引大众的手段之一。

在家庭关系中，媒体对夫妻间的报道，也常常是“男强女弱”标准。无论妻子是否有自己的工作，都“应当”成为家庭支柱和家务劳动的承担者，男性则是工作中的主力军。如一篇新闻报道某科研机构的四位全国人大代表，对其中三位男代表只提他们的学术成就，只字不提男代表如何处理工作与家庭的关系；而对一位女代表则主要介绍她如何处理好家庭和工作的关系，对她的专业成绩介绍很少。这给人的感觉是，男性事业成功就行，家庭无所谓，女性不仅要事业成功，还要处理好家庭关系。

L 还真是这样的。媒体报道成功男性时，身后往往有一个无私奉献的妻子，但报道成功女性时，丈夫往往是缺失的。

如媒体报道某省妇联“十大最美家庭”，其中九个家庭都是以丈夫名字冠以荣誉称号的。这些丈夫一般是工作骨干，或优秀的科研工作者，或热心善举的志愿者等，他们的妻子往往为了丈夫的事业放弃自己的工作，转到丈夫工作所在地，或从岗位退下来，或换到辅助岗位工作，牺牲自己，成全丈夫，是典型的男主女从家庭模式。

深圳市妇联的做法却不一样，2020年深圳“十大最美家庭”全部以夫妻两人的名字来冠名，而且也不按先丈夫后妻子排序，主角是谁就将谁排在前。如对“双警家庭　营造幸福之家——彭敏菱、刘凯家庭”的表述是：“彭敏菱是皇岗出入境边防检查站十三队一级警长，她的工作实行倒班制，每天早出晚归。丈夫刘凯是深圳边检总站信息技术处四级主任，也常需要加班。……充满爱的家庭成为彭敏菱最坚实的后盾，也是她工作灵感的来源。”性别平等的报道，使夫妻两人的工作优秀和家庭责任都得到充分认可和展示。

二、媒体机构对性别平等推动的影响

媒体机构，特别是专业媒体机构的评选或报道，对性别平等的社会环境更有权威性影响。

L 我看到每年都有评“性别平等十大新闻事件”，这项有关性别的年度评选活动，对性别平等的社会环境有影响吗？

有一定影响，这项活动于2012年开始，由中国妇女报社联合中国社会科学院新闻与传播研究所、中国妇女发展基金会妇女新闻文化基金共同发起。评委来自各大主流媒体，包括人民日报、新华社、光明日报、经济日报、科技日报、中新社、工人日报、中国青年报、农民日报、法治日报等中央新闻单位以及部分传媒和社会性别研究领域的专家学者，说明评选的权威性。评选从性别平等相关度、传播影响力、政策推动力、新颖性和突破性等维度进行。目前这项评选活动举办了九届，其关注度和影响力在不断提升。下面列举2021年和2022年性别平等十大新闻事件说明之。

2021年度性别平等十大新闻事件：

1. 深圳市出台我国内地首部广告性别平等审视指南；

2. 教育部要求除特殊院校（专业）外高校不得规定男女生录取比例；

3. 乡村振兴促进法强调“促进男女平等”，最高法要求依法惩处侵害农村留守儿童、妇女等合法权益犯罪行为；

4. 我国妇幼健康核心指标位居全球中高收入国家前列；

5. 第32届东京奥运会女性参赛选手创新高，中国女运动员所获金牌占中国金牌总数近三分之二；

6. 两部针对防治职场性骚扰的指导手册出版发行；

7. 妇女儿童“两纲”主要目标如期实现，新“两纲”颁布实施；

8．四川发出首份责令接受家庭教育指导令；

9．中国女航天员首次太空出舱，迈出中国女性舱外太空行走第一步；

10．第四期中国妇女社会地位调查数据显示，对男女平等的认同达到新高。

2022年度性别平等十大新闻事件：

1．党的二十大报告强调“坚持男女平等基本国策，保障妇女儿童合法权益”；

2．北京冬奥会女性参赛比例达到45.44%，创历史新高；

3．公安部开展打击拐卖妇女儿童犯罪专项行动；

4．海南省实施《逐步消除全省乡村“重男轻女”现象八条措施》，将落实男女平等基本国策纳入政绩考核；

5．全国村“两委”换届完成，妇女在村班子中占28.1%，提高7.1个百分点，每个村班子至少有1名妇女成员；

6．公共场所妇女隐私保护、残疾妇女就业公平等妇女权益保障检察公益诉讼典型案例引关注；

7．中国首位女航天员刘洋蓄势十年再飞太空；

8．公安部启动“百日行动”，严打侵害妇女儿童等群体权益的违法犯罪活动；

9．胡海岚获颁“世界杰出女科学家成就奖”；

10．妇女权益保障法完成“大修”，妇女权益保障制度机制更趋全面系统。

L 媒体机构每年评选出的性别平等标志性事件，有哪些特点和社会影响呢？

这些性别平等事件涉及面广，影响力大，有几个特点：

一是将性别平等提升到了治国理政的战略高度。党和国家重视推动男女平等基本国策的贯彻与落实，将男女平等的理念引入党的文件中，从高层意识和公共政策上推动了性别平等的实施。地方性法规对男女平等的推动提供了具体指引，同时对各地在推动男女平等方面的实践给予了充分的肯定，引导了社会公众对男女平等观念的认同。

二是对优秀女性的表彰和肯定营造了性别平等的社会氛围。评选出的优秀女性来自社会各领域，有对航空航天作出突出贡献的女航天员，有在国际竞技场拼搏的女运动员，有在科技领域的女科技工作者。将她们选入性别平等的新闻人物和事件，把女性对社会的参与和贡献、女性努力向上的形象展示出来，使之成为社会的榜样力量。

三是更加重视维护妇女权益。从地方法规和社会重大事件上，强调了维护妇女权益的重要性。从女性人身权利受到侵害、女性和儿童的人身安全保障等方面揭示现状，为有关部门科学决策提供了重要依据，对建立保护妇女儿童长效机制有着积极倡导和指导意义，增强了大众尊重女性、保护女性的意识。

L 除了个性化展示，针对媒体的性别平等意识，有没有从大数据上对传媒机构性别报道进行评估和分析的呢？

全国妇联妇女研究所国家社科基金项目《男女平等价值观研究》一书中，有一章是专门研究媒介传播内容的。课题组运用抽样统计的方法，选取了五个地方电视台的新闻节目——江苏卫视的《江苏新时空》、广东卫视的《午间新闻》、天津卫视的《12点报道》、安徽卫视的《每日新闻报》和青海卫视的《午间360度》，运用构造周抽样法，分层随机抽取两个周的14期节目，共1010条新闻进行性别监测，对大众传媒传播男女平等价值观的现状作了统计。五档新闻节目分别呈现出中国大陆地区东部、南部、北部、中部、西部特征，有一定代表性。

研究分为三个层次，即传媒内容中的男女均衡状况、男女平等描绘状况、对女性发展的关注和倡导状况。这里撷取几个片段展示。

片段一：从职业身份上看男女两性的分布。媒体展示男性在高层职业中出现的概率高于女性。如男性党政机关事业单位领导干部出现的概率为14.32%，女性则为8.70%；男性企业/公司管理者出现概率为6.06%，女性仅为2.80%。两个数据中男性都比女性高出许多，说明媒介对男性职业身份的聚焦远远超过女性，也表明男性在职业领域中比女性占有更多资源优势。

片段二：从工作场所看男女两性分布。新闻报道中男性在工作场所出现频次为343次，占63%，多为办公室、会议室、生产车间等场所；女性198次，占37%，多为菜市场、超市、酒店、公共交通工具中的工作场所。这组数据说明，男性更多参与经济生产与社会公共生活，是社会的主力军，女性则在服务类行业，在经济上对“国计民生”的贡献率不如男性。

片段三：报道内容中的性别刻板印象。在1010条新闻中，涉及性别刻板印象的新闻97条，约占10%，较常见的是行业中的性别隔离。如男性通常是视察工作的领导、企业管理层、科技工作者等，女性多为服务员、礼仪队员、拉拉队员、售票员、护士、小学老师等，职业分工有很强的性别隔离。

片段四：促进女性权益保护的信息。1010条新闻中，有87条是与女性直接相关的新闻，其中只有1条新闻是以女性权益维护为主题的。这条来自《江苏新时空》的播报主题为“我省各高校陆续报道　贫困生入学启动绿色通道”的新闻，主要内容采用了女大学生个案。其实在现实中以促进女性权益维护为主要议题的内容有很多，如反对家庭暴力、反对就业歧视、男女同工不同酬的现实等。

以上片段以数据和典型事实说明媒体中存在的性别不平等现象，从问题导向来看，在媒体报道中，男强女弱的观念和引导还是比较普遍的。消除性别数字鸿沟，对媒体人的性别平等意识的学习和建构很有意义。

三、大众传媒的性别观念对民意的引导

L 老师前面说到，媒体对现实报道是有选择性的，这种选择性从性别平等的角度对民意有什么影响呢？

从性别角度来说，通过融媒体和自媒体传播，各种或认同或对立的观

点在舆论发酵中往往比别的故事更容易触动人们的敏感性，尤其是性别歧视引发的事件，更容易成为社会热议的话题和舆论焦点。因为媒体揭示现实时，往往会迎合大众相类似的经验，容易唤醒人们的同理心。

有影视剧中带有虚构色彩的性别形象和性别关系：电视剧《都挺好》的主角苏明玉，《安家》的主角房似锦，电影《我的姐姐》中的姐姐安然及其姑姑，她们都因从小受到家庭重男轻女带来的极不公平待遇，在经历诸多曲折磨难后，面对亲情和人性要做出艰难抉择。这些源于生活、高于生活的艺术形象，因性别内容编织起来的曲折故事，人们或多或少在这些人物身上找到自己的影子，容易获得共鸣，进而引来媒体和观众高度关注、激烈讨论和延伸思考。

有现实中因性别不平等给女性带来严重后果的新闻：内蒙古女记者红梅被丈夫金柱多次家暴，最后竟被殴打致死，其丈夫犯罪情节恶劣，手段残忍，社会影响恶劣，被判死缓。地铁上因发生口角，女性被保安拖拽暴露身体引起网民的谴责。高校女教师在瑜伽馆因私教不当引起骨折，受到媒体广泛关注。这些涉及女性被侵害的新闻容易引起强烈的舆情反映，引爆网络热搜。

有对娱乐明星的婚恋状况进行全方位甚至不留死角的性别曝光：娱乐新闻往往展现出“性别”作为一种重要话语的影响力以吸引大众关注。如一对知名演员的离婚，媒体表述是“离婚的真正原因熬过了出轨，却最终败给女强男弱”。另一对知名演员的离婚，媒体报道的是“这场感情大戏，看得让人心情纠结，毫无征兆地结婚，然后又毫无征兆地离婚，这样的过程太过儿戏，好像婚姻就是一个过程，又或者是满足了心理和生理的需求，并没有什么责任可言”。婚姻本应是很私领域的事，作为娱乐圈人，家庭和婚姻都成了被公众议论的事情。对这些问题的揭示，无论是自媒体还是融媒体，是否具有性别意识，能否从性别公正的角度来评判，对媒体人和大众都是一种考验。

L 有没有媒体在选择角度上性别意识比较强，引导效果比较好的例子呢？

当然有，这里推荐《中国妇女报》每周二的《新女学周刊》。中国妇女报记者禹燕有一篇研究文章《女性发展议题的研究与传播——基于中国妇女报〈新女学周刊〉的梳理与分析》，这篇文章从新妇女学关注的女性发展议题的五个方面来阐述：党和国家有关妇女发展的基层设计和政策大势、与妇女发展相关的具体的政策法律制度的出台和推进、关注不同女性群体的发展状况、国际视野下的全球妇女运动以及女性与可持续发展、性别平等观念的演变与发展。

《新女学周刊》的文章，内容很前沿，观点很到位，分析很透彻，是性别平等意识很强的刊物。如人们一直认为女生数学头脑不行的观点，得到了专家在社会性别理论上的科学分析。2021年9月7日的《新女学周刊》介绍了《社会学研究》2021年第4期《数学的性别——性别观念对初中生数学水平的影响》一文，通过中国教育跟踪调查（CEPS）的数据资料，从个体、家庭、学校和地区四个层次探讨了性别观念对女生数学能力的影响。研究结果发现，学生和家长对性别角色的刻板认知对男女生的数学能力有显著影响，对男生具有正面的促进作用，对女生则产生抑制作用。影响女生数学成绩的主要因素在于女性自身以及家庭对于性别与数学关系的刻板印象认知。这一研究从根本上改变了大众对两性知识结构的认识。

在媒体报道中，有时改变一下报道角度，英雄人物会更有血有肉。如对杂交水稻之父袁隆平院士的报道，媒体大量报道了他在杂交水稻中所做的贡献，同时，在选择袁院士对家庭的态度时，展现这位普通老人的亲情关系、子女关爱是非常人性化的。在他弥留之际，家人围在病床前，唱着他喜欢的歌曲《红莓花儿开》《我和我的祖国》时，竟延长了老人几个小时的生命。这么浪漫的事，怎么会发生在一位男性老科学家身上呢？但这就是有血有肉的科学家人生的真实再现，媒体捕捉到并报道了这些信息，人物更真实了。

L 我们有时看到媒体貌似站在女性立场说话，但是带来了更深层次上的歧视。如一位女青年因拒绝做“三陪女”而跳楼，媒体报道：“宁死不做三陪女的刚烈行为，用鲜血维护了自己的清白。”这种现象您怎么看?

这种所谓的同情和褒扬，不仅是对受害者的二次伤害，而且在很大程度上影响了人们的性别判断，加大了对女青年的无效同情，减少了对“作恶者”的谴责和憎恶。

在对抗疫逆行者的报道中，媒体所谓的好意也给女医护人员带来了伤害。2020年春节期间，援鄂的346支医疗队中，医疗队员4.26万人，女性医务人员2.8万人，占总人数六成以上，其中女护士占比达90%，成为抗疫主力军。其间女医护人员有一个举动，在媒体引起疯传：十几名女医护人员，在镜头的狂拍下，含泪剃光了头。媒体报道：“医疗队集体剪光头的队员中，还有即将结婚的准新娘，你们的发型是战疫一线最特别的勋章！”这个报道一度引发网友对媒体的声讨和对医院的不满。女性医护人员为了工作方便和个人安全，可以选择剃头举动，但作为集体行为被媒体大肆宣传就很不妥，还会误导大众把关注点落在女性的性别特点，而不是工作的优秀表现上。

新一轮《妇女发展纲要》特别强调引导妇女提高媒介素养，通过各种途径提高妇女对媒介信息的选择、判断和有效利用的能力。消除性别数字鸿沟，媒体人应该承担起这个责任。

第二节
影响媒体推动性别平等的原因分析

L 从老师举例来看，媒体中的性别刻板印象还是比较常见，对大众性别判断影响也比较大。我们一直在倡导男女平等，为什么媒体还会出现这么多问题呢？

男女平等不是一个空口号，也不是一种无差别的平等，需要我们认识和学习相关理论。

一、媒体从业者性别平等培训需要加强

据统计，全国46.2%的记者是女性，新闻学院和新闻专业的女生数量也比男生多，如中国传媒大学男女比例是3：7，但这并不是说女性的性别意识就强于男生。无论男女，媒体人的性别意识、对性别议题的关注，是否具有性别敏感度，都需要学习和培训。但目前新闻学院普遍没有将性别平等的内容纳入必修课中。

中国传媒院校有：中国传媒大学、浙江传媒学院、四川传媒学院、河北传媒学院、辽宁传媒学院、山西传媒学院、武汉传媒学院、中国传媒大学南广学院等。这些院校从性别角度来探讨和研究传媒的机构很少。中国传媒大学于2004年9月成立了“媒介与女性研究中心”，是国内首家以“媒介与女性”为主题的研究机构。中心致力于拓展“媒介与女性”的理论研究和实践探索，推动媒介对性别平等理念的传播，促进女性自身发展和社会文明进步。2005年9月，联合国教科文组织在中国传媒大学设立“媒介与女性”教席，该教席是中国信息传播领域的第一个教席，媒介与女性研究

中心承担了教席的日常运行工作，对推动媒介的性别平等理念传播起到了积极作用。中华女子学院的文化传播学院自2016年成立，学院立足女性传播工作，正在努力成为服务女性和社会发展的，具有中华优秀传统文化、性别平等文化特色鲜明的跨学科应用型人才教育培养基地。

希望更多传媒大学也能将性别平等的内容纳入教学计划中，让准媒体从业人员在大学期间就接触到性别平等的理论和知识。

近些年来，有关研究机构的成立推动了媒体与性别平等的发展。2021年12月26日，中国科技新闻学会妇女科技传播工作委员会成立大会暨妇女与科技传播研讨会在北京成功举办。中国社会科学院新闻与传播研究所、南开大学新闻与传播学院、清华大学新闻与传播学院、复旦大学新闻学院和中国教育电视台等十多个研究部门、高校的传播学院和媒体机构的近百人参与了会议。会议研讨了女性与传播的理论与实践，是一次有深刻影响的会议。

另外，目前传媒机构还没有把性别平等培训作为其考核范围和必修内容。不经过系统学习和培训，媒体工作者是很难在工作中体现性别平等意识的。我曾经在某市委党校给一个媒体学习班讲授“性别平等与媒体责任”的课，一走进教室，就听到记者们嘀咕：“怎么会讲这个课呢？难道男女不平等吗？”等听完课后，记者们普遍表示这个课很重要，给他们打开了一扇平等理念的窗。

广东省在落实《妇女发展纲要》时，对媒体的性别平等意识培训做得比较好。从2014年开始，广东省妇儿工委将性别平等内容纳入对媒体人的培训中。作为广东省性别平等咨询评估委员会的专家，我一直担任这门课的主讲老师，培训每两年一次。课后媒体记者们反映，以往从来没接受过性别平等相关的培训，听完课后，感觉到性别平等的理念很重要，以后在工作中要有性别敏感性。当然，一两次课还不能全面理解性别平等的基本理念，应该将培训常态化，特别在传媒系统内进行全员培训，效果会更好。因为媒体关注一切问题时都可能遇到性别议题，媒体人不仅要掌握媒介性别议题的设置方法与技巧，还要将性别故事讲生动、讲透彻，克服性别刻板印象，这样才能正确引导大众确立平等意识。

二、不断消除传媒人的性别刻板印象

L 媒体从业者在选择性报道中，往往把现实中“男强女弱”“男高女低”甚至女性媒体工作者职业发展出现的困境理解为由“合理”的“生理现实”决定，这种刻板印象根深蒂固，影响还是很大的吧。

是的，我给记者们讲课时，讲了个故事让大家猜：一位公安局长与一位老头在下棋，正杀得不可开交时，突然跑过来一个小孩儿，对公安局长说：“你还不赶快回家，你爸爸和我爸爸打起来了！”请问这个孩子和公安局长是什么关系？课堂中什么回答都有，但就是没人想到这位公安局长是孩子的妈妈。这里有两个情景设置让大家的思维出现断裂：一是公安局长怎么可能是位女性，这个职位天生就不适合女性；二是女性怎么可能与老头下棋，这种情景在现实中不会出现。从问题猜想情况来看，这种“合理”的刻板认同非常普遍。

在《男女平等价值观研究》一书中有这样一个统计数据：63%的受访媒体人认为“男女两性的角色分工是自然形成的”。与女性媒体人相比，男性媒体人认同男女两性的角色分工是自然形成的比例更高。在开放性问题的回答中，一位媒体工作者说：“男女不平等是自然选择的结果，也是社会选择的结果，没有必要刻意改变。”另一位媒体人认为：“一般不需要倡导男女平等，因为男女的职责、天职本来就不同，女子以相夫教子为主，男人以挣钱养家和以事业为主。”带着这种性别刻板认识的媒体人，怎么可能在采访中写出性别平等的文章呢？

媒体机构的性别刻板印象也是比较严重的，媒体女性从业人员占比很大，但机构领导往往是男性，这也是个世界性问题。2018年环球网援引法新社报道，法国马赛《普罗旺斯报》的女记者们集体向报社写了一封公开信，抗议该报社只提拔男性当领导的性别歧视现象。信中称，“我们没有一位女性领导或女性主编，工资较高的职位全部被男性占据”。高层职位通常都由时政、经济、司法等版面的男性主编担任，女性只能担任低级别岗位。女记者们呼吁，男女员工应受到公平对待，应该首先从报道新闻的媒体行业做起。媒体人员的性别构成对媒体人的性别平等观念影响也是很大的，应该从内部抓起。

三、传统文化的影响与社会转型的冲击有待改变

消除几千年男女不平等封建文化的影响不是一蹴而就的。女性要担任各种角色：好员工、好妻子、好母亲、好女儿；在工作中，人们认为女性天生就适合做服务类工作，女性照顾人被认为是天经地义的。很多以女性为主的部门和单位，一把手多为男性，大家觉得很自然。如果反过来，以男性为主的部门和单位，一把手为女性，可能就不那么“合理”了。

在宣传报道中，传统文化认为母亲通常是无私奉献的形象，因此在母亲节的相关宣传报道中，母亲们一是奉献家庭，母亲无私为家庭牺牲的精神成为媒介报道主题：“妈妈，您一生太辛苦！您一心扑在家里。无私奉献是您信守的道德规范，贤妻良母是您做人的模式。有了您，我们家虽清贫却温暖。”这样的句子比比皆是。二是奉献子女，母亲要培养出被主流社会认可的成功儿女，在“忘我”中培育有较高社会地位的子女，母亲自己却丢失了。在一篇母亲节对名人的报道中，媒体和本人都在感恩母亲养育，但没有一个名人母亲形象出现，“母亲”从其本身和社会认同中都丢失了自我形象。

社会转型造成的消费主义观念盛行也影响了大众传媒的性别观念。如社会对女性审美的要求是瘦身、长腿、容貌姣好、皮肤白皙，这种标准范式催生了美容整形业飞速发展，也影响了媒体对女性审美的要求。

以上所列举的只是比较典型的三种，影响媒体性别平等报道的原因是

综合的。有社会原因，诸如法律政策不够完善、对媒体监测不到位、对媒体出现的问题处置不得力等。有媒体内部的原因，对已有的法律认识不明确、对性别平等理论掌握不准确、性别平等培训不到位、人员结构化构成不合理等因素，都会影响媒体对性别平等的认识和报道。

第三节 媒体如何推动性别平等

L 通过大众传媒对社会个体或群体事件的描述，人们会在媒体直接或间接影响下，形成对社会群体的印象和看法。媒体在推动性别平等中应担负什么责任，怎样才能制作出有性别平等意识的议题呢？

制作出具有性别敏感的新闻并非不可能，关注的角度、报道的内容、用什么方式进行报道都很重要。

一、媒体人多关注与性别相关的议题

媒体人关注的性别议题不外乎三方面：一是女性自身相关的性别议题；二是男女两性相关的性别议题；三是女性与社会发展中的性别议题。

（一）关注女性自身的性别议题

女性话题主要包括哪些方面呢？新一轮《妇女发展纲要》中涉及女性相关的领域有八个方面：妇女与健康、妇女与教育、妇女与经济、妇女参与决策和管理、妇女与社会保障、妇女与家庭建设、妇女与环境、妇女与法律。这些内容都是媒体可关注的话题，关键是从哪个角度关注，出发点是什么。

如妇女与教育领域，列举主要目标有十方面内容：

1. 加强思想政治教育，增进妇女对习近平新时代中国特色社会主义思想的政治认同、思想认同、情感认同，引领妇女做伟大事业的建设者、文明风尚的倡导者、敢于追梦的奋斗者。

2．教育工作全面贯彻男女平等基本国策。

3．大中小学性别平等教育全面推进，教师和学生的男女平等意识明显增强。

4．女童平等接受义务教育，九年义务教育巩固率提高到96%以上。

5．女性平等接受高中阶段教育，高中阶段教育毛入学率达到并保持在92%以上。

6．女性接受职业教育的水平逐步提高。

7．高校在校生中男女比例保持均衡，高等教育学科专业的性别结构逐步趋于平衡。

8．大力培养女性科技人才。男女两性的科学素质水平差距不断缩小。

9．促进女性树立终身学习意识，女性接受终身教育水平不断提高。

10．女性青壮年文盲基本消除。女性平均受教育年限不断提高。

之所以在这里将《妇女发展纲要》关注妇女与教育的内容一一列出，是想说明，媒体从业者只要认真学习了以上内容，在反映女性受教育的新闻和现实中，就会有更多的性别敏感的选题和科学判断了。

有一位为女性教育作出特别贡献的老师，经媒体报道，不仅被大众关注，还被党和政府关注，授予了多种荣誉，这就是云南丽江华坪女子高级中学校长张桂梅。

L 张桂梅的事迹特别感人，她创办的全国第一所全免费的女子高中，十几年来将1800多名贫困女孩送进大学校门。2022年华坪女高的高考成绩更是让人震惊。159人参加高考，其中理科最高分651分，文科最高分619分，600分以上的有17人，一本上线70人，本科率94.3%。这样瞩目的成绩已经能够比得上一些名校了。这些成绩与张桂梅校长密切相关，她真是位了不起的女性！这个人物、这个事件与《妇女发展纲要》有什么直接的联系呢？

张桂梅于2008年8月在云南丽江创办了全国第一所全免费的女子高级中学，我最早看到她的事迹是在网络媒体上，说她用一种非常僵化的方法训练学生，让她们在高强度压力下用时间来换取成绩，而且主要是靠背功考上大学，言外之意是这种方法不可取。但如果认真探究张桂梅的故事，是很有性别色彩的。办学初衷是她曾经兼任儿童福利院的院长，见证了贫困地区女性因没有文化、愚昧落后而给孩子、家庭带来的太多悲剧。一名高三女生临近高考却辍学了，原因是需要帮父母干农活，供上小学和初二的弟弟去县城补课。她认为解决低素质母亲和低素质孩子的恶性循环才是根本，为此萌生了创办一所免费女子中学的念头。她到处筹钱，可杯水车薪，难以支撑办学经费。转机就是来自媒体的一篇报道。2007年，张桂梅当选为十七大党代表，她穿着一条破洞裤子去北京开会，其间被一位好奇的女记者发现，于是对她进行采访。张桂梅讲了她想办学的经历和梦想，于是记者写了一篇题为《"我有一个梦想"——访云南省丽江市华坪县民族中学教师张桂梅代表》的文章，"'我想办一所不收费的女子高中，把山里的女孩子都找来读书。这是我的梦想。'云南省丽江市华坪县民族中学教师兼儿童之家孤儿院院长张桂梅代表一双眼睛里跳动着热切的火苗。'十七大代表不仅是荣誉，更是一种责任。我是基层党员的代表，我要把基层百姓的心声反映上来。'张桂梅说"。这篇新闻报道，引起了当地政府和社会的关注，政府拨给了学校部分办学的启动资金，热心的企业家开始捐助。央视财经频道又请她到北京录制了一期节目，才有了后来的许多感人故事的传播。2019年张桂梅开始"火"了，她先后获云南省委宣传部授予"云岭楷模"、中共中央授予"全国优秀共产党员""全国五一劳动奖章""全国十佳知识女性""全国最美乡村教师""感动中国2020年度人物""全国脱贫攻坚楷模"和中宣部时代楷模等多个荣誉称号。2021年建党百年之际，她获颁"七一勋章"并作为代表发言，她的事迹引起了媒体广泛关注。张桂梅在办学中的性别意识特别值得一提，她认为贫困对女孩而言是一种隐私，在好心人捐款拍照时，采用"背对背"的方式，让女生们在没有压力的情况下接受捐款。张老师的性别敏感很到位，尊重了女生，关注了人性。

一个新闻人物的亮点可以是多方面的，如果结合新一轮《妇女发展纲要》妇女与教育中策略措施的第五条："提高女性接受普通高中教育的比例。保障女性特别是欠发达地区和农村低收入家庭女性平等接受普通高中教育的权利和机会。鼓励普通高中多样化有特色发展，满足女性全面发展和个性化发展需求。有针对性地开展学科选择和职业生涯规划指导，提高女性自主选择能力，破除性别因素对女性学业和职业发展的影响。"从"破除性别因素对女性学业和职业发展的影响"角度去报道张桂梅和她的女生们，更具有典型意义。

如果媒体人用性别视角和质性研究的方法去思考会更有深度——为什么这位普通的女老师会选择办一所女子高中？农村贫困女生命运为什么会在华坪女中得到改变？这种改变与生理性别有关系吗？华坪女中的教学方法有推广的典型意义吗？这种倾向于女生的办学方法是对男生的不公平吗？为什么张桂梅听说她的学生大学毕业后做全职太太特别反感？媒体在对女性自身发展内容上进行分析后是不是更有特色呢？如果有这样的性别追问，媒体多一个视角，也就多了一份深刻。

2020年，一位来自湖南耒阳的留守女生钟芳蓉报考北大考古系一事，一时成为热点。有很多网友替她惋惜，农村女孩好不容易考上了北大，为什么不选个有"钱途"的专业？钟芳蓉回答："我从小喜欢历史和文物，特别受到敦煌女儿樊锦诗的影响，因此要立志学习考古。"樊锦诗听说此事后，立即送上一份礼物——一本《我心归处是敦煌：樊锦诗自述》，还特地写信给她，让她不忘初心，静下心来好好读书。收到樊锦诗的书和信时，钟芳蓉激动不已，连夜回信："我希望能追随您的脚步，去选择北大，选择为考古献身，也希望找到心灵的归处。"这就是女性榜样的巨大力量。

L 新一轮的《妇女发展纲要》颁布后，媒体人要认真学习和了解，做好男女平等基本国策的宣传，用性别平等的理论去看待和分析社会问题，让更多人了解妇女发展的状况和男女两性关系。

（二）关注男女两性关系相关的性别议题

L 媒体为现代社会男女两性发展提供了全新的沟通方式，随着微博、微信、抖音、快手等新载体的普及，包括两性关系在内的家庭问题、恋爱问题、亲子关系等很多私领域的内容公开化了。建立性别友好型社会是人们的美好愿望，也是媒体要关注的话题。

是的，如三孩政策从一公布起就引起人们多方面关注。三孩政策对改善我国人口结构、应对人口老龄化、保持我国人力资源优势起到重要的作用。三孩政策与两性关系的联系很密切。

以往凡是涉及生育和养育孩子，媒体和大众往往把关注点放到女性身上，如提议延长女性的产假、妈妈陪伴孩子更重要等。但是如果从男女两性角度来思考，会不会让解决问题的办法更有效呢？我们可以思考以下问题：

男性更愿意还是女性更愿意生育三孩？给妈妈放更长的产假还是给爸爸放更长的陪护假更能刺激生育意愿？生育三孩会给夫妻带来更多矛盾吗？生育三孩分别会给男性和女性带来什么样的就业压力？0到3岁儿童养育照料的主责是妈妈，还是父母共同照料？如何理解母职和父职的概念？隔代照料的奶奶和爷爷有没有合理分工？两代人的性别关系如何相处？

以上问题都涉及男女两性，媒体如果拓展思路，除了公共政策的引导，还从两性对养育孩子的意愿和两性的关系进行质性研究，会更有利于问题的解决。

L 应该给妈妈放更长的产假还是给爸爸放更多的陪护假的问题，是一个大众特别关注的问题。三孩政策一出台，媒体就报道广东一位人大代表提出要给妈妈放三年的产假，使妈妈更好陪护和照顾孩子，这个观点支持者多吗？

对这个问题，媒体可以分别对男性和女性进行调查和询问。问题也可以是多方面的，如：

支持还是反对给妈妈放三年的产假？支持还是反对给爸爸放更长的陪

护假和育儿假？给妈妈放三年的产假会给孩子带来什么结果？给妈妈放三年的产假会给妈妈带来什么结果？给妈妈放三年的产假会给家庭带来什么结果？给妈妈放三年的产假会给夫妻关系带来什么结果？给爸爸放更长的陪护假有利于孩子的成长吗？给爸爸放更长的陪护假会给爸爸带来什么结果？给爸爸放更长的陪护假会给家庭带来什么结果？给爸爸放更长的陪护假会给夫妻关系带来什么结果……

这些问题看起来非常简单，也非常琐碎，如果做分性别的调查，将两性对这些问题的不同看法进行分析研究，会发现性别问题凸显了。

比如给妈妈放三年产假，会不会让妈妈与孩子关系更为密切，会不会让孩子成长更为健康，会不会导致家庭育儿责任向妈妈倾斜？会不会剥夺女性职业发展的权利？会不会让爸爸不愿意放弃职业来享受育儿的假期？会不会导致生育的意愿减退或提升？给爸爸更长的陪产假，会不会让丈夫有更多时间照顾妻子？会不会让爸爸与孩子感情更深？会不会让夫妻的感情因共同陪护孩子而变得更为亲密？父母会不会因为育儿的琐碎而心情不好，影响夫妻关系？生育意愿减退还是提升？……积极和消极的结果往往是共存的，关键要看结果指向正面还是负面，是短期的还是长期的效应多。我们需要性别平等的生育理念，即爸爸与妈妈在家庭中育儿所付出的责任平等，才会从根本上促进性别平等的发展。

瑞典的做法值得思考和借鉴，政府规定，一个家庭有480天即16个月的育儿假，如果爸爸妈妈平分，政府还会给予经济补贴以弥补男女薪资差异带来的损失。瑞典的妈妈们如想要更多育儿时间，会被认为是一种对孩子的占有欲。爸爸会认为育儿假是一种权利，而非责任和义务。这也是瑞典和北欧地区妇女参政比例一直以来全世界最高的原因之一。

媒体如果能从三孩政策中发现两性关系的影响，会更有利于推动三孩政策的落实。

《中国妇女报》的《新女学周刊》不少文章从社会性别的角度对三孩政策进行了分析。2021年8月10日发表的《积极探索财税扶持　为“三孩政策”落地培育有利环境》一文，从财税减免政策上探讨了培育性别友好的社会环境，以推动三孩政策的落地。该文章说，接受笔者访谈的女性期望允许每月个税免征额为：一胎1000元，二胎2000元，三胎3000元。可喜的是，国家大政方针已做出快速回应。《中共中央　国务院关于优化生育政策促进人口长期均衡发展的决定》提出，加强税收、住房等支持政策。2022年，国家出台了将3岁以下婴幼儿照护费用纳入个人所得税专项附加扣除的税收政策并已实施。

2021年8月31日发表的《建构父职：开启“三孩政策”的新思路》一文，推荐了山东大学王向贤教授的《为父之道：父职的社会建构》一书，从如何在平等公正的政治诉求下，改变男女两性的传统角色，把男性育儿假作为男性的一种基本权利鼓励父职的参与，为三孩政策的落实提供新的思路。

同时，各省从公共政策和性别平等的角度制定和发布了普惠性政策，修改《计划生育条例》。宁夏、江西、广东等多个省（区、市）增加了0至3岁子女的“夫妻共同育儿假”，父母双方每年可休10天带薪假，而不仅是延长母亲的产假。让父亲享受更多陪伴孩子的假期，也是性别平等理论的政策性实施，媒体对此事给予了高度关注和宣传。

（三）关注女性与社会发展中的性别议题

L 今天，性别与社会发展的各个方面都是相关联的。女性在各领域发挥了积极作用，当然也存在问题，媒体怎样发现问题，并提出解决问题的方案呢？

一是要善于发现性别问题。如招聘中明确标明“只招男性”或“只招女性”的表述，媒体在发掘这类问题时就要思考，有没有只适合男性或只适合女性的岗位。如果有，是哪些，是生理上的不适合和不方便，还是照顾或保护方面的不适合。比如有人说送外卖就不适合女性，但是一些学者专门研究了城市外卖队伍中的女性骑手，发现女骑手做得不仅不比男性差，不少还成了抢单王。因为女性往往以时间换金钱，特别是疫情后，工作不好找，越来越多的女性加入了这个行业。另一方面，大众对女骑手的评价要求也更严格，这里就有性别观念的评价了。当然也有只适合女性的工作，比如女子监狱就不适合招收男性监管，反之亦然，这就是只适合男性或女性的工作，但这种工作主要是从生理性别的角度出发。

当然还有一些是从保护女性出发的规定，如《女职工劳动保护特别规定》，就是为减少和解决女职工在劳动中因生理特点造成的特殊困难，保护女职工健康制定的。这个规定对女职工禁忌从事劳动的范围进行了限定，主要有：矿山井下作业；体力劳动强度分级标准中规定的第四级体力劳动强度的作业；每小时负重6次以上、每次负重超过20公斤的作业，或者间断负重、每次负重超过25公斤的作业。而这些都是基于女性生理特点制定的规定。

再比如社会灾害性事件，有没有性别问题呢？大家可能会说，灾害对每个人都是公平的，无论男女，灾害到来时，不会因性别问题而特别受到保护或遭遇更大灾难。其实只要分析一下，就会发现灾害性事件中存在着潜在的性别问题，如在防灾教育培训中，男性所获得的培训机会更多，预防知识也更丰富。灾害到来时，女性特别是母亲往往考虑到孩子的保护，行动受到限制，更容易受伤害。我们常看到地震后母亲用身体护住孩子的报道，这往往出于母性的本能。灾害过后，即使安全逃出，在救灾物资中有没有特别关注妇女儿童的特殊需求，如生理期的卫生用品、特殊的心理辅助、儿童奶粉等。对参与救助的女性有没有特别考虑，如疫情期间，女性医护人员的防护服的尺寸有没有考虑到身高和体重的科学配置等。每个环节都有性别问题，需要媒体用性别敏感发现问题，以引导公众对性别平等的关注，提高解决问题的精准性。

中国妇女研究网2021年3月3日发表的文章《“更好地重建”：将性别视角纳入灾害管理》提出，联合国开发计划署发布题为《社会性别、灾害管理与私领域》的报告，大量统计数据及案例分析表明，妇女在灾害中受到更大影响，性别统计偏差导致灾害中妇女往往“不可见”，妇女被排斥在灾害管理决策之外；而妇女参与灾害管理有助于构建公正安全的社会环境、促进更持久的和平。报告还从低到高列出了灾害管理和降低风险危害工作的五个阶段，为实现性别平等的灾害管理提供参考。

二是善于发掘性别议题。性别议题在各行各业中都有表现。南开大学中国公司治理研究院一项报告显示，自2011年至2020年，我国上市公司董事会中有女性董事的公司由1172家增长至2731家，占比由60.10%增长至72.77%。看来增长是一件好事，但是有没有性别问题呢？《新女学周刊》2021年7月20日的一篇文章从中发现女高管与男高管薪酬不平等的问题，以《消除薪酬性别差异　激励上市公司女高管发展》为题进行了分析，发现男性高管平均薪酬为女性高管的1.5倍（据国泰安数据库收录的2010—2019年上市公司高管薪酬数据）；主要是由男女高管的企业人力成本差距、相关法律和监管体系建设有待完善、社会传统性别观念的桎梏和女性高管的身心压力等多方面显性和隐性因素造成的；在对策上，从国家、社会、公司、个人四个层面提出建议。作者将企业高管中的性别问题发掘出来，让人们对这个层次有了更真实的了解。

在乡村振兴的“生态宜居”和“乡风文明”建设中，生态环境友好，才有生活质量的保障。但有的村为了经济发展，引入一些污染严重的企业，极不利于村民的健康。这里有没有性别问题呢？如河北某村长期做皮革粗加工，导致村里水土严重污染，媒体如果关注一下这里的性别问题，就会发现，村里不孕不育妇女比例非常高，不仅是环境污染，还有人类繁衍问题，这正是性别敏感的思考。

媒体对通过网络实施侵害妇女的违法犯罪行为和网络暴力也要特别关注。在网络信息平台，对妇女实施的猥亵、诽谤、性骚扰以及侵犯个人隐私、散布谣言的要坚决揭露，并帮助妇女提高防范电信网络诈骗的意识和能力。

三是科学设置性别议题。讲好中国性别故事，不是只讲女性奋斗史和奉献经历，还要呈现和谐的两性形象、两性关系，以构建和谐、友善的性别文化秩序。

2021年是中国共产党百岁生日，媒体在回顾党史时，有没有从性别角度来设置一些议题呢？在中国革命历史进程中，占人口一半的妇女发挥了巨大的作用。1939年6月1日，《中国妇女》杂志在延安创刊，毛泽东亲笔为其题了一首四言诗："妇女解放，突起异军。两万万众，奋发为雄。男女并驾，如日方东。以此制敌，何敌不倾。到之之法，艰苦斗争。世无难事，有志竟成。有妇人焉，如旱望云。此编之作，伫看风行。"这首诗，对广大妇女的历史作用作了高度评价。习近平总书记也说过："我们党自诞生以来就把促进男女平等作为孜孜以求的奋斗目标之一。"说明中国共产党的百年历史，一直有着妇女的身影。媒体可以在党史宣传中，科学设置性别议题。

如在中国共产党历史上，一批优秀女性为革命作出了突出贡献。2021年5月，羊城晚报记者对我进行了采访，请我谈谈向警予在中国革命史上的地位，我不仅谈了她在中国妇女解放中的重要地位，而且还阐述了她作为中国共产党唯一的女创始人在党史中的作用。2021年5月18日羊城晚报发表的《模范妇女领袖向警予：中国共产党唯一的女创始人》讲述了"中国无产阶级永远的爱人"向警予为中国妇女解放做贡献的故事，从她在家乡办女学到赴法勤工俭学，到与蔡和森一起探讨中国共产党的筹建等工作，到中共"二大"任命为中央妇女部第一任部长，"三大"起草《妇女运动的决议案》，直到她为革命英勇牺牲。1939年，在延安纪念"三八"妇女节大会上，毛泽东高度评价了向警予："要学习大革命时代牺牲了的模范妇女领袖、女共产党员向警予。她为妇女解放、为劳动大众解放、为共产主义事业奋斗了一生。"

2021年6月30日，全国妇联党组发表文章《中国共产党指引百年中国妇女事业阔步前进》，对中国共产党成立100年来，高擎男女平等旗帜，彻底改变了中国妇女的命运的历史进行了论述。文章在"学习强国"上转载，引起了广大网民的关注。

四是媒体报道时要注意保护女性的隐私。《民法典》对隐私权和个人信息保护作了明确规定，第一千零三十二条“自然人享有隐私权。任何组织或者个人不得以刺探、侵扰、泄露、公开等方式侵害他人的隐私权”。新《妇女权益保障法》第二十八条“妇女的姓名权、肖像权、名誉权、荣誉权、隐私权和个人信息等人格权益受法律保护”，特别指出“媒体报道涉及妇女事件应当客观、适度，不得通过夸大事实、过度渲染等方式侵害妇女的人格权益。媒体要避免公开暴露个人信息，如姓名、照片、个人社交网络账户、工作单位、居住地址等”。特别在报道性侵类案件时更要注意防止对受害人的二次伤害，叙事避免过度渲染案件细节，注意用中立的、非歧视性语言，如避免“美貌姑娘”“花季少女”“穿着暴露”“酒吧女孩”等词汇暗示其因长相、年龄、穿着、职业、生活方式而成为受害者，否则会引导公众在阅读时，责备、羞辱受害者，再次引发对其情绪的二次创伤。除此之外，还要避免为满足人们的猎奇心态，对暴力手段和细节进行渲染性、戏剧性、猎奇性的叙述。

二、大众传媒要努力接受性别平等理念

L 在自媒体时代，每个人都是新闻传播者，人们用现代化、信息化手段，向外传递各种信息和新闻，其中有大量性别刻板印象和性别歧视的内容，如何在大众中传播性别平等意识呢？

我们倡导新闻自由，但不是放任自由，即使是非常私人化的内容，也不能违背国家意志和公序良俗，不能有性别歧视。这就需要公众知晓性别平等理念，企业家、演艺人等公众人物，粉丝多，社会影响大，更要有性别敏感性。

名人效应特别值得关注。一位著名的教育者曾在一次演讲时说：“中国女人挑选男人的标准是要男人会赚钱，至于良心好不好不管，所以中国女性的堕落导致了国家的堕落。”此言论引起社会哗然。后来这位教育者到全国妇联道歉才平息此事。

由此可见，对大众特别是对公众人物进行性别平等教育多么重要。包括人大代表和政协委员，在一些提案、议案和会议发言中，如果没有性别敏感也会带有很强的性别刻板印象或性别歧视内容。如一位省政协委员这样评价女博士：“女孩子是一个产品，卖了二十几年，还没把自己卖出去。从恋爱角度讲，读博士不是个增值的事，是贬值的事。”另一位政协委员则表示，如果女学生没有男朋友、没有结婚，他会建议她们找到男朋友再考博士。这些言论被媒体放在重要的版面来宣传，引起了极大的争议。后者辩解道，他是为女博士好。但这种主观认为“为她好”是以男性标准来要求女性的。这种赤裸裸的性别歧视，不仅把女性生活意义窄化为男性伴侣，更贬低了女性受教育的人生价值。一位媒体人对此事分析后说：“我有一个梦想，将来的政协会议上，委员们谈论的不再是女博士怎么找男朋友和嫁人，而是她们的学术生涯如何持续，国家如何为家庭提供更好的儿童照顾和家务劳动的支持，让男性和女性都能追求自己的志业而无后顾之忧。”希望这样的梦想能早日实现。

L 公众人物的性别平等观念应该不断提高，那么普通人的性别平等意识是不是也很重要呢？

是的，新一轮《妇女发展纲要》在“妇女与环境”一节中提出：“全面提升妇女的媒介素养，提高妇女利用信息技术参与新时代经济社会高质量发展的能力。”随着互联网的普及，出现了全程媒体、全息媒体、全员媒体、全效媒体等，信息无处不在、无所不及、无人不用。每个普通人都参与到媒体传播中，如何避免性别伤害，也应引起普遍重视。

媒体扩大了每个普通人的“音量”，无论从正面还是负面。有一个特别典型的案例，由始至终都贯穿着性别刻板印象，但没被大众意识到。这事发生在2018年10月28日，重庆万州一辆公交车在长江二桥上发生交通事故，与轿车相撞后冲出护栏坠入江中。当时网上发布现场视频，显示一辆车头被撞碎的红色轿车的女司机呆坐在马路边，于是网上铺天盖地开始对这位女车主进行严厉抨击，主题是“女司机是马路杀手”“女司机不会开车就不要上路害人”等等。后来事情发生一百八十度逆转，经视频监控看到，是公交车行驶过程突然越过中心线，撞击对面正常行驶的红色轿车后，又冲过护栏坠入江中的，说明不是女司机的责任。再后来将公交车黑匣子打捞上来，发现是一位女乘客因过站，要求司机停车未果，开始与司机争吵，双方发生抓扯行为，致使公交车失控撞车后掉进江里。网民又开始把“机关枪”扫射到女乘客，说“中国大妈成了社会公害”，一定要好好教育这些低素质的“大妈”们。我们设想一下，如果小轿车司机是位男司机，网民会不会说“男司机是马路杀手”？抢方向盘的如是大叔，网民会不会说“中国大叔是公害”？这种对女性的“厌恶”是一种社会病，某女性出问题，就以个体代性别谴责道：“你们女人就是不行！”某男性出问题，则是对个体的谴责：“某某就是不行！”这种社会文化集体的“厌女症”流传很广，需要每个人都不断提高性别平等意识，科学理性地看待性别问题。

媒体对家庭问题的解决也会起到一定的作用。在家庭困境处理中，女性要提升网络新媒体的使用技能，敢于正确发声，维护自己的合法权益。如一位网红通过短视频真实记录了遭受家暴的过程，勇敢发出自己的声音，引起了网民广泛关注。当地妇联关注到这一事件，及时采取行动，保护了妇女儿童的权益。事件的处理对其他可能身处类似困境的女性来说，也是一种觉醒和鼓励。

三、建立多方融合的媒介监管机制

L 大众经常会有一种猎奇心态，有时被媒体牵着走，跟着媒体思考。那么媒体出现问题时有没有人来监督呢？谁来监督呢？

习近平总书记说：“舆论监督和正面宣传是统一的。新闻媒体要直面工作中存在的问题，直面社会丑恶现象，激浊扬清、针砭时弊，同时发表批评性报道要事实准确、分析客观。”（2016年2月19日，习近平主持召开党的新闻舆论工作座谈会并发表重要讲话）舆论监督很重要，那么谁来监督，特别是从性别角度有没有监督主体呢?

建全性别平等评估机制是一项重要的工作，2013年3月8日，中央新闻单位负责人联合发出《贯彻男女平等基本国策媒体倡议书》："广大媒体及从业者肩负宣传倡导责任，做男女平等的传播者；履行舆论监督责任，做男女平等的守望者；担当媒体自律责任，做男女平等的践行者。以有效的传播，扩展男女平等基本国策的社会影响；以坚定的守望，汇聚推进性别平等的正能量；以自律的行动，更好地展现女性自尊、自信、自立、自强的美丽形象。"倡议书要求媒体从业者做性别平等宣传的责任人。新一轮《妇女发展纲要》在妇女与环境的主要目标中提出："健全文化与传媒领域的性别平等评估和监管机制。"要求加强对公共文化产品和传媒涉及性别平等内容的监测和监管，吸纳性别专家参与相关评估。

对媒体的监督，可以从以下几个方面入手：

一是国家有关部门，如在组织人事部门、纪检监察部门、公检司法部门中设置性别平等专家或顾问，在舆情监督中分析媒体传播中存在的性别偏见或歧视问题，消除网络媒体、影视产品、公共出版物中出现的歧视贬抑妇女、侮辱妇女人格尊严、物化妇女形象等不良现象，并不断完善警示处置系统。

二是在传媒监测指标体系中增加性别平等的相关内容。如贵州省委宣传部、省妇联联合下发了《关于建立完善传媒领域性别平等监管机制的通知》，要求建立完善传媒领域的性别平等监管机制，发挥媒体在促进妇女发展和推动性别平等方面的积极作用，深入推进男女平等基本国策的贯彻落实，成为全国首个媒体领域的性别平等监督机制。如果能在文广新局媒体监控中，加入分性别统计指标，并按时公布，以提示媒体对性别的关照和性别平等的宣传，会是一个很好的监督方式。

三是重视社会传媒监测机构的监督作用。1996年，首都女新闻工作者协会成立了妇女传媒监测网络，通过对媒体的干预和影响推动社会性别主流化和社会性别平等；2003年，《中国妇女报》推出“传媒守望”专栏，用性别视角看传媒，倡导媒体反映丰富多彩的两性形象，起到一定的监督作用。

四是各级妇联建立媒体舆情监督体系。目前各地建立了网上妇联，通过媒体开展妇女思想引领工作，推进深度融合，加快构建“融为一体、连成一网、共建一家”的妇联全媒体传播体系，除了正面宣传，还对媒体出现的性别歧视予以了关注和提醒。

以上四个方面的监督联合运作，会更好地起到监督作用。

在对媒体的监督中，广告宣传是重点监督的领域。据统计，在有男女角色关系的广告中，女性处于主动地位的占14.4%，处于被动地位的占85.6%；而男性处于主动地位的占86.4%，处于被动地位的占13.6%。广告中女性形象往往按男性审美标准和感官需要塑造，被建构的性别意识造成一种性别认知上的误区，引导人们以为男女本来如此，但实际上只不过是一种性别刻板的文化安排而已。

如某些化妆品广告词为“男人爱新鲜，女人要保鲜”“有斑的妈妈难看了”；丰胸广告词为“只要你敢进来就没什么大不了”；抽油烟机广告词为“没有油烟味，只有女人味”；汽车报警器广告词为“女司机要倒车就只有这样才能完成，所以给她买一个报警器才是最安全的”；电影售购票广告词为“没有姑娘也能占便宜，在X宝买电影票更便宜”……

这样的歧视性广告或从女性生理上歧视，把女性“容貌”作为“花瓶”来欣赏，或把女性作为“物”的载体来展示，或用男性审美眼光要求女性，或从女性对男性的依附定型等方面宣传，都涉嫌性别歧视。

L 对性别歧视的广告监督涉及哪些监管部门呢？用什么方法监管才有效呢？

对媒体的监管，深圳做得比较到位。2020年12月《深圳市广告性别平等审视指南》发布，由深圳市妇联、市委宣传部、市委网信办、卫生健康委、国资委、市场监管局、城管和综合执法局等七个部门联合制定，是我国内地首部广告性别平等审视指南，列举了六种可以认定为涉嫌性别歧视广告情形：

一是情节、造型、神态、动作、画面、文字、声音等含有性暗示；二是对男女两性身体存在贬低、侮辱、暴力或伤害等情形；三是物化女性或男性形象和身体，如与商品无关的突出显示女性胸、唇、腿、臀等部位；四是贬低女性或男性的能力和作用，如描述男性是家庭经济支柱，忽略女性的贡献；五是刻意突出女性的从属角色和地位，如把女性列为男性保护和供养对象；六是其他涉嫌性别歧视广告的情形。

广告出现以上行为，多个部门都要进行干预。这种联动效果对广告和其他媒体宣传中的性别平等内容给予监督，起到了警示作用。

四、落实《行动纲领》有关媒体的战略目标

L 媒体与性别平等是个世界性问题，联合国第四次世界妇女大会通过的《行动纲领》十二个战略目标领域中，妇女与媒体是一个重要的关切领域。如何落实这些目标呢？

联合国第四次世界妇女大会通过的《行动纲领》将妇女与媒体作为战略目标之一，揭示了媒体在性别平等方面存在的问题，对各个领域重视媒体建设提出了不同要求，是媒体推动性别平等的参照文件。

对各国政府的要求：加强妇女的教育、培训和就业；支持研究妇女与媒体的所有方面；促进妇女充分和平等参加媒体；争取在任命妇女和男子参加所有咨询、管理、管制或监测机构包括与私营和国营或公营媒体有关的机构方面达到性别均衡；鼓励这些机构增加为妇女制订和由妇女执行的方案数量；鼓励和承认妇女的媒体网络；创造性地利用全国性媒体节目，传播土著人民的各种文化形式；保障媒体的自由，鼓励媒体积极参与发展问题和社会问题。这些要求细致、全面，对各国政府部门推动媒体中的性别平等有参照性。

对各国政府或提高妇女地位的国家机制的要求：鼓励为妇女制订教育和培训方案；鼓励利用通讯系统，包括新技术，作为加强妇女参与民主进程的手段；协助汇编妇女媒体专家名录；鼓励妇女参与制订专业方针和行为守则或其他适当的自律机制，以促进媒体均衡描绘非陈规定型的妇女形象。

对非政府组织和媒体专业协会的要求：鼓励设立媒体监测小组，监督媒体并与媒体协商以确保适当反映妇女的需要和关切问题；培训妇女，包括在国际一级更多利用通讯和媒体方面的信息技术；成立非政府组织、妇女组织和专业媒体组织网络并制订信息方案，促进妇女的人权和男女平等；鼓励媒体行业及教育和媒体培训机构以适当的语言发展传统、土著及其他族裔的媒体形式。

《行动纲领》还对各国政府和国际组织，大众媒体和广告机构，媒体、非政府组织和私营部门提出了具体要求。

这些要求不仅是媒体人很好的参考资料，而且可作为政府或非政府组织促进性别平等的目标体系，值得学习和推广。

思考题

1. 在媒体上找一条含有性别歧视导向的文章或广告或视频案例，分析其产生的原因和对社会的影响，并提出解决问题的思路。

2. 如果你是媒体人，你认为在对人物和事件报道中提升性别敏感，会有什么样的意义？

第七讲

法制体系建设中的性别平等

CHAPTER 7

L 2021年6月，《中央宣传部、司法部关于开展法治宣传教育的第八个五年规划（2021—2025年）》发布，提出未来5年普法目标：“到2025年，公民法治素养和社会治理法治化水平显著提升，全民普法工作体系更加健全。……全社会办事依法、遇事找法、解决问题用法、化解矛盾靠法的法治环境显著改善。……”这一目标强调了公民法制素养的重要性。老师能不能阐述法制建设和性别平等的关系？

法治宣传教育“八五”规划对公民法制素养和社会治理法治化提出了明确目标，在依法、找法、用法、靠法的法制环境中，都蕴含了性别平等的内容。中国目前已经建立了包括100多部法律法规在内的全面保障妇女权益的法律体系。以《宪法》为基础，以《妇女权益保障法》和《民法典》为主体和核心，以及相关的法律文件、行政法规、司法解释、部门规章、地方性法规和规章等为补充的法律体系，为推动我国男女平等提供了坚实的保障。

法律是由享有立法权的立法机关行使国家立法权，依照法定程序制定、修改并颁布，并由国家强制力保证实施的基本法律和普通法律的总称。法律是法典和律法的统称，分别规定公民在社会生活中可进行的事务和不可进行的事务。中国的法律可划分为：宪法；法律；行政法规；地方性法规；自治条例和单行条例。在我国，各类法律法规都不能违背宪法的原则，所以相关的法律在制定的时候要以宪法中的男女平等为原则，不能有性别歧视。

根据法律的分类，我们来对有关妇女权益保障的相关法律，做一个梳理。

第一节 法律体系中有关妇女权益的内容

一、具有最高法律效力的《宪法》

《中华人民共和国宪法》是国家的根本大法，拥有最高的法律效力，是治国安邦的总章程。各项法律、法规都不能与宪法相抵触。我国从2001年开始，把每年的12月4日定为宪法日，通过宣传宪法和宣誓等方式，强化人们对宪法的认识和守法意识。

我国宪法对维护妇女儿童权益有明确的内容：

第四十八条　中华人民共和国妇女在政治的、经济的、文化的、社会的和家庭的生活等各方面享有同男子平等的权利。国家保护妇女的权利和利益，实行男女同工同酬，培养和选拔妇女干部。

第四十九条　婚姻、家庭、母亲和儿童受国家的保护。夫妻双方有实行计划生育的义务。父母有抚养教育未成年子女的义务，成年子女有赡养扶助父母的义务。禁止破坏婚姻自由，禁止虐待老人、妇女和儿童。

这两段内容非常丰富，可以概括为十点：

1. 妇女与男子在各方面享有同等权利；

2. 保护妇女的权利和利益；

3. 实行男女同工同酬；

4. 重视培养和选拔女干部；

5. 保护婚姻、家庭、母亲和儿童；

6. 倡导夫妻双方有计划的生育；

7. 父母有义务抚养教育未成年子女；

8. 成年子女有赡养扶助父母的义务；

9. 禁止破坏婚姻自由；

10. 禁止虐待老人、妇女和儿童。

L 宪法对妇女特殊的保护涵盖面非常全，涉及妇女就业、参政、婚姻、家庭等各项权利，我们怎样理解这些内容呢？

宪法之所以特别注重维护妇女的各项权利，主要可以从三方面来理解：

一是从妇女人权角度看，中国几千年封建专制社会以男权为中心，妇女没有社会地位和家庭地位，没有婚姻自由，甚至没有人身自由。社会文化带来的性别差异，使妇女失去了基本人权。毛泽东创造性地提出打破妇女受政权、族权、神权、夫权“四条绳索”的束缚。经过近现代中国妇女解放运动，特别是新中国的建立，在中国共产党的领导下中国妇女冲破“四条绳索”，得到解放。宪法把妇女视为拥有人权的个体进行特别保护，是马克思主义妇女观在中国的实践，是人权理念在法律中的具体体现。

二是从法律基本原则来看，平等是法律的基本原则与核心精神，男女平等是平等理念中最重要的内容。宪法规定男女平等，维护妇女各项权利，不仅体现了法律的精神实质，还体现了国家顶层设计的根本要求。在宪法这个根本大法指导下，其他法律法规必须以男女平等为准则，这也是社会主义核心价值观“公平”和“平等”的法律体现。

三是尊重性别差异的立法意愿，体现了实质上的男女平等。宪法规定妇女和男性享有同等的权利，强调的是男女作为“社会人”的同等对待。但平等并不是要求两性一模一样。因为两性生理差异决定着女性既有着“人”的同质性，又有着生理性别和历史文化带来的对男女两性认同方面差异的影响。从社会性别角度看，文化观念对女性带来的影响是长期深远的。因此宪法对女性倾斜的立法精神，正是法律公平客观的体现。承认并尊重这种差异，才能从形式上的平等上升到实质性的平等。

二、《妇女权益保障法》和专门的法律法规

L 在宪法的指导下，我国制定了专门保护妇女权益的法律《妇女权益保障法》以及相关法规，老师可以对这些法律做下解读吗？

《中华人民共和国妇女权益保障法》《中华人民共和国母婴保健法》《母婴保健法实施办法》《女职工劳动保护特别规定》《中华人民共和国人口与计划生育法》等多部法律，是保护妇女权益的专用的法律法规。

《中华人民共和国妇女权益保障法》（以下简称《妇女权益保障法》）于1992年发布，是一部保护妇女权益的专门性法律。这部法律生效以来，分别于2005年、2018年和2022年进行了修订。《妇女权益保障法》于2022年10月30日第十三届全国人民代表大会常务委员会第三十七次会议修订，于2023年1月1日起实施。《妇女权益保障法》实施以来，为我国妇女在政治、经济、文化、社会和家庭生活各方面权益的保障提供了重要的法律依据。2022年新修订的《妇女权益保障法》由过去的9章61条扩至10章86条，对妇女权益保障的机制作了更全面系统的规定，操作性更强，法律保障更到位。

L 这次《妇女权益保障法》的修订，引起了全社会广泛关注，两次征求意见，分别收到40多万条和30万条意见，是民意反映最多的法律，说明这部法关系到更多人的利益，引起了更广泛的讨论。老师能不能结合该法做更细致的介绍呢？

新修订的《妇女权益保障法》包括总则、政治权利、人身和人格权益、文化教育权益、劳动和社会保障权益、财产权益、婚姻家庭权益、救济措施、法律责任和附则。主要内容可以概括为：

第一，坚持中国共产党对妇女权益保障工作的领导，全面贯彻落实男女平等基本国策。将妇女在政治的、经济的、文化的、社会的和家庭生活等方面的平等权益保障上升到了党的领导和国家治理的层面。建立政府主导、各方协同、社会参与的保障妇女权益工作机制。确保了广大妇女平等

参与社会生活、平等获得发展机遇、平等享有发展的成果，是男女平等基本国策在法律上的具体实施。

第二，对妇女各项权利保障作出了具体规定。

（1）政治权利：妇女有权依法参与管理国家事务、经济和文化事业以及社会事务。全国人民代表大会和地方各级人民代表大会的代表中应当保证有适当数量的妇女代表。居民委员会、村民委员会成员中，应当保证有适当数量的妇女成员。国家积极培养和选拔女干部。妇女联合会及其团体会员可以向国家机关、群团组织、企业事业单位推荐女干部。妇女联合会代表妇女积极参与国家和社会事务的民主协商、民主决策、民主管理和民主监督。

法律对排除妇女参政的障碍，突破“玻璃天花板”现象有积极作用，妇女的权利参与和民主参与有了法律保障，将推动更多有能力的女性走上领导岗位，发挥领导才能。

（2）人身和人格权益：这是创新最多、亮点最多的一章。提出了保护妇女的生命权、身体权和健康权。强调了多项禁止事项：禁止非法拘禁和以其他非法手段剥夺或限制妇女的人身自由；禁止非法搜查妇女的身体；禁止用侮辱、诽谤等方式损害人格尊严；禁止虐待、遗弃、残害、买卖以及其他侵害女性生命健康权益的行为；禁止进行非医学需要的胎儿性别鉴定和选择性别的人工终止妊娠；禁止拐卖、绑架妇女；禁止收买被拐卖、绑架的妇女；禁止阻碍解救被拐卖、绑架的妇女；禁止违背妇女意愿，以言语、文字、图像、肢体行为等方式对其实施性骚扰；禁止通过大众传播媒介或者其他方式贬低损害妇女人格；禁止以恋爱、交友为由或者在终止恋爱关系、离婚之后，纠缠、骚扰妇女，泄露、传播妇女隐私和个人信息等。同时，对妇女健康服务体系等作出了若干规定。

妇女的人身和人格权益相关法律条文的制定强化了对妇女的身体保护和对妇女人格尊严的维护，是新时代注重人权的法律体现，也是在实际操作中有效的法律参照。

（3）文化教育权益：这部分法律条文对女性的文化教育进行了全方位的保障。父母或者其他监护人应当履行保障适龄女性未成年人接受并完成义务教育的义务；政府和学校要保证适龄女性未成年人完成义务教育；学校和有关部门应当执行国家有关规定，保障妇女在入学、升学、授予学位、派出留学、就业指导和服务等方面享有与男子平等的权利；学校在录取学生时，除国家规定的特殊专业外，不得以性别为由拒绝录取女性或者提高对女性的录取标准。各级人民政府应当采取措施，保障女性平等享有接受中高等教育的权利和机会；各级人民政府应当依照规定把扫除妇女中的文盲、半文盲工作，纳入扫盲和扫盲后继续教育规划；国家健全全民终身学习体系；各级人民政府和有关部门应当采取措施，根据城镇和农村妇女的需要，组织妇女接受职业教育和实用技术培训；国家机关、社会团体和企业事业单位应当执行国家有关规定，保障妇女从事科学、技术、文学、艺术和其他文化活动，享有与男子平等的权利。

女性的受教育权是改变女性人生的重要途径和方式。本章从家庭、政府、学校、社会等多方面提出对妇女文化教育权益的保障，为女性受教育和走出更好的人生道路做了法律铺垫。

（4）劳动和社会保障权益：妇女享有与男子平等的劳动权利和社会保障权利是保障妇女发展的经济基础，本章进一步完善了妇女就业保障政策措施，规定了多个“不得”——用人单位在招录（聘）中，除国家另有规定外，不得限定为男性或规定男性优先；不得询问或调查女性求职者的婚育情况；不得将妊娠测试作为入职体检项目；不得将限制结婚、生育或者婚姻、生育状况作为录（聘）用条件；等等。强调了对女性怀孕及产假的依法保护，特别提出加强对贫困妇女、老龄妇女、残疾妇女等困难妇女的权益保障。

妇女就业权益的保障对消除就业歧视提供了法律依据，对弱势群体的社会保障是国家治理中的重要内容，该法保障了全体人民共同富裕的实现路径。

（5）财产权益：在夫妻共同财产、家庭共有财产关系中，不得侵害妇女权益。新法对农村妇女的权益保障进一步细化了。妇女在农村集体经济组织成员身份确认、土地承包经营、集体经济组织收益分配、土地征收补偿安置或者征用补偿以及宅基地使用等方面，享有与男子平等的权利。申请农村土地承包经营权、宅基地使用权等不动产登记，应当在不动产登记簿和权属证书上将享有权利的妇女等家庭成员全部列明。征收补偿安置或征用补偿协议应当将享有相关权益的妇女列入，并记载权益内容。村民自治章程、村规民约，村民会议、村民代表会议的决定以及其他涉及村民利益事项的决定，不得以妇女未婚、结婚、离婚、丧偶、户无男性等为由，侵害妇女在农村集体经济组织中的各项权益。因结婚男方到女方住所落户的，男方和子女享有与所在地农村集体经济组织成员平等的权益。妇女享有与男子平等的继承权。丧偶妇女有权依法处分继承的财产，任何组织和个人不得干涉。丧偶儿媳对公婆尽了主要赡养义务的，作为第一顺序继承人，其继承权不受子女代位继承的影响。

新法对妇女财产权益的保障规定得非常细，特别是针对长期以来农村“外嫁女”的权益保障不到位，提出了具体的解决办法，对妇女财产权益的保障更明晰了。包括男性到女方家落户不得歧视的法律规定，体现了消除一切形式歧视的基本原则。

（6）婚姻家庭权益：国家保护妇女的婚姻自主权。禁止干涉妇女结婚、离婚自由。国家鼓励婚前医学检查。婚姻登记机关应当提供婚姻家庭辅导服务，引导当事人建立平等、和睦、文明的婚姻家庭关系。禁止对妇女实施家庭暴力。离婚诉讼期间，一方隐藏、转移、变卖、损毁、挥霍夫妻共同财产，或者伪造夫妻共同债务企图侵占另一方财产的，在离婚分割夫妻共同财产时，对该方可以少分或者不分财产。强调夫妻双方应当共同负担家庭义务，共同照顾家庭生活。女方因负担较多家庭义务的，有权在离婚时要求男方予以补偿。父母双方对未成年子女享有平等的监护权。父亲死亡、无监护能力或者有其他情形不能担任未成年子女的监护人的，母亲的监护权任何组织和个人不得干涉。女方丧失生育能力的，在离婚处理子女抚养问题时，应当在最有利于未成年子女的条件下，优先考虑女方的抚养要求。

婚姻家庭权益与《民法典》相关的内容相对应，对妇女的婚姻自由和离婚财产分配的保护更具体了，是实质性平等的法律保障。

第三，提出了救济措施。提出对侵害妇女合法权益的行为，任何组织和个人都有权予以劝阻、制止或者向有关部门提出控告或者检举。对妇女的合法权益受到侵害的，对妇女在农村集体经济组织成员身份确认等方面权益受到侵害的，对妇女平等就业权益受侵害的，对相关单位未采取合理措施预防和制止性骚扰的，对通过大众传播媒介或其他方式贬低损害妇女人格的等情况，妇联、政府、检察机关等要给予帮助救济并处置。乡镇人民政府应当对村民自治章程、村规民约，村民会议、村民代表会议的决定以及其他涉及村民利益事项的决定进行指导，对其中违反法律、法规和国家政策规定，侵害妇女合法权益的内容责令改正。

救济措施一章是新增加的内容，确立了对妇女的救济责任的主体，提到乡镇对村级制度建设的指导，对村民自治提出了更具体的法律要求。

第四，提出了法律责任。对妇女实施性骚扰的，对就业歧视的，通过大众传播媒介或者其他方式贬低损害妇女人格的，对打击报复的，对侵害妇女人身和人格权益、文化教育权益、劳动和社会保障权益、财产权益以及婚姻家庭权益的，要依法责令改正，并负有相应的法律责任。

新修订的《妇女权益保障法》的颁布和实施，是贯彻落实习近平总书记关于加强妇女工作、维护妇女权益重要讲话精神的法律实践。此法两次向全社会征集修订意见，在此基础上，立法机关深入调查研究，广泛吸纳各方面意见，积极回应社会关切，系统完善了妇女权益保障制度体系，是新时代保障妇女权益最完备的法律依据。

其他专门法律法规针对妇女在发展中遇到的各种具体问题给予保护。如《女职工保健工作规定》对女性独特的月经期保健、婚前保健、孕前保健、孕期保健、产后保健、哺乳期保健、更年期保健等作了具体规定，基本涵盖了女职工工作期间全过程，可操作性非常强。

根据《中华人民共和国母婴保健法》制定的《母婴保健法实施办法》作了细致规定，“母婴保健技术服务”包括：有关母婴保健的科普宣传、教育和咨询；婚前医学检查；产前诊断和遗传病诊断；助产技术；实施医学上需要的节育手术；新生儿疾病筛查；有关生育、节育、不育等其他生殖保健服务。这些保障性服务，从科普宣传一直到生殖全过程都纳入了法律保障范畴内。

《中华人民共和国人口与计划生育法》2002年9月1日起施行，2021年8月20日在“三孩”背景下做了第二次修正并实施。经过修正，强调了公民生育权利和夫妻双方的责任，如第十七条规定“公民有生育的权利，也有依法实行计划生育的义务，夫妻双方在实行计划生育中负有共同的责任”；第二十二条规定“禁止歧视、虐待生育女婴的妇女和不育的妇女。禁止歧视、虐待、遗弃女婴”。

这些保护妇女的专门法律从宏观保障到微观红线，从男女平等观念到具体操作，立体全方位保障了妇女的权益，是中国特色社会主义法律体系的重要内容。

三、含有保障妇女权益条款的法律

除了专门保护妇女权益的法律，其他的百余部法律法规也纳入了男女平等理念。《中华人民共和国全国人民代表大会和地方各级人民代表大会选举法》《中华人民共和国刑法》《中华人民共和国劳动法》《中华人民共和国就业促进法》《中华人民共和国劳动合同法》《中华人民共和国农村土地承包法》《中华人民共和国村民委员会组织法》等法律法规，都鲜明体现了男女平等原则。

如《中华人民共和国劳动法》，第十二条规定“劳动者就业，不因民族、种族、性别、宗教信仰不同而受歧视”；第十三条规定“妇女享有与男子平等的就业权利。在录用职工时，除国家规定的不适合妇女的工种或者岗位外，不得以性别为由拒绝录用妇女或者提高对妇女的录用标准”。

要求用人单位保证女性就业权，不得出现就业中的性别歧视，在实操中还会有这样或那样的问题，需进一步做具体罚则规定，才能有效保障妇女就业公平。

《中华人民共和国义务教育法》第四条规定“凡具有中华人民共和国国籍的适龄儿童、少年，不分性别、民族、种族、家庭财产状况、宗教信仰等，依法享有平等接受义务教育的权利，并履行接受义务教育的义务”。

《中华人民共和国反家庭暴力法》于2016年3月1日实施。实施6年来，对保护家庭成员合法权益，维护家庭关系，促进家庭和谐、社会稳定起到了积极作用。

2022年7月14日最高人民法院公布了《关于办理人身安全保护令案件适用法律若干问题的规定》，进一步强调了家庭暴力发生后的人身安全保护令程序属于独立案件，完善了保护令的代为申请制。对家庭暴力具体侵害方式和行为类型进行了调整，对保护令案件中的证据与证明规则作出了增补规定，增加了关于对被申请人适用在线诉讼的规定等，从细则上不断完善《反家庭暴力法》的实施和落实。

为了将反家暴法落到实处，各地制定了相应的地方性法规。2018年11月，山东省制定了国内首部反家庭暴力地方性法规——《山东省反家庭暴力条例》；2019年6月《湖北省反家庭暴力条例》施行，条例明确，用人单位应当将反家庭暴力纳入员工行为规范；同年7月《湖南省实施中华人民共和国反家庭暴力的办法》进一步明确了“精神家暴”行为范围，提出遭受家庭暴力可申请人身安全保护令；《内蒙古自治区反家庭暴力条例》设立了失信联合惩戒制度。这些地方性法律法规有效地维护了家庭成员，特别是妇女儿童的人身权益。公权力对家庭暴力的介入，表明了国家禁止任何形式家庭暴力的态度。

四、社会生活的百科全书《民法典》

L 《中华人民共和国民法典》于2021年1月1日起实施。这是新中国成立以来第一部以“法典”命名的法律，是一部“社会生活的百科全书”。这部庞大的法典，包括物权、合同、人格权、婚姻家庭、继承、侵权责任等多方面的内容，共7编1260条10万多字。从纵向来说，涵盖了我们生命的全部，从横向来讲，包括了我们生活的全部。老师如何看民法典中性别平等相关的内容呢？

习近平总书记说：“阐释好民法典关于民事活动平等、自愿、公平、诚信等基本原则，阐释好民法典关于坚持主体平等、保护财产权利、便利交易流转、维护人格尊严、促进家庭和谐、追究侵权责任等基本要求，阐释好《民法典》一系列新规定新概念新精神。”（习近平《充分认识颁布实施民法典重大意义，依法更好保障人民合法权益》，载《求是》2020年第12期）。民法典正是一部以人民为中心，以平等、自愿、公平、诚信为基本原则的法律。

《民法典》多次提到平等和男女平等的概念，第四条规定“民事主体在民事活动中的法律地位一律平等”，第十四条规定“自然人的民事权利能力一律平等”；一千零四十一条规定“实行婚姻自由、一夫一妻、男女平等的婚姻制度”，第一千零五十五条规定“夫妻在婚姻家庭中地位平等”，第一千零六十二条规定“夫妻对共同财产，有平等的处理权”，第一千一百二十六条规定“继承权男女平等”。《民法典》是实施男女平等的典范，需要认真学习领会。

第二节
政策文件对妇女权益的保障

L 党和政府出台的一系列政策文件虽然不是法律，但涉及性别平等的内容还是具有普遍约束力，对推动男女平等，维护妇女权益很有意义吧？

党的十八大、十九大和二十大，都把“男女平等是我国的一项基本国策”写进了报告，在落实这一国策时，党和国家在一系列文件中坚持男女平等的理念。

如每年中央一号文都是关于“三农”工作的。这几年中央一号文件中都有直接保护农村妇女权益的内容。2019年中央一号文件首次明确：在深入推进农村集体产权制度改革中，注重保护外嫁女等特殊人群的合法权利。文件对解决部分农村妇女因结婚、离婚、丧偶而失去集体成员资格及相关的土地权益和股权利益问题，提供了政策保障。

2020年中央一号文提出：严厉打击侵犯农村妇女儿童人身权利等违法犯罪行为。

2021年中央一号文提出：加强对农村留守儿童和妇女、老年人以及困境儿童的关爱服务。

2022年中央一号文提出：依法严厉打击侵害农村妇女儿童人身权利的违法犯罪行为。

2023年中央一号文更多内容涉及妇女儿童和家庭：保障妇女在农村集体经济组织中的合法权益；层层压实责任，加强农村老幼病残孕等重点人群医疗保障；实施农村妇女素质提升计划，加强农村未成年人保护工作；依法严厉打击侵害农村妇女儿童权利的违法犯罪行为；注重家庭家教家风建设；推动各地因地制宜制定移风易俗规范，扎实开展高价彩礼、大操大办等重点领域突出问题专项治理。

这些政策文件强调打击对农村妇女儿童的侵权行为，提出对她们的关爱服务，对中国农村脱贫工作和乡村振兴中处于弱势地位的农村妇女权益给予了政策性保护。

就业招聘中的性别歧视也引起有关部门重视。2019年2月，人力资源社会保障部、教育部等九部门发布了《关于进一步规范招聘行为促进妇女就业的通知》，对监管就业性别歧视提出具体要求：对用人单位、人力资源服务机构发布含有性别歧视内容招聘信息的，要依法责令改正；拒不改正的，处1万元以上5万元以下的罚款；情节严重的，吊销人力资源服务许可证。同时将用人单位、人力资源服务机构因发布含有性别歧视内容的招聘信息接受行政处罚等情况纳入人力资源市场诚信记录，依法实施失信惩戒。文件对《劳动法》在招聘中不得有性别歧视的法则作了更具体规定，将惩罚数额进行了量化，可操作性更强。

严厉打击拐卖妇女儿童，也得到国家层面的高度重视。前些年，少数犯罪分子进行拐卖妇女的犯罪活动，严重侵犯了妇女儿童的权益。《中华人民共和国刑法》第二百四十条规定，拐卖妇女、儿童的，根据情节处以不同徒刑并处罚金或没收财产，情节特别严重的处死刑并处没收财产。除法律以外，1989年国务院发布《关于坚决打击拐卖妇女儿童犯罪活动的通知》，国务院办公厅于2007、2013、2021年发布了三个周期的打拐计划，完善了对被拐妇女和被拐未成年人的教育挽救和帮扶安置工作机制，对拐卖妇女儿童的犯罪起到了震慑作用。据公安部数据统计，2021年，全国拐卖妇女儿童案件与2013年相比，降幅达到88.3%，盗抢儿童案件年立案不到20起。

在人权保护方面，自2009年以来，我国先后制定实施了三个周期的国家人权行动计划，2021年9月《国家人权行动计划（2021—2025年）》发布，从十方面提出促进妇女发展和女性人权的保护计划：

1. 促进妇女平等参与管理国家和社会事务，保障妇女平等享有政治权利，推动妇女广泛参与社会事务和民主管理。

2. 完善妇女权益保障制度，修改妇女权益保障法。

3. 保障妇女人身权利，倡导性别平等、责任共担的新型家庭文化。

4. 保障妇女财产权益，保障妇女在家庭关系中的财产所有权和继承权，保障妇女对婚姻家庭关系中共有财产享有知情权和平等处理权。

5. 保障妇女平等享有受教育权利。

6. 保障妇女平等就业权利。消除就业性别歧视。

7. 促进工作场所性别平等。支持和帮助女性实现家庭和工作的平衡。

8. 缓解妇女的家庭育儿负担。发展普惠托育服务体系。

9. 保障妇女享有卫生健康服务。加大妇女常见病防治力度，完善宫颈癌、乳腺癌综合防治体系和救助政策。

10. 关心关爱困境妇女。

以上十条充分显示中国政府对妇女人权的保障和对妇女关爱，是推动性别平等可操作的指引。

2021年6月26日发布的《中共中央　国务院关于优化生育政策促进人口长期均衡发展的决定》（以下简称《决定》）指出，“弘扬中华民族传统美德，尊重生育的社会价值，提倡适龄婚育、优生优育，鼓励夫妻共担育儿责任，破除高价彩礼等陈规陋习，构建新型婚育文化”。这些重要论述为新时代婚育观的构建和倡导指明了方向。对加强适婚青年婚育观、家庭观的教育引导，弘扬主旋律、汇聚正能量起到了积极有效的作用。

第三节

法律保障妇女权益的具体内容

一、妇女政治权利的法律保障

从以上讲述可以看到我国在妇女权利保障方面建立了比较完善的法律体系，从宪法到法律，从法规到文件，妇女多方权益得到了相应的法律保障。那么，在实践中妇女各项权益如何得到保障呢？

中华人民共和国成立以来，在一系列法律保障下，我国妇女参政无论从人数还是层次上都有很大的提升。1953年，全国进行了基层选举，在选举法保障下，全国90%以上妇女参加投票，选出妇女代表占比17.31%。1954年第一届全国人民代表大会，妇女代表占比12%，2019年第十三届为24.94%，2023年第十四届为26.54%。

党的十八大以来，在推进国家治理体系和治理能力现代化进程中，保障妇女参与国家和社会事务管理的法律法规进一步完善，《村民委员会组织法》《城市居民委员会组织法》《关于全国人大代表名额和选举问题的决定》《全国妇联关于努力保证农村妇女在村委会中有适当名额的意见》等法律法规和文件对妇女参政有更明确规定，如全国人大女代表的比例不低于22%，村民委员会成员中，应当有妇女成员，女村民代表应当有1/3以上等具体规定，有效地推动了妇女参政的进程。

1995年以来，国务院先后颁布了四个周期的《中国妇女发展纲要》，提出了妇女参政阶段性目标和策略措施，对推动妇女参政进行了直接指导。

妇女参政有两种形式，一是民主参与，指女性享有公民的选举权和被选举权，标志是女性进入各级人大、政协，担任代表和委员，通过提案、议案和建议影响公共政策决策。二是权力参与，女性进入国家政府权力机构管理公共事务，担任领导直接参与决策。老师讲了关于民主参与的法律法规和文件，妇女的权力参与方面有什么政策规定吗？

妇女权力参与，是男女平等基本国策的具体实践。为了让更多女性走上领导岗位，相关部门也作了明确规定。2001年，中央组织部出台了《关于进一步做好培养选拔女干部、发展女党员工作的意见》，这个意见对妇女权力参与提出了具体目标：

省、自治区、直辖市和市（地、州、盟）党委、人大、政府、政协领导班子要各配1名以上女干部。县（市、区、旗）党委、政府领导班子要各配1名以上女干部。中央、国家机关部委，省、自治区、直辖市和市（地、州、盟）党委、政府工作部门要有一半以上的领导班子配备女干部，其中教育、科技、文化、卫生、体育、计划生育、民政、司法、劳动和社会保障等部门领导班子要首先选配，其他女职工比较集中的行业以及企事业单位领导班子，要多选配一些女干部。

市（地）级以上党和国家机关中45岁以下的厅局级女干部、35岁以下的处级女干部在同级干部中的数量要逐步增加。

各级党代会女代表、人大女代表和政协女委员的比例，要在上一届基础上进一步提高。

政策文件在现实中得到了很好的落实。国家统计局2023年4月发布的《2021年〈中国妇女发展纲要（2021—2030年）〉统计监测报告》（以下简称《统计监测报告》）显示，2021年，省、市、县级政府领导班子配有正职女干部和配有女干部的班子，省、市、县级政府工作部门领导班子配有正职女干部和女干部的班子，均较前一年有所上升。女性的权力参与不断提升，正是得益于相应的法律法规和政策的保障。

L 2021是基层换届年，全国村（居）换届工作已全部结束，我看到不少女村支书村主任当选，这是不是因为有专门的规定促使基层女性当选呢?

法律规定了女性与男性享有平等的选举权和被选举权，为了落到实处，必须有具体规定来指导操作和保障。2021年基层换届中，女性在村、居中担任基层领导的比例有了历史性突破，下面是2021年部分省市换届后基层女性参政的数据：

湖南省村（社区）党组织书记女性占比13.35%，女村书记占比10.07%，比上届高3%，村（居）委会主任女性占比15.6%，村委会女主任占比10.9%，比上届提高5.6%。

广东省村委会女主任占比7.7%，村委会女性成员占比29.4%，分别比上届提高4.2%和7.5%。

甘肃省村（居）委会主任女性占比14.63%，居委会女主任占比54.46%，分别比上届提高11.73%和7.58%。

云南省村（居）委会主任女性占比11.24%，村委会女性成员占比51.87%，分别比上届提高4.78%和6.69%。

L 这些数据都创下了历史新高，应该是多种因素促进了“她”力量的形成。从依法治理角度看，怎样促成基层妇女参政数量大幅度提升呢?

依法治理要体现公平和有效，法律法规和相关政策是重要保障。基层选举有这么多女性能走上基层领导岗位，主要是法律法规在实践中得到落实。

换届中，各省委、省政府在顶层设计方面，以宪法“男女平等”原则为指导，将《中国妇女发展纲要（2011—2020年》（以下简称《纲要》）的指标体系写进换届文件。此次换届，恰逢《纲要》周期收关验核和下一周期制定中。按其参政指标：“村委会成员中女性比例达到30%以上，村委会主任中女性比例达到10%以上。居委会成员中女性比例达到50%以上。”各地以其对标，制定了一系列政策文件。

广东省委、省政府为换届工作强化了政策保障，首次将“村民委员会成员中应至少有1名妇女成员，力争女性比例达到30%以上，村民委员会主任女性比例达到10%以上”等硬性指标写进换届文件。

广西壮族自治区党委在《全区村（社区）“两委”换届工作方案》中要求：“注重选拔妇女进入村（社区）‘两委’班子，每个村（居）民委员会中至少应有1名妇女成员。”

云南省委、省政府落实《纲要》指标，将妇女参选参政目标写入省委办公厅、省政府办公厅《关于做好全省村（社区）“两委”换届工作》的文件。

湖南省委办公厅、省政府办公厅下发通知，明确规定“四个确保、两个力争”，即：确保村（社区）妇联主席进入村（社区）“两委”班子，每个村（居）民委员会有1名以上女性成员，每个乡镇（街道）有1名以上女性村（社区）主职，妇女代表占村（居）民代表会议组成人员的三分之一以上；力争村民委员会成员中女性比例达到30%以上，村委会中女性比例达到10%以上。

在这些政策的保障下，各地基层换届中选出了一批优秀女性进入基层领导班子。《统计监测报告》显示，2021年，居委会成员中女性比例为54.4%，比2020年提高2.3个百分点；居委会主任中女性比例为41.4%，提高2.4个百分点。村委会成员中女性比例为26.8%，提高2.6个百分点；村委会主任中女性比例为11.1%，提高1.3个百分点。

L 政策法规融入了性别平等理念、规定了相应比例，才能在换届工作中保证妇女基层的权力参与，在这个过程中，要有督促和推动，各级妇联应该在其中发挥了重要的作用吧?

各级妇联在推动这次基层妇女参政中确实发挥了不可替代的作用。

《宪法》有要求，《纲要》有指标，省委、省政府有文件，各地妇联积极配合基层换届出台的具体要求，多重保障形成强有力的法律和政策指引，才有如此之成绩。

如云南省妇联出台《云南省妇联关于做好村（社区）妇联组织换届选举工作的通知》、广东省妇联印发《关于在2021年村（社区）“两委”换届中推进女性参与基层管理工作的通知》、湖南省妇联编制《村（社区）妇联换届工作手册》，统一换届的请示批复、会议议程、选举办法等工作模版，明确村（社区）妇女代表大会的代表产生、名额分配、票选表决等要求。

二、妇女劳动和就业权利的法律保障

就业平等权，是指女性平等获得就业和工作机会、同等劳动获得同等的福利报酬、同等资历和能力下拥有同样的晋升机会。我国一直注重将保障妇女就业权贯穿于科学立法、严格执法、公正司法、全民守法的全过程中。

（一）女职工就业和劳动保障

L 妇女是劳动就业的一支不可缺少的力量，在我国，妇女就业人数占总人数四成以上，在法律保障下，妇女就业领域非常广泛，劳动权利得到一定保障。

我国有多部法律法规在保障妇女就业权利、实行男女同工同酬、消除就业性别歧视、保障劳动女性特殊利益等方面起到了积极作用，包括《宪法》《劳动法》《就业促进法》《劳动合同法》《社会保险法》《妇女权益保障法》等一系列法律。

如《劳动法》第十三条规定“妇女享有与男子平等的就业权利”，《就业促进法》第二十七条规定“国家保障妇女享有与男子平等的劳动权利”，成为妇女就业权的原则性条款。

《统计监测报告》显示，我国加快促进平等就业，努力消除就业歧视。2021年，全国女性就业人员3.2亿人，占全部就业人员的比重为43.1%。城镇非私营单位就业人员中女性为6852万人，比2020年增加73万人；占比为40.3%，提高0.5个百分点。可见我国妇女就业权益得到保障。

对于女职工劳动保障，法律也作了很多规定。2018年，全国总工会编制了《促进工作场所性别平等指导手册》，详细解读了性别平等相关的法律法规，对就业机会平等、职业发展机会平等、同工同酬要求、职场暴力的界定等作了明确规定。这部手册对用人单位建立性别平等若干制度的指导特别值得一提，如宣传培训制度、招聘制度、职业培训和晋升制度、薪酬制度、生育保护制度、职业健康保护制度、社会保险制度、就业保障制度、工作和家庭责任平衡制度、集体协调制度、民主制度、预防和制止职场暴力和性骚扰制度、争议处理制度等13个具体可操作的制度，每项制度表述都有坚持性别平等的内容。目前更多用人单位接受了法律法规中性别平等的理念，越来越多的企业开始重视对女职工的就业和劳动保护，维护了女职工合法权益和特殊利益。

（二）就业中性别歧视的表现

L 法律规定男女有平等的就业权利，但在现实中，从权利平等到机会平等和结果平等还有一定距离。就业中的性别歧视还是存在的。我们大学毕业时，男生很快找到工作，而女生在求职中，有的简历递不进，有的简历递完再也没消息，就业中还是有不少性别歧视的现象存在。

是的，就业性别歧视还是很常见的，不少招聘广告对男女两性的就业要求就有不平等的表述。如仅限女性的，多为文秘、接待、助理等低层次辅助性岗位；仅限男性的，多为中高层管理岗位、专业技术类岗位等。

就业歧视存在显性歧视和隐性歧视两种。

显性歧视，也叫直接歧视，指公开、明显地在相同条件下，特别设置性别要求、区别对待的行为。如标明“仅限男性”或“男性优先”条款，直接将女性置于招聘之外，或不接收女性简历，或提高对女性学历、容貌和婚姻生育等要求，都涉嫌直接歧视。

隐性歧视，也称间接歧视，指非公开地、看似无意设置性别要求，实则以刻板印象或以对女性的照顾为名设置招聘门槛。如招聘面试环节，考官主观意识上表现出明显的性别偏好；以上夜班和经常出差为由，说明岗位不适合女性；在有笔试和面试的考核中，把笔试作为入门条件，分数清零，后以面试决定人选，以增加主观性别选择权；面试故意设置个人隐私问题，如“有男友吗”“结婚了吗”“有孩子吗”“有几个孩子啊”，如果回答不符合要求，女性求职者马上遭到拒绝。

无论显性还是隐性地设置性别门槛，将性别作为必要条件进行选择，都可能涉嫌就业歧视。

（三）反对就业歧视的法律保障

L 我大学毕业时的论文题目是《论“消歧公约”在中国的适用》，专门探讨就业中性别歧视问题。中国对就业性别歧视是有相关法律规定的。

是的，1979年12月18日，联合国通过了《消除对妇女一切形式歧视公约》（以下简称《消歧公约》），中国是此公约最早的缔约国之一。中国遵循国际公约，结合中国国情，在一系列法律中制定了消除就业性别歧视的规定，如《劳动法》第十二条：“劳动者就业，不因民族、种族、性别、宗教信仰不同而受歧视。”第十三条：“在录用职工时，除国家规定的不适合妇女的工种或者岗位外，不得以性别为由拒绝录用妇女或者提高对妇女的录用标准。”

新修订的《妇女权益保障法》总则第二条就明确了“国家采取必要措施，促进男女平等，消除对妇女一切形式的歧视，禁止排斥、限制妇女依法享有和行使各项权益”的规定，这是与国际接轨的重要表述。第五章劳动和社会保障权益的内容对就业歧视更是作了具体和细致的要求：

“第四十三条　用人单位在招录（聘）过程中，除国家另有规定外，不得实施下列行为：

（一）限定为男性或者规定男性优先；

（二）除个人基本信息外，进一步询问或者调查女性求职者的婚育情况；

（三）将妊娠测试作为入职体检项目；

（四）将限制结婚、生育或者婚姻、生育状况作为录（聘）用条件；

（五）其他以性别为由拒绝录（聘）用妇女或者差别化地提高对妇女录（聘）用标准的行为。”

这些规定将从法律层面有效地制止就业歧视。

L 有了法律保障，现实中就业性别歧视的情况是不是有好转，就业的性别歧视现象是不是得到遏制了？

随着法律不断完善，就业歧视得到一定控制，但无论是显性歧视还是隐性歧视，在现实中还是存在着。

据《中国青年报》报道，云南政协会上，云南省妇联向大会提交提案，呼吁重视妇女平等就业问题，采取有效措施预防和制止妇女就业性别歧视行为。云南省妇联调查显示，2019年全省妇女就业情况总体较好，劳动参与率较高，但妇女就业依然存在性别歧视现象。40.06%的妇女在求职过程中受到性别歧视，其中录用“男性优先”的占71.33%，招聘广告写明“限男性”的占60.84%，面试时被问及婚恋、生育情况的占59.09%。分别有37.76%、36.36%、36.01%和31.12%的受访者遇到过：不给女性笔试或面试机会、用人单位以限制或推迟生育为录用条件、拒不接受或不看女性简历、入职体检时被要求进行妊娠检查的情况。一些接受访谈的企业负责人表示，招聘时一般不考虑已婚未育或有二孩生育意愿的妇女。另外，33.53%受访者在工作中受到过性别歧视，如“在职务晋升方面机会少于同岗位男性”“在就业培训方面机会少于同岗位男性”“劳动报酬低于同岗位男性”；而因结婚、怀孕、生育、哺乳等被调离重要工作岗位、被降低工资、被解雇的受访者比例分别为45.61%、30.99%和25.73%。（张文凌《云南省妇联调查显示：妇女就业性别歧视依然存在》，中国青年报客户端，2020年5月30日）

南京市一项调查显示，近六成被调查者认为，当前女性就业遭遇隐性歧视现象较为普遍，七成被调查者认为女性就业机会少于男性，约四成曾因性别而被拒绝面试或招收；女性就业过程中仍面对不同程度的隐性歧视，表现为男女同工不同酬、因生育被调岗或降薪、女性升迁存在“天花板”等现象。（《南京日报》2021年3月14日）

在工资待遇上，男女同工不同酬的现象还存在。在城镇居民工资收入中，女性整体收入只有男性的71%；而在乡村，这个比例更低，只有59%。在科技、教育、卫生等技术含量较高的工作中，就同等职位而言，女性的工资只有男性的80%至90%。

L 以上调查显示就业中的性别歧视还是不少，那么侵害妇女平等就业机会要承担什么法律责任呢？

侵害妇女平等就业机会的法律责任包括三个方面：民事责任、行政责任和刑事责任。

民事责任方面，《劳动法》第九十五条规定“用人单位违反本法对女职工和未成年工的保护规定，侵害其合法权益……对女职工或者未成年工造成损害的，应当承担赔偿责任”。

行政责任方面，《就业服务与就业管理规定》第五十八条：“发布的就业信息中包含歧视性内容……可处以1万元以下罚款……情节严重的，提请工商部门依法吊销营业执照，对当事人造成损害的，应当承担赔偿责任。”《女职工劳动保护特别规定》第十三条：“用人单位违反本规定附录第一条、第二条（注：第一条即女职工禁忌从事的劳动范围，如矿山井下作业和超等级作业等；第二条即女职工在经期禁忌从事的劳动范围，如低温劳动、高处作业等）规定的，由县级以上人民政府安全生产监督管理部门责令限期改正，按照受侵害女职工每人1000元以上5000元以下的标准计算，处以罚款。用人单位违反本规定附录第三条、第四条（注：即女职工在孕期禁忌从事的劳动范围和女职工在哺乳期禁忌从事的劳动范围）规定的，由县级以上人民政府安全生产监督管理部门责令限期治理，处5万元以上30万元以下的罚款；情节严重的，责令停止有关作业，或者提请有关人民政府按照国务院规定的权限责令关闭。”

新修订的《妇女权益保障法》规定，用人单位有就业歧视情况的，由人力资源和社会保障部门责令改正；拒不改正或者情节严重的，处1万元以上5万元以下罚款。

L 有这么多法律法规和相关的文件规定，就业性别歧视却屡禁不止，是什么原因造成的呢？

就业性别歧视是一个世界性难题，各国都或多或少存在着。联合国《消歧公约》详细列出了歧视的内容，提出了解决办法。但从法律平等到事实平等，还有很长的路要走。就业性别歧视主要有以下几方面原因：

一是生育成本由谁负担很难明晰。用人单位认为招录女性会增加单位的生育成本负担，尤其是我国开放三孩政策后，会给企业带来生育成本增加。政策要求用人单位要为女职工产前检查以及产后一年内哺乳的时间支付正常工资，这点对于以市场赢利最大化为目标的企业，特别是小企业来说，是个沉重的负担。当无法分担女职工孕产假期间工作时，还要另聘人员，故企业不愿意招收育龄女性。

二是法律相关条例规定得还不够细致。对平等就业权的具体内容，就业性别歧视的概念、种类、适用范围、责任承担、举证责任倒置、救济途径的规定还不够明晰，司法机关根据相关法律起诉和判决的依据也不够细化，特别是执行主体不明确，罚责量化不清晰，使女性受到就业歧视时有法难依。

三是妇女就业性别歧视维权渠道不畅，用人单位因性别歧视不录用劳动者或解除劳动关系的行为往往隐藏在其他借口之下，特别是一些隐性歧视，让维权者个人举证十分困难。当女性就业受到伤害时，用法律维权的成本比较高。有些女大学生时而用一些比较偏激的方式来反对就业性别歧视，如行为艺术等，也是在媒体上一时轰轰烈烈，不能从根本上解决问题。

L 在就业性别歧视维权方面有没有成功的案例可以分享呢？

2020年8月22日，最高人民法院发布10起关于弘扬社会主义核心价值观的典型案例，其中邓某某（女）起诉某速递公司、某劳务公司一般人格权纠纷案就是一起就业性别歧视案。事情经过是，邓某某投简历到某速递公司被录用，试用两天后，双方达成签约意向，但最终因邓某某是女性，速递公司不批准签约合同。邓某某称其应聘快递员一职并不属于不适合妇女的工种或岗位，但某速递公司还是因邓某某的性别不予考虑，导致邓某某受到就业性别歧视，法院经审理后认定某速递公司对邓某某实施了就业歧视，判其赔偿邓某某精神损害抚慰金2000元。

就业性别歧视案件有一定特殊性，司法实践中对歧视的判定有一定难度，比如隐性的性别歧视，当事人在取证和取得法官对证据的认可上都不容易。

L 在面对就业性别歧视时，个人力量毕竟有限，需要各方面共同努力落实男女平等的基本国策，消除歧视。从法律角度怎样才能消除就业性别歧视呢？

首先，制定出台相应的法律细则，明确对违反规定的用人单位处罚措施和标准。2019年国家九部委联合发布《关于进一步规范招聘行为促进妇女就业的通知》（以下简称《通知》）是一份反就业性别歧视的重要文件。《通知》明确了就业性别歧视判定标准，从拟定招聘计划到发布招聘信息，到人员招用全过程，对各用人单位、人力资源服务机构提出了“六不得”要求：

一不得限定性别（除国家规定的女职工禁忌劳动范围等情况外）或性别优先；二不得询问妇女婚育情况；三不得将妊娠测试作为入职体检项目；四不得差别化地提高对妇女的录用标准；五不得将限制生育作为录用条件；六不得以性别为由限制妇女求职就业、拒绝录用妇女。

“六不得”内容细致明白，对消除就业中的性别歧视具有很强的指导性。

如果说此通知还是属于政策引导类，《妇女权益保障法》则以法律的形式对就业性别歧视作了更明确的规定。

第四十八条规定：“用人单位不得因结婚、怀孕、产假、哺乳等情形，降低女职工的工资和福利待遇，限制女职工晋职、晋级、评聘专业技术职称和职务，辞退女职工，单方解除劳动（聘用）合同或者服务协议。”

在第九章法律责任中，第八十三条规定：“用人单位违反本法第四十三条和第四十八条规定的，由人力资源和社会保障部门责令改正；拒不改正或者情节严重的，处1万元以上5万元以下罚款。”

《妇女权益保障法》不仅规定了就业中不得实施的歧视，还明确了执法部门即人力资源和社会保障部门，以及量化的罚款数额，为反对就业歧视铸就了重要的法律屏障。

其次，加强各单位联动机制，如劳动行政部门、工会青年团和妇联、人力资源社会保障、教育和司法部门等都与消除性别就业歧视有关，可联合制定相关文件。如江苏省人力资源和社会保障厅及江苏省妇联率先在全国联合下发《关于促进女性平等就业权利保障工作的意见》，黑龙江和吉林省妇联协同省人力资源和社会保障厅联合下发《关于促进女性公平就业工作的意见》，通过信息沟通机制、重大案件联席机制、联动听庭机制、联合督查机制等方法消除性别歧视，以减少维权者的维权成本和难度。

再者，对聘用女职工超过一定数额的用人单位给予适当税费减免政策；对用人单位为女职工在产前检查、哺乳时间和产假岗位替补中支付的工资，以及为产假期间女职工缴纳的社会保险费、延长产假期间的生育津贴等给予财政补贴，以切实减轻用人单位生育成本负担，以鼓励用人单位招录女职工。

最后，制定家庭关爱政策，给夫妻双方育儿假进行科学分配。2021年8月，新修订的《中华人民共和国人口与计划生育法》提出“国家支持有条件的地方设立父母育儿假”。以加强单位和家庭力量的干预。同时对生育政策有了新的表述，如“妇女怀孕、生育和哺乳期间，按照国家有关规定享受特殊劳动保护并可以获得帮助和补偿。国家保障妇女就业合法权益，为因生育影响就业的妇女提供就业服务”。在此基础上，制定具体的、可操作性强的规定和办法，通过法律实施，逐步减少就业中的性别歧视。

《中国妇女发展纲要（2021—2030年）》“妇女与经济”一节对促进就业平等、消除就业歧视提出了新的量化要求，如就业人员中的女性比例保持在45%左右；城镇单位就业女性比例达到40%左右；高级专业技术人员女性比例达40%等。就加大力度消除就业性别歧视提出了具体要求，如对招聘、录用环节涉嫌性别歧视的用人单位进行联合约谈，依法惩处；督促用人单位加强就业性别歧视自查自纠；发挥劳动保障法律监督作用，对涉嫌就业性别歧视的用人单位提出意见等。《妇女发展纲要》对消除就业中的性别歧视，推动妇女就业平等起到一定作用。

三、妇女婚姻、家庭及财产权益的保障

L 《民法典》婚姻家庭编是规范夫妻关系和家庭关系的法律文书，以《婚姻法》《收养法》为基础，坚持婚姻自由、男女平等基本原则，是维护妇女婚姻、家庭及财产权益最有用的法律。老师能解读一下婚姻家庭编是如何保障妇女权益的吗？

《民法典》婚姻家庭编共五章七十九条，包括结婚、家庭关系、离婚、收养、继承五项内容，以男女平等基本国策为指导，从法律上维护了妇女婚姻、家庭及财产权益。

（一）维护男女平等的婚姻制度

《民法典》婚姻家庭编是在《婚姻法》基础上形成的，以男女平等的婚姻制度来进行法律约束。以下各条都是保障男女平等的婚姻制度并反对干涉婚姻自由的规定。

第一千零四十一条第二款：实行婚姻自由、一夫一妻、男女平等的婚姻制度。

第一千零四十二条第一款：禁止包办、买卖婚姻和其他干涉婚姻自由

的行为。禁止借婚姻索取财物。

第一千零四十六条：结婚应当男女双方完全自愿，禁止任何一方对另一方加以强迫，禁止任何组织或者个人加以干涉。

L 这些条款规定非常明确，婚姻自由在今天看来是非常平常的事情，但父母或家人是不是真的不干预子女的婚姻呢？子女是不是真的不干预父母再婚自由呢？我身边就有朋友因父母干预，拿不到户口本，办不了结婚证的案例。

这种案例还不少，热播剧《小大夫》里两对主人公，郭靖和黄蓉、郭郭和韩浩月都遇到家庭对婚姻的干预。黄蓉父母早逝，由姐姐抚养大，她的婚姻处处受到姐姐干预，只能靠办假证和假怀孕来让姐姐同意她的婚姻。郭郭因找了个再婚男友韩浩月，父亲死活不同意女儿嫁个二婚，把户口藏到亲戚家，剥夺了女儿结婚的自由。值得注意的是剧中受家长干预的都是女性，虽然这只是电视剧，但艺术是生活的再现、典型的提炼，还是很真实的。

中国式父母对儿女婚姻总是牵肠挂肚，没有对象急着催，找了对象反复挑，不合意坚决反对。如一位母亲反复和我说，女儿30多岁了还没有找男朋友，焦虑得很。终于有一天，这位母亲急着打电话给我，说女儿找了个男友，她一点儿都不满意。我问她为什么，她说男的工作不稳定，又不会开车，老家是县城的，母亲又是家庭妇女，反正就是不合适。我问她："女儿的态度呢？"她说："女儿喜欢啊！"我问她："见过男孩吗？"她说："我才不见呢，听着条件就不好。"

L 这种情况太多了，我一个同学，父母都是老师，她当年男朋友的父母都是普通工人。于是她父母坚决反对，说门不当户不对。但她很坚决，结婚生了孩子，最后在家庭长期干预下，还是离了婚。时代发展这么快，法律规定这么明确，婚姻为什么还会受到父母干预呢？

我们分析一下，今天家长干预儿女婚姻的原因。

一是"为你好"。父母总是理直气壮地说："我是为你好啊！"看似替儿女着想，实则站在自己的角度用家长眼光评判和要求，形成了对儿女婚姻自由的干预。

二是“家长式”。无论儿女多大，父母总认为自己是家长，用“我过的桥比你走的路多，我吃的盐比你吃的米多”说明自己的人生经验丰富，不会下错判断。这种经验式判断一样剥夺了子女的选择权。

三是“性别刻板印象”。传统“男高女低”“男强女弱”“男主外女主内”的观念根深蒂固。父母对女儿的要求是“一定要找个比你强的”，在学历、收入、工作、家庭背景上，男的都要强过女的，否则不如不嫁。对儿子择偶的要求是“女的怎么可能比你条件高，这样会吃亏的”。这种刻板印象不仅影响了儿女的择偶观，还会造成家庭矛盾。

虽然法律规定明确，婚姻自由，男女平等，但现实婚姻还是受到很多干预，需要普及法律和改变观念。

L 还有一种婚姻干涉是子女对老年父母再婚的干涉。老年人婚姻也受法律保护，在《老年人权益保障法》中亦有体现，子女对父母婚姻的干涉也存在性别问题吗?

老年人再婚，除了受《民法典》对婚姻自由的保护外，《老年人权益保障法》也有明确规定，第二十一条规定“老年人的婚姻自由受法律保护。子女或者其他亲属不得干涉老年人离婚、再婚及婚后的生活。赡养人的赡养义务不因老年人的婚姻关系变化而消除”。对于老年人再婚，人们观念已有进步，但还有不少问题，其中性别问题很值得关注。

江西电视台有个品牌节目《金牌调解》，主要调解家事纠纷，其中就有子女对父母婚姻干涉的案例。

一则案例是这样的：老欧阳和小欧阳的母亲离婚15年，与董女士同居多年，老欧阳给儿子办了婚事后，准备与董女士办理结婚手续，但儿子坚决反对，理由是董女士是第三者，抢走了爸爸，赶走了妈妈，并数落董女士种种不是。调解中披露真实情况是，老欧阳的前妻年轻时与一位军人相爱，但父母坚决不同意，匆匆将她嫁给了老欧阳，婚后两人没感情，生子后不久就离婚了。离婚后，老欧阳才和董女士走到一起。经专家调解，父子俩最终达成和解。值得关注的是，在节目中，董女士对小欧阳的指责不做任何解释，多年来在没有名分的情况下，毫无怨言地照顾着老欧阳，即使面对小欧阳要财产和当众泼脏水的做法，她也以忍辱负重换来所谓的和谐。董女士的经历反映了老年女性的无力感和依附感，传统“男强女弱”观念下不仅他人可以欺负女性，女性自身也缺乏自尊和自信。如对此案例进一步做性别分析，可以发现还有位未出镜的隐形受害者，就是小欧阳的亲生母亲，当年纯真的初恋被无情摧残，又被父母不负责任地安排给了一个她不爱、也不爱她的陌生男人。这种婚姻干涉最后导致的悲剧不仅伤害一个人，而且伤害了一群人甚至几代人。所以老年人再婚权益一方面自己要利用法律维护，另一方面子女不能违法干涉。当然，遇到这种婚姻纠纷时，社会干预和司法干预都很重要，前提是保护老人年的合法权益。

（二）离婚案件中妇女财产权益的保障

L 现在离婚率不断攀升，到法院提出离婚的女性占到七成，大家可能认为如今女性更强势了，离婚时妇女财产能得到更多的保障，其实并不是说谁提出离婚谁就更强势，法律在判决时一定要讲证据和公平。

离婚案例中与夫妻财产相关的内容主要有三点：一是夫妻共同财产认定的问题；二是夫妻债务中共同债务和个人债务区分的问题；三是离婚损害赔偿制度和离婚经济帮助问题。这三个议题都与妇女权益有关，在财产占有、大额举债、经济资助上，女性绝大多数属于被动地位，更需要法律支持。

从1980年、2001年修订《婚姻法》到2021年《民法典》婚姻家庭编，对财产权益的法律保障越来越完善，对离婚财产处置的条款规定也更具体。在案件处理中，夫妻债务中女方权益更需要关注。

我们看这个案例：李某（男）与王某（女）原是夫妻，离婚后不久，某贷款公司找到王某，说李某欠钱不还，要王某共同偿还。原来李某的同学谢某在经营过程中借款200万元，找到李某担保，李某为帮助同学，以个人名义为谢某做了担保，谢某一直没有归还借款。谢某所贷款公司找不到还款人，于是找到王某说担保之债属于夫妻共同债务，要求李某和王某共同归还。王某不服告到法院，法院审理后发现，李某担保后，王某曾通过微信多次向李某提出反对意见未果。王某还举证李某担保债务与夫妻共同生活和共同经营无关，王某也没有因担保行为而获利。据此，法院认定李某的担保之债，属于李某个人债务而非夫妻共同债务。

案例看起来简单，但丈夫举债妻子偿还的情况在现实中真不少。法院是讲证据的，如果王某没有证据显示这笔债务与夫妻共同生活无关，就会成为夫妻共同债务。《民法典》明确了夫妻共同债务范围，夫妻一方在婚姻关系存续期间以个人名义超出家庭日常生活需要所负债务，不属于夫妻共同债务；但是，债权人能够证明该债务用于夫妻共同生活、共同生产经营或者基于夫妻双方共同意思表示的除外。（《民法典》第一千零四十六条）当下夫妻债务事实中，男性举债往往多过女性，因此受损害女性也更多。

全国妇联妇女研究所编著的《妇女权益保障研究》一书就夫妻举债比例做了调查，对60个有争议的夫妻共同债务案件进行统计，从举债主体性别分布及案由来看，男方举债的有46件，占比77%，女方举债的8件，占比13%，未能体现性别的6件。（《妇女权益保障研究》第203页）数据显示，在婚姻存续期间，家庭中与外界产生经济交往的一方一般是男性，而债务一旦发生，由于举证之难，女性往往在不知情和拿不出证据的情况下，被法院判决承担丈夫或前夫的巨额债务，导致妇女和子女生活陷入困境。调查结果显示，“从270件案件的原始范围来看，共同债务的认定率约90%，而被确定为个人债务的只有10%左右”。（《妇女权益保障研究》第204页）可见法律对女方倾斜的立法原意需要更多细则规定。

L 中华人民共和国成立以来，我国就坚持向妇女倾斜的立法理念。这点在《民法典》和《反家庭暴力法》都有体现。

（三）妇女在家事维权中的法律保障

《民法典》婚姻家庭编拓展了家庭相关的法律内容，如第一千零八十八条规定“夫妻一方因抚育子女、照料老年人、协助另一方工作等负担较多义务的，离婚时有权向另一方请求补偿，另一方应当给予补偿。具体办法由双方协议；协议不成的，由人民法院判决”。

L 这里涉及的所谓“全职太太”的劳动价值如何计算？一方付出家务劳动的权益怎么认定？家庭主妇如何保障自己的合法权益？

2021年2月，《民法典》实施一个多月，北京房山法院首次使用《民法典》新规审结了一起离婚家务劳动补偿案。案由是：陈先生与王女士婚后产生矛盾，陈先生提出离婚，王女士认为，陈先生除了上班，家事基本不理，要求赔偿物质损失和精神损失共计16万元。法院经审理后认为，王女士在抚育子女等方面负担了较多义务，判决陈先生给付王女士家务补偿款5万元。

2021年4月，山东烟台市芝罘法院审理了一起被告为“全职太太”的离婚案。原告朱某（男）与被告刘某（女）婚后育有一儿一女，后刘某辞职做了“全职太太”，两人因感情破裂诉至法院要求离婚，经法院判决，原告支付被告财产补偿及家务劳动补偿款93万元。看起来这笔补偿款数额比较大，显示了法院对家务劳动价值的肯定，但没有明确家务劳动的占比，也有点缺憾。

L 两起案例，通过在财产分配上对“家庭劳务”的认可来实现经济补偿，承认了家务劳动的价值，正是性别平等在司法实践中的体现。

是的，这些案例还是有典型性的，原因主要有以下三点。

一是对“家务劳动”价值的肯定和补偿，影响人们对主要是女性从事家务劳动的价值的再认识。从司法角度对家务劳动给予经济补偿，虽然其立法本意不是把婚姻关系异化为纯粹利益关系或金钱关系，但对婚姻家庭中负担更多义务的一方做补偿，是对所谓无技术含量家务劳动价值的肯定和尊重，一定程度上对承担大部分家务劳动的女性进行了法律上的保护性补偿。

二是这种补偿从一定程度上打破了“家务劳动女性化”传统。对家务劳动价值的肯定，是对“家务劳动不能产生GDP”“女性回家是让女性得到更多享受”的否定，对提升男女两性在婚姻家庭关系乃至社会中独立人格的地位、破除男女两性分工领域的公私之别有一定意义。

三是司法实践把家务劳动社会意义放大了。在三孩时代到来时，一定程度上会深化男性对家庭和养育婴幼儿的责任担当。这是对男性“主外挣钱养家”和女性“主内当好主妇”观念的突破。以往对这部分劳动的轻视和规避，与职场性别歧视有一定关系，这种补偿能从深层次上体现性别平等的理念。

L 2021年6月，北京判决了一起家务劳动经济补偿案，夫妻俩结婚3年要求离婚，女方申请补偿19万元，但最终法院只判了1.5万元，这也引起了网民们纷纷议论，家务劳动就这么不值钱吗？

离婚家务补偿作为夫妻共同财产分割后的一种救济，还处于探索阶段。家务劳动是繁杂琐碎的工作，在司法实践中很难量化，如家务劳动到底有哪些范围，除了洗衣做饭搞卫生，精神方面如陪孩子学习、安慰老人等劳动怎么计算，家务劳动与财产分割的补偿是什么关系，家务劳动经济核算的依据是什么，养育子女的亲情维护怎么算，家务劳动付出如何取证等，都需要在今后的司法实践中不断总结经验，这样才能让发生在家庭内部的家务劳动被“看见”，让其背后的女性被“尊重”。目前不少学者把家务劳动确定为“职业”，即对“母职”和“父职”进行研究，也是很有意义的事情。伴随着家务劳动价值的被承认，女性的社会价值和家庭价值也将被重新评估。

L 为了更好调解家庭矛盾，现在不少社会组织和公益组织在做家事调解，调解员的性别意识是不是很重要？

是的，调解员一般是具有法律背景的工作人员，在调解中，利用相关的法律知识、心理学知识等进行调解，用情理法的方式对当事人进行的劝说，一方面达到家庭和解，另一方面能缓解法院的判案压力。但在调解中，如果没有性别意识，很容易在性别刻板印象中调解失败。如一位家事调解员对前去法院提出离婚的女性进行劝解，说："'男主外，女主内'就是一个大家认可的传统，你与其这么辛苦，还不如回家当全职太太，以维护老公的尊严感，让他去赚钱养家，这多好啊！"这位妻子听从了调解员的意见，导致妻子不仅对夫妻共同创立的企业经营情况失去了知情权，而且夫妻之间的感情越来越差，最后在得知老公有第三者并生育非婚生子的情况下，悲愤不已，最终还是选择了离婚。

一个成功的案例是，一位调解员在调解夫妻因家庭琐事引发的离婚案时因有性别平等意识，为女性争取到更多的补偿。案由是，公公突患癌症，女方在即将领年终奖之际辞职照料公公、照顾家庭，男方看到强势的父亲病倒，"顿悟"男人就应活出自我，于是提起离婚，还要求孩子的抚养权。调解员从性别平等的角度，批判男强女弱的观点，站在弱者和担责更多者的角度上，对男方的无理要求进行了驳斥，特别是从性别的平等角度讲到人与人之间的关系应该是责、权、利的平等。男方在自知理亏的情况下，只能做出让步，最终女方多分了财产，拿到了孩子抚养权。调解员感慨道，一个好儿媳、好妻子、好母亲也会被离婚，稳定的婚姻离不开家庭的性别平等，只有男女双方在家庭责任中平等担当，才能更好地促进家庭和谐。

L 随着社会发展，法律不断完善，家事审判工作越来越细化。2021年对这类案件的审理还只是个开头，媒体报道的案例也不多。随着司法实践的不断丰富，对家务劳动的经济补偿和对女性家务劳动的认可也会越来越公正。

是的，新一轮《妇女发展纲要》增加了"妇女与家庭建设"一节，提出树立新时代家庭观，建立完善促进男女平等和妇女全面发展的家庭政策体系，增强家庭发展能力。倡导男女平等分担家务劳动，夫妻在家务劳动中分工配合，共同承担照料陪伴子女老人、教育子女、料理家务等家庭责任，缩小两性家务劳动时间差距。这种倡导，对创造生育友好的家庭环境，男女共同承担家庭责任是一种很好的推动。

四、妇女儿童人身权益的法律保障

妇女人身权利是基于妇女自身的基本权利，我国的《妇女权益保障法》《民法典》《反家庭暴力法》等一系列法律法规为妇女人身权利保障建立了较为完善的法律体系。

L 《民法典》第四章为人格权，涉及生命权、身体权、健康权、姓名权、名称权、肖像权、名誉权和荣誉权、隐私权等多项人身权利，这些权利有没有性别平等的内容呢？

当然有，你提到的这些权利很多都与性别有关。如姓名权，传统随父姓以往很难改变，传宗接代思想根深蒂固，父系的姓氏成为家族延续的象征是“天经地义”的事。《民法典》第一千零一十五条规定“自然人应当随父姓或者母姓”，说明姓氏是可以随父或随母的。再比如生命权，《民法典》第一千零二条规定，“自然人享有生命权。自然人的生命安全和生命尊严受法律保护。任何组织或者个人不得侵害他人的生命权”。前些年因重男轻女的观念，扼杀女婴的情况时有发生，这是对女性生命权的严重侵害。在女性人身权利方面，家庭暴力、职场性骚扰、儿童遭性侵是比较典型性的侵权问题，值得特别关注。

L 新修订的《妇女权益保障法》把人身权利从第六章移到第三章，并把名称改为“人身和人格权益”，应该是更关注妇女的人格权益了。

人身和人格权益的表述，一方面与原法的人身权利相衔接，另一方面与《民法典》的人格权编相吻合，从权利变为权益，也更注重权利和利益了。表述的语气更加坚定，如“妇女的人格尊严不受侵犯”。对妇女生命权、身体权、健康权等作出了更明确的规定，如“禁止进行非医学需要的胎儿性别鉴定”提出了保护胎儿，特别是女性胎儿的生命权。强调了女性对自己身体处置的自由权，如“医疗机构施行生育手术、特殊检查或者特殊治疗时，应当征得妇女本人同意；在妇女与其家属或者关系人意见不一致时，应当尊重妇女本人意愿”。

新法对解救被拐卖、绑架的妇女，做好被解救妇女的安置、救助和关爱等工作也提出了具体的责任主体和要求。

新法增设了对性骚扰的预防、处置机制和法律责任。根据校园和工作场所两个易发生性骚扰的重点场所，分别规定了预防、处置性骚扰行为中不同的责任、措施和方法，明确了预防和处置机制。

新法增加了对妇女隐私权和个人信息的保护，第二十八条规定“妇女的姓名权、肖像权、名誉权、荣誉权、隐私权和个人信息等人格权益受法律保护。媒体报道涉及妇女事件应当客观、适度，不得通过夸大事实、过度渲染等方式侵害妇女的人格权益”。还对反家庭暴力的相关内容作了界定。

L 联合国把每年11月25日定为“国际消除对妇女暴力日”，这是基于1960年11月25日，多米尼加的米拉贝尔三姐妹惨遭暴力杀害的日子。1993年11月25日，联合国发布了《消除针对妇女的暴力宣言》，1999年11月3日，联合国将每年11月25日定为“国际消除家庭暴力日”，并把橙色这一温暖明亮的色彩作为反家暴的主题色。由此可见，针对妇女的暴力是一个国际性问题。我国《反家庭暴力法》的颁布实施，为反家庭暴力提供了哪些重要的法律保障呢？

家庭暴力是个世界性问题，2021年11月25日，联合国消除暴力的主题是“点亮橙色：即刻停止针对妇女的暴力”。联合国妇女署中国办公室举行了“与她并肩，携手同行”男性参与圆桌论坛，共同探讨男性在实现性别平等、消除暴力中的角色和行动。从反对家庭暴力的系统性改变入手，对男性的同理心和共情的召唤和呼吁起到了引导作用。2022年联合国消除性别暴力的主题是“团结起来：采取行动结束暴力侵害妇女和女童行为”。由于反家庭暴力涉及多个部门，2022年旨在动员所有民间社会团体、性别组织、联合国系统及政府合作伙伴、私营部门和个人，支持妇女组织和社会组织，共同建立一个没有性别暴力的世界。联合国妇女署中国办公室主办的“做炽热的萤火”互动多媒体展览预览活动在北京举行。全世界不同国家或城市的地标性建筑亮起橙光，呼吁大众关注消除性别暴力。

L 反家暴的宣传不仅增强受暴者的维权意识，而且对施暴者有一定的社会震慑力，更主要是唤醒大众对家暴危害的认识。那么如何利用法律武器反对家庭暴力呢？

一是赋能女性。让女性知道什么是家庭暴力，遇到暴力应该怎么办。《反家庭暴力法》对家庭暴力的界定、预防、处置、人身安全保护令、法律责任都规定得非常明确。《反家庭暴力法》第二条规定“家庭暴力是指家庭成员之间以殴打、捆绑、残害、限制人身自由以及经常性谩骂、恐吓等方式实施的身体、精神等侵害行为”。2022年7月，最高人民法院发布《关于办理人身安全保护令案件适用法律若干问题的规定》，对家庭暴力行为种类作了列举式扩充，明确冻饿以及经常性侮辱、诽谤、威胁、跟踪、骚扰等均属于家庭暴力。进一步明晰人身安全保护令的适用范围，以保障家庭成员免受各种形式家庭暴力的侵害。

家庭暴力往往就发生在我们身边，有些人以为拳打脚踢才是家庭暴力，有些人认为家丑不能外扬，有些认为家暴离我很远，没必要知道。其实当前我国家庭暴力发生比例还是很高的，据全国妇联抽样调查，家庭暴力现象在我国具有一定普遍性，遭受过家庭暴力的妇女高达30%，家庭暴力不仅发生在夫妻之间，也发生在儿童和老人身上，不仅直接危害受害人的身体和心理健康，而且极易引发恶性刑事案件，危害社会安全和稳定。

遇到家庭暴力怎么办？《反家庭暴力法》对家庭暴力处置也有明确表述，第十三条规定“家庭暴力受害人及其法定代理人、近亲属可以向加害人或受害人所在单位、居民委员会、村民委员会、妇女联合会等单位投诉、反映或求助。有关单位接到家庭暴力投诉、反映或者求助后，应给予帮助、处理。家庭暴力受害人及其法定代理人、近亲属也可以向公安机关报案或者依法向人民法院起诉。单位、个人发现正在发生的家庭暴力行为，有权及时劝阻”。

从上述条款规定来看，反映渠道是很多的，受暴者一定要学会拿起法律武器保护自己。

二是形成合力。家庭暴力不是某个家庭私领域的事情，新《妇女权益保障法》第六十五条规定“禁止对妇女实施家庭暴力。县级以上人民政府有关部门、司法机关、社会团体、企业事业单位、基层群众性自治组织以及其他组织，应当在各自的职责范围内预防和制止家庭暴力，依法为受害妇女提供救助”。《反家庭暴力法》第四条也明确规定“县级以上人民政府有关部门、司法机关、人民团体、社会组织、居民委员会、村民委员会、企业事业单位，应当依照本法和有关法律规定，做好反家庭暴力工作”。从这些规定来看，反家庭暴力涉及多机构合作。从妇联、公安司法机关、民政部门、医疗卫生部门、法律援助部门、心理咨询机构等形成联合机制，建立健全从家暴的发生、发现、报告、取证、警告、安置、鉴定、援助、治疗等一条龙援助和服务，才能较好预防和治理家庭暴力。

三是措施果断。在《反对家庭暴力法》实施后，最高人民法院出台了司法解释，确定将人身安全保护令作为独立诉由。很多地方健全并落实了强制报告、公安告诫、家暴庇护、人身安全保护令等一系列制度。

L 当家庭暴力发生后，当事人因遭受家庭暴力或面临家庭暴力的现实危险，向人民法院申请人身安全保护令的，人民法院应当受理。据统计，截至2022年7月，全国法院共作出人身安全保护令近1.1万份，有效预防和制止了家庭暴力的发生或者再次发生。

2022年3月，最高人民法院会同全国妇联、公安部等六部委共同发布了《关于加强人身安全保护令制度贯彻实施的意见》，对家庭暴力的发现机制、证据收集机制以及执行联动机制等作了进一步细化和完善。

2022年6月7日，最高人民法院又通过了《最高人民法院关于办理人身安全保护令案件适用法律若干问题的规定》共13条，以进一步消除该类案件在受理和作出程序中的各种障碍，突出对家庭暴力受害人权益保护的时效性。该规定明确了人身安全保护令案件不依附于离婚等民事诉讼程序；进一步明确家庭暴力的形式，扩大人身安全保护令适用范围；适当扩大代为申请的情形及代为申请的主体范围；明确了证据形式及证据标准；对违反人身安全保护令的行为加大了惩治力度。

L 《反家庭暴力法》第二十条规定："人民法院审理涉及家庭暴力的案件，可以根据公安机关出警记录、告诫书、伤情鉴定意见等证据，评定家庭暴力事实。"但现实中发生家庭暴力取证还是比较困难，特别是对受害人遭受精神暴力的证据更难确定，也给依法办案带来难点。

在司法实践中，如何认定家庭暴力确实是个难题。当事人报警后，证据非常重要，如报警记录、信访材料、病历材料、手机信息保存等。这就提醒当事人要有法律思维，保留好证据，充分证明家庭暴力的存在，司法机关才能裁定和准许发布人身保护令。

2020年11月25日，最高人民法院与全国妇联、中国女法官协会联合发布了人身安全保护令十大典型案例。其中有七起是夫妻关系或男女友关系，还有儿童受到家暴的案件，十大案例因证据确凿，事实清楚，司法部门将其列为典型案例，很有意义。

如十大人身保护令案件之一，陈某某（女）与黄某（男）系夫妻关系。两人经常因生活琐事发生争吵，后黄某把陈某某打得骨折，陈某某出具了医院证明等证据，人民法院经审理裁定：一、禁止黄某殴打陈某某；二、禁止黄某骚扰、跟踪、威胁陈某某及其近亲属。人民法院将裁定抄送给黄某所在辖区派出所、妇委会、社区等，并保持紧密互动，互相配合，对裁定人身保护后再次出现的家暴行为进行严厉处罚。此案说明当事人取证非常重要，特别是公安部门界入时的具体措施、出警记录及医院证明都是重要证据，受暴者要了解证据的保存方式。

取证难是这类案件的一大特点，包括在性骚扰的案件上。近些年来，时有学校或企业暴露出导师或高管对学生或下属性骚扰的案件，这类案件更隐蔽、更难取证。受害人一旦披露，很容易遭受二次伤害。性骚扰案件与权力权势、性别歧视、法规不健全、监管不到位等综合因素有关，治理难度大，社会反响强烈，更要从法治角度来治理。

性骚扰，特别是职场性骚扰同样是一个国际性问题。联合国2020年公布的数据显示："仅去年一年内就有2.43亿妇女和女童遭遇过家庭成员的性别暴力。今年，关于家庭暴力、网络霸凌、童婚、性骚扰和性暴力的报道已屡见不鲜……基于性别的暴力行为极具破坏性，没有人能通过暴力获益。面对暴力，每个人都是输家，我们必须扭转这样的局面。"（《联合国纪念"制止暴力侵害妇女行为国际日"》，载《中国妇女报》2020年12月9日）这些数据让人触目惊心，除了家庭暴力，性骚扰是一个非常值得关注的问题。

《民法典》已经将反对性骚扰列入其中，第一千零一十条规定"违背他人意愿，以言语、文字、图像、肢体行为等方式对他人实施性骚扰的，受害人有权依法请求行为人承担民事责任。机关、企业、学校等单位应当采取合理的预防、受理投诉、调查处置等措施，防止和制止利用职权、从属关系等实施性骚扰"。新一轮《妇女发展纲要》"妇女与法律"目标提出，提升预防和制止性骚扰的法治意识，有效遏制针对妇女的性骚扰。

新修订的《妇女权益保障法》对反对性骚扰再次细化。主要内容有以下三点。

1. 界定什么是性骚扰，提出受害妇女向谁投诉。

禁止违背妇女意愿，以言语、文字、图像、肢体行为等方式对其实施性骚扰。受害妇女可以向有关单位和国家机关投诉，也可以向公安机关报案或向人民法院提起民事诉讼，依法请求行为人承担民事责任。

2. 对学校防止性骚扰的要求。

学校根据女学生的年龄阶段，进行生理卫生、心理健康和自我保护教育。在教育、管理、设施等方面采取措施，提高其防范性侵害、性骚扰的自我保护意识和能力。学校应当建立有效预防和科学处置性侵害、性骚扰的工作制度。对违法犯罪行为，学校应当及时通知受害未成年女学生的父母或者其他监护人，或向公安机关、教育行政部门报告，并配合相关部门依法处理。对遭受性侵害、性骚扰的女学生，学校、公安机关、教育行政部门等相关单位和人员应当保护其隐私和个人信息，并提供必要的保护措施。

3. 对用人单位防止性骚扰的要求更为具体。

（1）制定禁止性骚扰的规章制度；

（2）明确负责机构或者人员；

（3）开展预防和制止性骚扰的教育培训活动；

（4）采取必要的安全保卫措施；

（5）设置投诉电话、信箱等，畅通投诉渠道；

（6）建立和完善调查处置程序，及时处置纠纷并保护当事人隐私和个人信息；

（7）支持、协助受害妇女依法维权，必要时为受害妇女提供心理疏导；

（8）其他合理的预防和制止性骚扰措施。第四十条规定“禁止对妇女实施性骚扰。受害妇女有权向单位和有关机关投诉”。

L 防治性骚扰有了法律依据，但是现实中如何具体防范，有没有更具体的规定呢？

2021年3月深圳市妇联、教育局、公安局、人力资源和社会保障局、国资委、市场监管局、中级法院、总工会、团市委等九个部门联合印发了《深圳市防治性骚扰行为指南》（以下简称《指南》），成为我国首个防治性骚扰工作机制的制度性文件，《指南》在我国建立反性骚扰机制是开创性的，它将《民法典》中防治性骚扰的原则进行了细化和规定，在一定程度上填补了法律的空白，对这类案件的隐蔽性、模糊性进行认定提供了可参考的构件表述。

2021年8月11日，全国妇联发布了《防治职场性骚扰指导手册》（以下简称《手册》），这部由全国妇联权益部制作的手册，特别明确了“职场性骚扰”的预防和治理。

2023年3月8日，人力资源和社会保障部、国家卫生健康委、最高人民检察院、全国总工会、中国企业联合会/中国企业家协会、全国工商联等六部委联合发布了《消除工作场所性骚扰制度（参考文本）》（以下简称《文本》）。这个参考文本对用人单位制定完善的消除职场性骚扰制度提供了细致的文本参考，包括总则、公开承诺、宣传培训、职工举报投诉、调查处置、工会参与监督和附则共七章二十条，为用人单位制定完善的规章制度和与女职工签订劳动合同、集体合同提供了文本参考。综合这几个文件，可以概括以下几个特点。

一是界定了性骚扰和职场性骚扰的概念。

性骚扰：即行为具有性本质的内容；行为是违背受害人主观意愿、不受欢迎的；该行为是对他人人格权的侵犯，给受害人造成了不良的心理感受或敌意、不友好的工作（学习）环境。

职场性骚扰，指发生在工作场所的、违反他人意愿，以语言、表情、动作、文字、图像、视频、语音、链接或其他任何方式使他人产生与性有关联想的不适感的行为，无论行为实施者是否具有骚扰或其他任何不当目的或意图。职场性骚扰可能发生在老板与员工之间，领导与下属之间，同事之间，顾客、客户与员工之间。

二是对性骚扰的具体表现形式做了列举。

（1）言语形式的性骚扰：当面评论一个人身体的敏感部位；不受欢迎的性挑逗；与性有关的下流笑话；其他不受欢迎的与性有关的言语。

（2）文字形式的性骚扰：多次发送带有淫秽、侮辱内容的信件、手机短信、微信、电子邮件、传真等。

（3）图像形式的性骚扰：通过电子邮件、微博、微信等形式发送或展示色情图片和物品。

（4）肢体形式的性骚扰：不受欢迎的肢体接触，包括拍、捏、抚摸、亲吻、搂抱、爱抚或不恰当的触摸敏感部位行为；要求发生不正当的性关系；使用与工作相关的威胁或奖励要求性支持；对他人做出猥亵动作，甚至暴露其性器官等。

《文本》规定的职场性骚扰更为细致了。第七条：本单位工作场所内禁止包括但不限于以下行为：（1）以不受欢迎的语言挑逗、讲黄色笑话、向他人讲述个人性经历、不受欢迎的称呼等；（2）故意触摸、碰撞、亲吻他人敏感部位，不适宜地展示身体隐私部位或在他人周围对自己做涉性的接触或抚摸；（3）以信息方式给对方发送或直接展示色情、挑逗文字、图片、语音、视频等，如微信、短信、邮件等；（4）在工作场所周围布置淫秽图片、广告等，使对方感到难堪；（5）以跟踪、骚扰信息、寄送物品等方式持续对他人表达、传递含性暗示的内容；（6）其他性骚扰行为。

L 这些规定很全面，我有个朋友小王，是某公司的设计绘图员。上司每次收到她的设计审核时，都会发一些与设计无关的色情图片给她，让她很不舒服。她问我这是不是性骚扰。我说当然是了，这是用图像方式实施的性骚扰。我建议小王保留证据，找单位报告，不要让对方得寸进尺。

这种情况发生时，一定要学会用法律武器保护自己，也就是按照相关指引找到单位报告。当然也要明确不构成性骚扰的情形，如：基于双方自愿的交往、约会；不经意偶然的身体接触；偶然或孤立的性语言；其他社会和文化上可接受的言语或行为。如小邓和小王是男女恋人，他们在约会中经常有一些亲昵行为，如搂抱、接吻，因为这是双方自愿的，所以不能算性骚扰。

L 以上详尽地描述了性骚扰的基本构成要素，具体周详，明白易懂，不仅大众一看就明白，也为司法实践提供了评判参考。

三是对预防性骚扰提供了指南。

（1）提出了系统的防治指南。从社会层面和用人单位角度，提出宣传教育、建立机制、营造环境、开展培训、增强防范意识等多方面的预防方式。

《指南》在社会宣传方面提出，“地铁、公交等公共场所应在明显的地方张贴‘禁止性骚扰’标志，公布性骚扰投诉处理热线电话”。《手册》在“教育培训”一节中，明确提出“将防治职场性骚扰纳入员工入职培训和管理层培训。用人单位每年应定期对全体员工进行防治职场性骚扰的教育训练。所有员工都必须参加防治职场性骚扰的定期培训。根据培训对象和内容的不同，可将员工培训分为员工入职培训和管理层培训”。对不同对象的培训内容也作了指导。

《文本》更是明确了各单位工会的参与监督。要求本单位工会将预防和制止工作场所性骚扰纳入集体协商议题，提高女职工的参与度和代表性；将预防和制止性骚扰等内容纳入集体合同和女职工权益保护专项集体合同、劳动安全卫生专项集体合同的协商中，在集体合同尤其是专项集体合同中增加预防和制止性骚扰条款。

（2）对防骚扰的组织架构提出了指导。如单位建立防治职场性骚扰专门机构和责任部门，可设在人力资源部、纪检部门、工会等。组成人员的性别比例可依据单位实际男女比例设置，避免投诉或举报人对异性难以启齿的情形。还应设置热线电话、专用信箱、电子邮箱等。

《文本》要求制度上写明：本单位公开承诺对性骚扰行为零容忍。本单位建立由工会负责人担任组长的监督检查小组，女职工在小组成员中保持一定比例。监督检查小组定期对本制度执行情况开展检查，并向全体职工公布检查结果。

我们看这个案例，小赵是位入职不久的女生，她的男上司周科长已有家室，但经常给她发一些暧昧信息，说喜欢她，特别是喜欢她身体某个部位，还暗示，如果和他一起，可以让她进步更快。小赵很不情愿这种交往，她想向组织反映这件事，但不知道找谁，也不知道到哪里去找。单位工会干部都是男性，她不知道怎么开这个口。

在这个案例中，如果单位有“防扰办”，小赵按照《指南》去做，就很明白了。“防扰办”本身就起到警示作用。那些性骚扰者做这些事情内心也是害怕的，单位有专门治理的部门，牌子挂起来，可以起到警示的作用。工会干部的性别构成最好有男有女，或有兼职的女职工委员，这样小赵找女同事反映情况就不那么尴尬了。单位设立公开防性骚扰电话或邮箱，也能畅通举报通道和帮助渠道。

（3）规定客观和人性化。现实中多是男性骚扰女性，但不否认有女上司骚扰男下属的，《指南》和《手册》没有把性骚扰只限于女性，对举报机构的设置要“依据单位的性别比例设置”，如有男性申诉者，在投诉时不至于因面对异性而尴尬。对办公和学习场所也提出具体要求：“除非必要的部门，应当减少封闭隐私性办公和学习环境的设计与装修，以确保员工（师生）在工作和学习场所不受性骚扰的困扰。”说明职场所在地是指员工因工作要求而需要在场，并在雇主直接或间接管理之下的一切地点，包括日常办公场所和其他与履行职责有关的场所，如在出差目的地也属于工作场所。

L 在某职场社交平台上，一企业女员工实名发帖，称她在出差过程中，被其领导灌酒后遭到客户猥亵。这也算职场性骚扰吧？

是的，在出差目的地的工作场所，也要注意防范，所以平时企业建立相关制度，加强教育是很重要的。

四是对咨询与投诉处理作了规定。

比如约见投诉人要采取个别、分别的保密方式进行，并制作书面记录，为了更好核实事实真相和避免诬陷，也要给被投诉人提供回应和解释的机会，对投诉调查后要提交调查报告。

在有关性骚扰的调解中，特别强调“双方当事人有调解意愿的，可以进行调解，但是，性骚扰当事人为上下级或师生等从属关系的，不适用调解”。因性骚扰往往受到权力关系影响，这里强调上下级和师生关系不能调解，不仅是对受害人的一种特殊保护，也是对利用权势的加害人的一种震慑。

《手册》对处理职场性骚扰程序的指导也很清晰，从投诉受理、调查、认定和处理到复核和告知处理结果，每个环节有细致指导，如在“处理”一节中，“对存在性骚扰行为的，根据情节轻重，给予相应惩戒措施。对骚扰者的惩戒措施包括：警告、停薪、调离原岗位、降级、停职、开除等”。

L 人们都说性骚扰很难治理，但是《指南》和《手册》《文本》在《民法典》所提及的性骚扰保护条款上进行了细化、扩容和补充，各单位如照此执行和办理，相信性骚扰会得到更好治理，社会环境一定会更优化，女性的人身和人格权会得到更好的保护。

是的，目前我国法律对人格权的保护越来越重视，据最高法公布，2018年至2021年9月，各级法院受理人格权侵权纠纷70.9万件，年均约20万件，比10年前增长了10倍，说明人格权开始引起重视并得到更好的保护。

深圳不仅在政策指导方面走在了前列，还在实践中不断探索。2021年12月23日，我国首个“性别平等示范点”在深圳揭牌。深圳市妇联携手深圳地铁集团、深圳巴士集团，共同创建“性别平等示范点”，利用户外广告牌、电子显示屏、移动电视屏等载体，推动“性别平等　反性骚扰”宣传教育，这一做法对反对性骚扰具有里程碑意义，值得推广和宣传。

L 儿童，特别是女童遭受性侵是一个不容忽视的社会问题。2021年3月3日中国青年报题为《2020年儿童防性侵教育调查报告发布：家庭成员性侵案曝光量大幅上升　网络性侵形势依旧严峻》的一文显示：“2020年全年媒体公开报道的性侵儿童（18岁以下）案例332起，受害人数845人，年龄最小的受害人为1岁……遭遇性侵人数中女童占九成，熟人作案超七成，家庭成员性侵案曝光量大幅上升”，这一受害群体是应该特别引起关注。

这里暴露出的儿童性侵案往往是冰山一角，因为儿童性侵案会受到伦理道德、生活保障、家庭承受、二次侵害等多因素的负面影响，受害人及其家属不敢声张，不想报警，不能维权。2015年4月，广东省发布一份《女童遭受性侵害情况的调研报告》，称过去三年广东有2506名女童被性侵，且性侵者65.74%是熟人，如邻里、朋友、亲属、老师等。一个省平均每年就有835起案件，平均每天2.29起，可见是触目惊心的。这类案件对儿童的伤害，无论从心理还是身体上都非常严重，甚至是一生的痛苦。由于种种因素，这类案件表现为隐蔽多发、持续时间长、揭示难、取证难、报警比例低等特点，很难将性侵者绳之以法。如广东某地12岁智障女孩8个月内遭多人数次性侵并致两次怀孕，由于取证艰难，最后只举证到两个案犯，法院最后以强奸罪分别判处两人无期徒刑和有期徒刑15年。虽然坏人已伏法，但这个孩子的身心受到了严重创伤。

L 保护未成年人，是家庭责任，也是国家行动。2021年6月1日，新修订的《中华人民共和国未成年人保护法》（以下简称《未成年人保护法》）正式实施。这部法律对预防儿童性侵害作了明确规定。结合家庭责任和法律保护，预防儿童性侵可以做哪些事情呢？

1. 加强家庭监护责任。

保护未成年人不受到侵害，家庭监护是最基础和最重要的屏障。2021年7月，最高人民检察院、全国妇联、中国关心下一代工作委员会共同印发了《关于在办理涉未成年人案件中全面开展家庭教育指导工作的意见》，最高检第九检察厅负责人认为：“通过对大量个案的分析，我们发现不良家庭环境、不当监护方式是未成年人走上违法犯罪道路或者受到不法侵害的深层次原因。”（《中国妇女报》2021年7月13日）可见家庭监护缺失给儿童带来的影响有多大。根据检察机关办理未成年人案件情况统计，性侵未成年人犯罪的被害人中，单亲家庭、隔代监护、留守儿童占比超过20%。部分省市办理涉及未成年人案件，近一半涉案未成年人未与父母共同生活、脱离了家庭监护，近80%案件存在父母或其他监护人放任、打骂、体罚等家庭教育方式不当的问题。

L 家庭监护缺失是未成年人受到侵害的原因之一。特别是“隐性”监护问题突出，也就是说，看起来有监护人，实际上没有尽到监护责任，这种情况更应引起关注。那么家庭监护应该做哪些事情呢？

《关于在办理涉未成年人案件中全面开展家庭教育指导工作的意见》对家庭教育指导提出了七个方面但不限于这些方面的要求：

一是教育未成年人的父母或者其他监护人培养未成年人的法律素养，提高守法意识和自我保护能力；

二是帮助未成年人的父母或者其他监护人强化监护意识，履行家庭教育主体责任；

三是帮助未成年人的父母或者其他监护人培养未成年人良好道德行为习惯，树立正确价值观；

四是教导未成年人的父母或者其他监护人对未成年人采取有效的沟通方式；

五是引导未成年人的父母或者其他监护人改变不当教育方式；

六是指导未成年人的父母或者其他监护人重塑良好家庭关系，营造和谐家庭氛围；

七是协助未成年人的父母或者其他监护人加强对未成年人的心理辅导，促进未成年人健全人格的养成。

这些对家庭指导保护儿童不受侵害的方法都非常具体而有效。

《家庭教育促进法》把家庭教育上升为国家的重要事项，界定家庭教育是父母及其他监护人对未成年人的教育，对家长的监护和教育提出了要求，家长要认真学习这部法律，尽到保护孩子的职责。

2. 建立强制报告制度并加强相关人员培训。

《未成年人保护法》第四十条第一款规定“学校、幼儿园应当建立预防性侵害、性骚扰未成年人工作制度。对性侵害、性骚扰未成年人等违法犯罪行为，学校、幼儿园不得隐瞒，应当及时向公安机关、教育行政部门报告，并配合相关部门依法处理”。

从已揭露案件的统计看，校园、培训机构是性侵案件高发的场地。《2020年儿童防性侵教育调查报告》显示，在过去一年的332起性侵儿童案件中，265起发生在城乡地域。其中有164起发生在城市，占比66.40%；75起发生在县城，占比30.36%；26起发生在农村，占比10.53%。校园和培训机构在作案场占比最高，达25.25%；其次是施害人住所，占21.93%。这个数据看起来城市比农村严重，但不一定反映了问题的全部真相，因为城市儿童受性侵后，家长往往会选择报警和维权，而在农村，特别在偏远山区，受人们观念认知、司法完善程度、媒介发展水平、交通不便等因素影响，农村儿童遭遇性侵的案件更隐蔽，更难进入司法程序。从近年曝光案例看，农村性侵儿童案往往有持续时间长、受害儿童多等特点。

为保护未成年人免受侵害，依法治理，以制度管人是最有效的办法。根据《未成年人保护法》有关条款，有关部门要尽快出台与强制报告制度配套的实施意见和细则。无论什么单位，只要发现儿童性侵案件，应立即向公安部门报告，不得有任何隐瞒，否则只会纵容坏人继续作案。

同时要对教师、居委会工作者、公安干警等与强制报告制度相关的人员进行重点培训，让他们学习预防、发现、核实、报告、保护儿童防性侵的知识。同时在相关部门开设防性侵举报电话，设置心理咨询教师岗位。学校对教师找学生单独谈话或单独给学生辅导批改作业要限定时间和地点，作出有利于保护儿童安全、防止其受到侵害的周到详细的管理规定。

3. 加大打击惩处侵害未成年人犯罪的力度。

对侵害未成年人的案件，我国给予了强有力的打击。2023年5月25日，最高人民法院、最高人民检察院、公安部、司法部联合发布了两份惩处性侵害未成年人犯罪司法文件，分别为“两高”关于办理强奸、猥亵未成年人刑事案件的司法解释和“两高两部”关于办理性侵害未成年人刑事案件的意见。文件明确从严惩处强奸、猥亵未成年人犯罪相关规定的认定标准和法律适用，规范了性侵害未成年人犯罪惩治和预防工作，进一步强化了对未成年人的特殊、优先保护。两份文件自2023年6月1日起施行。

根据“两高”的司法解释，凡是采用暴力、胁迫等手段实施犯罪，侵害农村留守女童、严重残疾或精神发育迟滞未成年人等情形均适用从重处罚；非法拘禁或利用毒品诱骗、控制被害人的应当加重处罚；对未成年人负有监护、收养、看护、教育、医疗等特殊职责人员，利用优势地位迫使被害人与其发生性关系的，以法定刑较重的强奸罪定罪处罚。该司法解释还明确了利用网络实施猥亵行为的入罪条件，将被害人进行精神心理治疗和康复所需费用纳入赔偿范围，规定对此类犯罪严格控制缓刑适用，并依法适用禁止令、从业禁止。

这些文件将有效遏制性侵害未成年人犯罪，落实“最有利于未成年人原则”，体现执法司法机关强化责任担当、依法严惩性侵害未成年人犯罪的力度。从而为不断提升惩治预防效果，为未成年人健康成长提供了有力的司法保护。

4．编制教材对儿童进行科学的性教育。

《未成年人保护法》第四十条第二款规定：“学校、幼儿园应当对未成年人开展适合其年龄的性教育，提高未成年人防范性侵害、性骚扰的自我保护意识和能力。对遭受性侵害、性骚扰的未成年人，学校、幼儿园应当及时采取相关的保护措施。”

儿童安全保护需要教育，但怎么教，家长不知道，老师也不知道。一位有着30多年教龄的乡镇中心小学的教师说，她知道儿童保护很重要，但不知怎么给学生们讲身体保护的内容。她说，课堂上一讲到有关性方面的知识，学生们就在底下偷偷地笑，她自己也不好意思讲了。要教育儿童自我保护，首先要有科学的教材，有专业的老师。一些专家建议将儿童防性侵教育纳入九年义务教育课程，编制适应不同年龄学生特点和规律的性教育教材，非常有必要。

《中国儿童发展纲要（2021—2030年）》的“儿童与法律保障”一节，提出完善保障儿童权益的法律体系。要依法严惩性侵害、家庭暴力、拐卖、遗弃等侵犯儿童权利的犯罪行为。加强儿童安全教育，不仅要全面展开，而且要科学进行，特别是性安全教育，更要有一个科学设置。

北京师范大学刘文利老师从事儿童性发展与性教育研究有30多年的丰富经验，她编著的《珍爱生命——幼儿性健康教育绘本》（全9册）、《珍爱生命——小学生性健康教育读本》（全12册）、《大学生性健康教育读本》值得推荐。刘老师在北京师范大学开设本科生课程“人类性学”和研究生课程“儿童性发展与性教育”“性教育专题研究”等课程，深受学生的喜爱。刘老师的公众号为“爱与生命”，对儿童性教育的研究科学又“接地气”，老师和家长们可以关注并学习。现在主张全面性的性教育，远不止是让儿童知道如何保护自己、防性侵等，还涉及生命教育、人际关系教育、性别平等教育、反对校园欺凌教育、职业选择教育等多个方面，应关联起来教育。

L 老师前面介绍的广东中山市和茂名市开展的性别平等教育在这方面做了有益的探索。他们有没有关于性安全教育的内容？能介绍一下吗？

中山市性别平等教育专题课，有不少关于儿童性教育的内容，如设计一、二年级的专题课《性别跷跷板》的学习任务，是认识两性身心特点的异同。老师通过男女两头跷跷板的不同，与学生分享男女不同的生理特点。其中有一段课程实录：

师：男生女生在跷跷板上除了体重，还有什么不一样呢？

生1：男生有“鸡鸡”，女生没有“鸡鸡”。

生2：女生不是没有“鸡鸡”，是女生的“鸡鸡”跟男生的不一样。

师：这个同学说得很好！女生是有“鸡鸡”的，只是女生的生殖器官表面跟男生的长得不一样。

但为什么不一样，老师没有深入下去。这时老师可以顺着这个话题延伸一下：“男女生殖器为什么不一样呢？这是因为染色体不同。不论男女，生殖器官都是个人隐私，要学会自我保护，凡有人要触碰你的隐私部位，或做些让你不舒服的举动，特别是有意骚扰你，就构成了性骚扰，不管这个人是家人、老师，还是邻居、熟人都不可以。如果你的隐私部位不舒服，要找医生看时，一定要家长陪同。如果你遇到了性骚扰，一定要告诉家长，不要不好意思，否则只会纵容坏人。”这些内容都是我在给家长和老师们上课时讲的，希望老师们教育学生时有科学表述，这个非常重要，也非常管用。

5. 各部门联动保护和援助未成年人。

《未成年人保护法》第一百一十一条规定：“公安机关、人民检察院、人民法院应当与其他有关政府部门、人民团体、社会组织互相配合，对遭受性侵害或者暴力伤害的未成年被害人及其家庭实施必要的心理干预、经济救助、法律援助、转学安置等保护措施。”

保护未成年人免遭性侵，需要国家、社会、学校、家庭形成合力。前面提到广东某地智障女童遭性侵一年内怀孕两次，是其姨妈报案才被揭示出来。此案涉及监护人、村委干部、妇联、公安机关、人民检察院、人民法院和相关政府部门。此案揭示后，得到各级妇联和各级政府的高度重视，对受害女孩给予了保护，对性侵者绳之以法。此事件还入选了2019年十大女性新闻事件，在社会上反响很大。从这件事情上汲取教训，相关部门高度重视并采取了一系列措施保护儿童，如广东各村居将18岁以下的智障女童造册登记，并将派出所、妇联、村委联系人的电话挂牌到家里，以方便联系，起到了一定的保护作用。

深圳市政协委员徐龙曾于2016年提交了《关于制订深圳市预防儿童性侵害条例的建议》，此项建议得到多部门回复。深圳市教育局回复：“针对近年来频发性侵害案件，2015年我局在组织修订《中小学性健康教育》读本时，加大了小学分册性保护章节和内容的比重，包括认识性侵和隐私部位，判断不安全因素，女孩男孩自我保护，伤害不容忍，留守儿童防性侵等。2016年1月，我局以文件形式要求配发该读本到各中小学。”深圳市卫计委回复：“我委将积极和教育行政部门协调，在托幼机构卫生保健工作内容中增加防范儿童性侵害的宣传教育，增强儿童的自我保护意识和能力，防范针对儿童的性侵害。”深圳市妇联回复：“有资料显示平均每7个性侵案件中只有一个案件被揭发。通过立法建立多部门的协同合作机制，形成宣传、教育、惩治、救助的立体化、社会化对接机制，是预防儿童遭受性侵害的有效途径。尽管市妇联作为以妇女群众为主要工作对象的群团组织推动力度有限，但我们愿意积极协调人大、司法、教育、共青团等部门共同推动此项工作。”杜绝儿童遭性侵的工作，只要大家合力，一定会有进展。

L 多部门介入，多层次关注，有助于更好地保护女童。那么，有没有男童遭受性侵的，对男童受侵害的保护有什么对策呢？

这个问题问得特别好。妇联有个行动叫“关爱女童　护苗行动”，其主要内容就是保护女童不受侵害。从公开揭露的数据看，遭受性侵女童居多，但也有部分男童，而男童受侵害更隐蔽更不易揭露。

一是传统观念影响，认为自家男孩受到猥亵是家庭很丢脸的事情，对男童今后人生影响很大。二是受侵害的男童不像女童在身体上会有更多生理表现，如怀孕等，家长知道后也往往忍气吞声，不愿公开报案。三是男童自己也不愿意把受侵害的事情披露出来，特别是有权力控制因素时，更不敢揭露。

2019年7月在网上流传一段监控视频，内蒙古包头市某幼儿园内，一男老师躺在一名男童床上正在对该名男童做着不雅动作。后来男老师将男童抱到监控死角，进行了半小时左右的猥亵行为。

2020年9月20日新浪网披露一则消息：“全国优秀班主任梁岗十年性侵未成年男学生逾20人。”梁岗是四川某中学全国优秀班主任、模范教师、优秀讲师。他利用班主任和心理健康主任的身份，对班上多位男生进行各种程度的性侵和骚扰。

《环球时报》2016年7月21日报道，美国亚利桑那男子茂罗（Kelly J. Morrow）在中国从事高尔夫球场项目工作期间，不仅性侵了4名中国男童，还拍摄、收藏了6000多张儿童裸照和纪录片，洛杉矶的加州中区联邦法院判处茂罗服刑25年。

2013年，广东省青少年健康危险行为监测报告显示：男性遭受性侵害更为严重，每100个青少年男性中，就有2—3个有被迫性行为，说明对男童的保护一样重要。因此，“关爱女童”活动如果改为“关爱儿童”，表述更科学，这样会让所有儿童都得到保护。

2021年，广东省中山市十项民生实事中，“童心同行、护苗成长”儿童权益保护成功入选，这个名称就很好，体现了男女儿童共同受到保护。中山市人大代表、市妇联领导人介绍，在儿童防性侵方面，存在很多误区，例如大人觉得自家儿童年纪小不可能被性侵，男孩不可能被性侵，施暴者都是陌生人等。现实案例和数据告诉我们，并不是这么一回事。一旦发生儿童性侵案，将影响几个家庭的幸福和孩子一生。因此希望通过民生实事，引起全社会和家庭对这一领域的重视，织密儿童安全防护网。

6. 司法部门对未成年被害人取证中的保护。

《未成年人保护法》第一百一十二条规定：“公安机关、人民检察院、人民法院办理未成年人遭受性侵害或者暴力伤害案件，在询问未成年被害人、证人时，应当采取同步录音录像等措施，尽量一次完成；未成年被害人、证人是女性的，应当由女性工作人员进行。”

受性侵儿童已经受到了严重的身心摧残，如在案件询问中，反复多次核实细节，对其又是一次伤害。所以取证工作要坚持“一次询问原则”，可邀请心理咨询师、司法社工、医学专家等专业人员一起到场评估未成年被害人身体和心理状况，严格保护个人隐私。公布的录音录像一定要经过声音和图像处理，特别在媒体公开播放的，更要对当事人保护，以免其再次受到伤害。

《人民司法（案例）》2020年第17期有一则性侵儿童犯罪案件的证据审查与判断的案例，侦查机关依法对被害人进行询问，列出了一些导向性问题，可作参考：

（1）依法通知被害人，在法定的时间、场所内进行询问；（2）由两名办案人员在场的方式询问被害人，询问开始前告知被害人及其法定代理人相关权利义务，尤其是提醒其有提出回避申请的权利；（3）法定代理人在场见证询问过程，办案人员用语文明，符合儿童习惯，未发现威胁、诱骗等违法询问方式；（4）询问结束后，因被害人年幼识字有限，侦查人员已依法向其宣读笔录，由被害人及其法定代理人核对无误后再签字确认。这四条询问方式，是司法机关以保护儿童为中心，严格遵循收集未成年被害人陈述的程序，值得推广。

当然，在调查询问时手续简便又务实会更好，2021年1月，最高人民法院联合司法部共同发布了《最高人民法院、司法部关于为律师提供一站式诉讼服务的意见》，也为相应案件提供了司法实践依据。

广东省推动了“一站式”保护未成年人受侵害取证救助工作，至2020年底，全省已建成“一站式”办案区146处。其方法一是建立健全协作机制，强化保护未成年被害人的工作合力。公检法、行政、教育、民政、卫生健康、团委、妇联、妇儿工委办等多个部门配合办案机关建立衔接机制，优化工作流程，提供有利于未成年被害人身心的救助保护。二是体现最有利于未成年被害人的人文关怀。取证救助场所具备身体检查、伤情鉴定、心理疏导等“一站式”功能。三是规范“一站式”询问，最大限度避免对未成年被害人造成“二次伤害”。

L 广东省“一站式”做法很值得推广，不仅保护了儿童，而且有利于案件的快速解决。

是的，这几年司法部门不断完善少年司法制度，出台关于惩治性侵害未成年人、加强未成年人审判工作等多项规范性文件。从2021年9月23日最高法公布的数据来看，2013年以来，审结涉及未成年人抚养、监护、探望等民事案件165万件。2021年4月，广东省人民检察院牵头，与省妇联共同联合省公安厅、省法院、司法厅、民政厅、教育厅、团委、卫健委、妇儿工委等出台了《关于建立性侵害未成年人刑事案件“一站式”取证救助工作机制的意见（试行）》提出对以未成年人为侵害对象实施的强奸、强制猥亵、猥亵儿童等性侵类犯罪案件开展“一站式”取证救助机制，由公安机关、检察机关在相对集中的时间和专门场所内，一次性完成对未成年被害人的询问、身体检查、伤情鉴定、证据提取等工作；司法行政、教育、民政、卫生健康、团委、妇联、妇儿工委办公室等相关部门配合办案机关同时开展法律援助、心理疏导、医疗救治、基本生活救助、临时监护等救助保护措施。

思考题

1. 怎样理解《民法典》婚姻家庭编第一千零八十八条："夫妻一方因抚育子女、照料老年人、协助另一方工作等负担较多义务的，离婚时有权向另一方请求补偿，另一方应当给予补偿。具体办法由双方协议；协议不成的，由人民法院判决"？

2. 学习《反家庭暴力法》，了解什么是家庭暴力。如果发现周边有家庭暴力的现象，你应该做些什么？

第八讲

基层社会治理中的性别视角

CHAPTER 8

L 我注意到，在纪念建党100周年时，“七一勋章”首次颁授给了29名功勋党员，这些来自人民、植根人民，立足本职、默默奉献的平凡英雄中，有三位来自最基层的女性。她们是：坚持志愿服务十余载，群众心中的“活雷锋”，宁夏回族自治区吴忠市利通区金星镇的王兰花；扎根社区40余年，当好党的“传声筒”、群众“服务员”的福建省福州市鼓楼区东街街道军门社区党委书记林丹；放弃大城市工作机会，担任派驻广西壮族自治区乐业县新化镇百坭村任第一书记，把生命奉献给脱贫攻坚事业，谱写了新时代青春之歌的青年共产党员黄文秀。我真心敬佩这些在基层工作的女性。这三位优秀女性都是在社区村居的基层工作，基层治理工作要求比较细致，是不是更适合女性呢？

一个国家的治理水平在很大程度上体现在基层，基层治理是国家治理的基石。女性在基层治理中确实发挥了很好的作用。但是三位女性获得“七一勋章”，并不因为她们是女性，也不因为女性在基层工作有优势，而是因为她们作为中国共产党党员，始终不忘初心，牢记服务人民、奉献社会的使命，为党和人民做出突出成绩，才获此殊荣。当然，在基层治理中的性别视角非常重要，这也是本讲要探讨的问题。

第一节
农村基层民主建设中的性别视角

2021年7月11日，中共中央、国务院发布《关于加强基层治理体系和治理能力现代化建设的意见》（以下简称《治理意见》），强调了完善党全面领导基层治理的制度，提高基层治理社会化、法治化、智能化、专业化的水平。党的二十大报告提出："完善社会治理体系，健全共建共治共享的社会治理制度，提升社会治理效能，畅通和规范群众诉求表达、利益协调、权益保障通道，建设人人有责、人人尽责、人人享有的社会治理共同体。"把党的领导贯穿基层治理全过程、各方面，是新时代基层治理体系和治理能力提升的根本。

L 党的文件要求要建设人人有责、人人尽责、人人享有的社会治理共同体，人人就是全体人民，包括男性和女性。那么基层治理包括哪些方面和哪些内容呢？怎么才能建立女性视角呢？

中国基层治理可分为基层农村治理和城市社区治理两方面。农村的现实是人口流动大、经济发展不均衡，有些地区非常富裕，如沿海和发达地区，有些地区刚刚脱贫，如西部山区和一些移民区域。城市的现实是，居民自治愿望增强，维权意识提高，对生活品质要求不断提升。

近十年来，我国城镇化进度非常快。城市和农村人口发生很大变化，第七次全国人口普查数据显示，城镇人口已达9.01亿，占比63.89%。与十年前第六次人口普查相比，城镇人口增加了2.3亿，比重上升了14.21%。乡村人口则减少了1.64亿。2023年，常住人口城镇化已经提高到65.2%。人口流动的另一特色，就是人户分离。"七普"结果是，全国人户分离的人口为4.93亿，其中，流动人口3.75亿，跨省流动人口1.25亿，省内流动人口2.5

亿。这些统计数据显示了“三多一少”的特点，即“城镇人口增多，流动人口增多，人户分离增多，农村人口减少”，给基层治理带来了新挑战。

《治理意见》对农村和城市的社会治理分别提出了目标要求：“乡镇要围绕全面推进乡村振兴、巩固拓展脱贫攻坚成果等任务，做好农业产业发展、人居环境建设及留守儿童、留守妇女、留守老人关爱服务等工作。街道要做好市政市容管理、物业管理、流动人口服务管理、社会组织培育引导等工作。”无论城市还是农村，认真梳理一下，会发现基层治理每项工作都有性别视角。

L 我去北方的一个村子，村里多是妇女、儿童和老人，基本上看不到男性青壮年。我同学家在贵州较偏远的山村，他们老家年轻人基本出外打工，过几年回来的都是带着孩子的妈妈。许多是靠打工钱回家建了房子，住宿条件比较好，城里的教育成本太高，而且镇上的中心小学的建设和教育也不错，花费也少，于是部分妈妈们就带孩子回老家上学了。

你说的这个情况相当普遍，村里留下绝大多数是妇女，但村书记和主任却往往是男性，当然这种情况也在改变，如2021年基层农村换届中，女性担任村书记和村主任的比例有了很大提升，是什么原因促使女性在基层农村治理中发挥作用呢？

一、公共政策保障基层女性参政比例大幅提升

L 2021年12月，中国政府发布了《中国民主》白皮书，陈述了我国坚持和完善基层群众自治制度的基本情况，目前，全国50.3万个行政村全部建立了村民委员会，11.2万个社区全部建立了居民委员会。在这些基层组织中，一批女性进入到民主管理的队伍中。老师曾提到法律法规促进了基层妇女参政，那么，在保证基层女性参政方面有哪些政策指引呢？

公共政策有效促进了农村基层女性的政治参与。民政部的《村民委员会选举规程》在性别方面规定得非常具体：

（1）候选人中应当有适当的妇女名额，没有产生妇女候选人的，以得票最多的妇女为候选人。

（2）村民委员会主任、副主任的当选人中没有妇女，但委员的候选人中有妇女获得过半数选票的，应当首先确定得票最多的妇女当选委员，其他当选人按照得票多少的顺序确定；如果委员的候选人中没有妇女获得过半数选票的，应当从应选名额中确定一个名额另行选举妇女委员，直到选出为止，其他当选人按照得票多少的顺序确定。

人们管这叫“保女条例”，就是无论如何都要保障一位女性进入村委。大家会说，妇女主任不就是女性吗，为什么还要选女性呢？在2013年之前，情况可不完全是这样的，当时我去某村调研，看到墙上村委的照片是清一色的男性，妇女主任也是由一位男性兼任，我一问，这个镇22个村就有3个村的妇女主任是男性。随着促进女性参政的政策颁布和实施，这种情况不会再有了。在我国，每个村的村支部和村委会中至少有一名女性的目标已经百分之百实现。

公共政策保障女性进入基层领导岗位，是一项具有中国特色的基层民主实践。中国妇女解放很多时候是自上而下进行的，好处是从领导层面整体上推动了妇女解放进程，从政策导向上为女性营造了一个良好的社会环境，同时还使妇女主观意识上重新认识和展示自己的能力。不足之处是妇女主动参与性不强，有时在被动推举中会有些彷徨。

L 所以有人也提出疑问，这些女性突然被推到一村之长的位置上，有管理经验吗？有群众基础吗？能胜任一个村的综合社会治理吗？

这种担心是可以理解的，但这些进到班子里的女性，绝大多数不是空降的，不少是从村委或村妇联主席走上村主任岗位的。前几年在基层实施妇代会改建妇联，简称“会改联”，妇女主任转任妇联主席后，在搭建执委班子、服务广大群众、组织管理方面得到锻炼。特别是不少优秀妇联主席加入了中国共产党，政治素养得到很大提升，加之各级妇联的重点培训，为这次换届储备了一批优秀女干部，所以在政策指导下，基层女干部成长特别快。

二、以能力不以性别选拔干部逐渐被认可

L 过去有种说法“宁要武大郎，不要穆桂英”，说的是宁愿选个差点的男性，都不要更优秀的女性。理由是，女性心眼小，格局不大，决策能力不强，当副手还马马虎虎，怎么能当一把手？基层选举中，这种观念也会阻碍女性参政吧？

以往妇女要担任村书记和村主任不是件容易的事，十里八乡有一个女性村书记（村主任）就非常了不起了，而且这一定是个特别能干的女性。如广州市杨箕村的村支书张建好就是一个女能人，大家都称她为好姐。张建好16岁任村里的团支部书记、治保主任。28岁担任了村支书，当时4000多人的村集体经济只有150元流动资金。1978年，张建好带领村民从农田承包到办企业。1987年，她率先创立了全国第一个农村股份经济组织，使杨箕村成为广东第一个“亿元村”。1992年，杨箕村土地被征用后，张建好又成了中国农村异地征地办厂第一人。从1977年到2014年，村民们看重这位女书记的才华，多次推举她继续任书记。直到66岁，连任了37年村支书的张建好才卸下肩头重任。在建党百年时，广州市“羊城巾帼心向党”栏目是这样评价张建好的：“这位把青春年华都奉献给了杨箕村的老支书，以共产党人的胆识和气魄，扬起了一面永不褪色的红旗。”我熟悉这位获得“全国三八红旗手”“中国十大女杰”等多个荣誉的党支部书记，也多次和她一起讲课和开会，在听她的故事时，真正感受到她是一位杰出的、有创新思维、有奉献精神的优秀女村干部。2023年我又遇到好姐，我问她退休后做什么，已经76岁的好姐开心地说：“我一直在做公益活动啊！”

以往这样的基层女性领导是凤毛麟角，女性很难在基层独当一面。原因之一是人们受到封建传统观念“男主外，女主内”的影响，妇女怎么能当一个村的家？所以村里虽然留守妇女多，但“当家人”还是男性。虽然

政策有要求，妇女要进入到村委班子，但是谁来落实，谁来监督，责任主体还不太明晰，加上妇女自身也受到来自社会、家庭、个人素质各方面影响，竞争意愿不那么强烈，所以选出一位村里的女性当家人真的不容易。

随着时代发展，观念转变，政策落地有监督，妇女自身素质提高，回乡创业的女大学生也多起来。外部环境和内部因素共同作用，当女性和男性站在同一个平台上竞争时，“穆桂英”的优势就充分显示出来。村民们很实在，特别是政府打掉贿选恶习后，群众的自治能力有了更大的提升，他们希望把治理能力强的、有本事的、能带领村民致富的人选出来，这时不以性别，而以能力来考量村官的时代悄悄到来。特别是经过组织多次考察和推荐的优秀女干部，很容易得到群众认可。

我在广东某县调查时发现，这个县21个乡镇，258个村，上一届女性村委会主任为零。2021年换届选出17位“双肩挑”的女村书记兼村主任，占比6.59%，虽然离上一轮《妇女发展纲要》定下的10%的目标还有距离，但已经是非常了不起的进步了。县妇联主席和我说了几个想不到：“想不到女性进两委能有这么大突破，想不到群众会对她们这么信任，想不到当选后她们有那么多想法。”说明只要政策指导到位，有点阳光，优秀的女性就无比灿烂。

2021年，广州市在基层换届中，成绩更是斐然，1144个村选出134名女书记女村长，占比达11.71%。增城区选出女性村两委一把手37位，比例高达13%，这些女性年轻有魄力，学历层次高，参政热情高，村民们对她们赋予很高期待。这可不是简单的性别认可，而是肯定了她们的领导能力。新选出来的女性村两委领导表示，一定不负重任，在基层社会治理中发挥重要作用。

三、发挥基层女干部治理能力的优势

当女性被选为村干部后，人们对女性有了新认识，特别是女性参选村主任时，由于各种因素影响，女性候选人往往要比男性更强，才能被群众关注，并信任地投她一票。

担任村主任的女性总体都很优秀，她们首先是中共党员，其次学历层次都比较高，还要有一定的农村工作经验和较强的管理能力。我对几位女村书记作了调研，她们都很有想法。特别是在民主管理方面很愿意听取群众的意见。正如《中国民主》白皮书中讲到的："基层民主创新十分活跃。从城乡社区里的村（居）民议事会、村（居）民论坛、民主恳谈会、民主听证会到党代表、人大代表、政协委员联合进社区，从'小院议事厅'到'板凳民主'，从线下'圆桌会'到线上'议事群'，中国人民在火热的基层生活中，摸索创造了一个又一个充满烟火气的民主形式。"

广东某村今年刚当选的女书记小张，谈起村里发展思路时头头是道。她们村里有位种茶专业户，茶叶品牌已经享誉市场，供不应求。为此，小张书记准备与她合作，调动村民种茶，用"公司+农户+市场"的模式，促进村集体经济和村民致富。村民们在她的领导下，正朝着致富道路往前奔。调研中小张书记讲到村后备力量的培养，要发展一些回乡创业的积极分子、有上进心的年轻人入党，学历要高中或大学，特别注重发展年轻优秀女性为党员积极分子。在和这位女书记接触过程中，我感觉她任书记几个月来治理很有成效。这个村的特点是石头多，村名也有个石字，为此，小张书记注重打"石"字牌。我们沿着村中小溪行走，溪边石栏杆砌得形如古藤，高高的石头围栏护着小树，石头拼成图案的道路养眼又平坦。在农村人居环境改造中，村民的家禽家畜栏由村整体规划，下用石头垒起，上面是村里统一配置标准的铁围栏。她兴奋地说，要在村里建立一个研学基地，让中小学生了解农业农村农民，在与大自然亲近中成长，并说最希望吸引更多年轻人回乡工作，农村有了人气，各项工作就好办了。看着美丽乡村的建设，听着这位35岁的女村书记的憧憬，我很感慨，她的梦很美丽，道路也很曲折，祝福她，期盼她成功！

第二节
脱贫攻坚中妇联的积极参与

L 2021年7月1日，在庆祝中国共产党成立100周年大会上，习近平总书记代表党和人民庄严宣告：经过全党全国各族人民持续奋斗，我们实现了第一个百年奋斗目标，在中华大地上全面建成了小康社会，历史性地解决了绝对贫困问题，正在意气风发向着全面建成社会主义现代化强国的第二个百年奋斗目标迈进。这段话特别振奋人心，今天我国绝对贫困问题得到根本解决，这里有女性的很大功劳吧？

是的，正如毛泽东1940年在延安纪念“三八节”大会讲的：“妇女的力量是伟大的。我们现在打日本要妇女参加，生产要妇女参加，世界上什么事情，没有妇女参加就不能成功。”同样道理，脱贫攻坚战中，妇女的力量一样伟大，没有妇女参加，也不能成功。

在脱贫攻坚战中，全国妇联发挥了重要力量。2015年，全国妇联配合国家行动，发布了《关于在脱贫攻坚战中开展“巾帼脱贫行动”的意见》，根据当时建档立卡妇女占贫困人口45.8%的现状，提出“巾帼脱贫行动”，号召各级妇联发挥独特作用，打赢脱贫攻坚硬仗，说明妇女既是脱贫攻坚的工作对象，又是脱贫攻坚的重要力量。

在全国妇联指导下，贫困妇女求富裕求发展的内生动力被激发起来。在农村，妇女们积极参与种养业、传统手工业、乡村旅游、家政服务和农村电商业，妇女精准脱贫的参与率极大提升，为2021年国家消除绝对贫困的目标做出了努力。

全国妇联在脱贫攻坚中做了大量的务实工作。2020年12月7日，《中国妇女报》刊发文章《用心用情用力的妇联情怀——来自全国妇联定点扶贫县甘肃漳县、西和的一线调查》，详细介绍了自1997年以来，全国妇联对定点扶贫的甘肃漳县、西和县20多年扶贫工作情况——21批帮扶组，16任挂职县委副书记、副县长，19批扶贫接力小分队，170多个基础设施建设、特色产业开发项目，引进资金23.1亿元，投入帮扶资金物资3000多万元……2020年两个县全部实现脱贫摘帽。

更为可贵的是，全国妇联牵头的扶贫工作中最有特色的是打造了“妇字号”基地，凝聚了“她力量”的金字招牌：

上千口“大地之爱·母亲水窖”改变了漳县吃水难的历史难题；加大对妇女“两癌”的筛查力度，为43万名建档立卡妇女提供了公益保险；协调建设了一个个扶贫车间和加工厂，解决了妇女就业问题；漳县妇女儿童服务中心大楼建成；西和县雪绒花职业培训中心揭牌成立……全国妇联在扶贫工作中创新的“四培三带一引领”的“妇字号”经验特别值得推崇。“四培”即把妇女党员培养成执委、把妇联执委培养成党员、把党员执委培养成妇女骨干、把村妇联主席培养成村“两委”后备干部；“三带”即坚持党组织带领妇联不断进步、妇联带领执委持续壮大、执委带领妇女共同发展；“一引领”即引领一个家庭、树立一个典型、展现一片新风。

L 妇联扶贫工作从争取资金送“母亲水窖”的输血到助力建厂解决妇女就业的造血，从投资大楼建设到妇女自立精神建立，从物质脱贫到精神自立，这种全方位、立体化的帮扶，不仅彻底改变了贫困妇女的命运，也成长了一批巾帼力量，在全国脱贫攻坚中，都很有特色吧？

我特别欣赏全国妇联的这种立体扶贫，特别是“四培”，对女性进两委做了很好的阶梯铺垫，一批有能力的女性被培养成农村的后备力量，是最可持续的扶贫方式。对占贫困人口近一半的妇女来说，脱贫太重要了，因为妇女往往是弱势群体，尤其在农村，她们从事家务劳动和农田劳作，很少被关注，妇女家庭和社会地位很难提升。但妇女一旦有了经济收入，特别是成为家庭主要的经济来源后，说话硬气了，腰板也挺直了。

漳县有个叫方小梅的农村女性，她参加了全国妇联以居家灵活就业为目标的手工编织培训，成为一名技艺娴熟的“巧娘”，被推选为漳县手工编织协会负责人。她很有感触地说：“从事手工编织不只改变了我的生活，增加了我们的收入，也让我们开阔了眼界，增长了见识！在家里说话也算数了！”有了收入、开阔了眼界，在家说话开始算数的方小梅们在脱贫攻坚中得到身心解放，有了家庭地位和说话的权利，有了抬头做人的骄傲，正是精神上得到了彻底脱贫。

妇女小额担保贷款财政贴息政策，是妇联扶贫的又一举措，小额贷款帮助贫困地区有创业意愿的贫困妇女解决资金困难，走上脱贫致富之路。如通过“女能人+龙头企业+合作社+贫困妇女”方式，帮助贫困妇女采用带资入股、参股分红或就业分红的方式增加收入，提高小额信贷的精准性和有效性；或通过金融扶持，实现创业一人、脱贫一户。

广东省自2011年省妇女小额贷款项目实施以来，省财政共拨出了1.36亿专项资金投入其中。同时，各地妇联争取地方财政配套资金和筹集社会资金近1.32亿元。至2021年，全省发放贷款年均达10亿元，较项目之初增长了3倍，且还贷率达99.91%以上。目前已发放妇女小额贷款109亿，带动了近100万妇女创业就业。这种“小钱撬动大钱”“小贷款推动大发展”的乘数效应充分反映了妇联的带动和引领作用。

L 这些小额贷款都在做什么事情呢？妇女们能在规定的时间内还清贷款吗？

小贷款推动大发展的效应还是比较明显的。一次我在广东北部某乡镇调研，中午在镇上一家小旅社休息。妇联的同志告诉我，女主人就是利用妇联小额贷款建起了这家小旅社，不仅让她们家脱了贫，也结束了本镇从来没有旅社的历史，给外地来的旅客提供了极大方便，小旅社还聘请了几位留守妇女，解决她们在家就业的问题。小额贷款的涟漪效果通过这样的小旅社得到了神奇的扩展，获得了多赢。

第三节

乡村振兴中的巾帼力量

L 随着脱贫攻坚取得全面胜利，我国“三农”工作的重心转向了全面推进乡村振兴，女性在乡村振兴中作用一样不可小觑，妇联在推动乡村振兴中起了积极的推动作用吧？

是的，《中共中央　国务院关于实施乡村振兴战略的意见》于2018年1月2日发布并实施。一个月后的2月2日，全国妇联就发布了《关于开展“乡村振兴巾帼行动”的实施意见》。之所以开展“乡村振兴巾帼行动”，主要是因为在中国广大农村，无论在人数上、力量上，妇女都是推动农业农村现代化的主力军，她们不仅是乡村振兴的受益者，更是推动者和建设者。围绕“产业兴旺、生态宜居、乡风文明、治理有效、生活富裕”的总要求，妇女在产业振兴、人才振兴、文化振兴、生态振兴、组织振兴等方面都是重要的巾帼力量。

全国妇联对乡村振兴的巾帼行动提了要求，如帮助妇女及时了解、掌握和运用强农惠农富农政策，实施“农村妇女素质提升计划”。面向农村妇女骨干、基层妇联干部和返乡下乡创业女大学生、女农民工等群体，开展现代农业实用技术、电子商务、乡村旅游、手工制作等示范培训，帮助农村妇女提高适应生产力发展和市场竞争的能力，在更广领域、更深层次参与农业农村现代化建设。

开展“美丽家园”建设活动，引导农村妇女绿色发展、清洁生产、绿色出行，自觉践行简约适度、绿色低碳的生产生活方式。动员妇女积极参加农村人居环境整治三年行动，共同建设山清水秀、天蓝地绿、村美人和的幸福美丽新家园。

拓展寻找“最美家庭”的内涵，以文明家风促进乡风文明。积极倡导夫妻和睦、孝老爱亲、科学教子、勤俭持家、邻里和谐的同时，大力推动农村妇女和家庭崇尚科学文明、抵制封建迷信，带头移风易俗，反对天价彩礼、大操大办等陈规陋习，传播真善美、弘扬正能量。

这些具体的要求，对提振乡村的巾帼力量有很强的方向性和指导性。“她”力量引燃了乡村女性的热情，使妇女们在自我成长、互助发展中提升了生机和活力。

一、凝聚科技发展“她”力量

科学技术在当今农业经济发展中，拓展了农业附加值，增加了农民收入。为了提升农村妇女的科技素质，各级妇联通过“农村妇女素质提升计划”，为乡村振兴和农业农村现代化提供智力支撑，一批有科技头脑的农民女企业家快速成长起来了。

广东省妇联多次举办“她力量成长——基层妇女骨干能力提升计划及支持基层妇女示范项目计划”师资骨干培训班，培育了一批种子力量。广东省韶关市妇联举办妇女专业合作社经营技能提升培训班，围绕妇女管理能力的提升，设置了合作社的法律与责任、目标管理和计划管理、合作社经营管理、合作社品牌建设四大主题。培训涵盖了法律法规、市场营销、生产管理、目标管理、财务管理、实训模拟多方面内容，提高了农村妇女对现代农业发展的认识，为巾帼创业创新、增收致富打下了良好的科学管理基础。

一批有科学头脑的女企业家也成长起来了。梁鸿梅是江西凯丰生态农林有限公司的负责人，十几年前辞去外企工作，回到村里从事果品种植，为扩大果品附加值，她潜心研究智慧农业，用科技探索果品深加工的路子。如今企业成为集赣南脐橙、南康甜柚生产、加工、流通为一体的农业产业化省级龙头企业。“科技兴果”，不仅富裕了自己，还用“龙头企业+

基地+合作社+农户”的模式，带动了周边1372户农户增收，为812人次农村妇女提供果树种植、剪枝施肥等技能培训。她还用直播电商模式，为赣南名特优品打开了销售渠道，并自筹资金创建了“百结梁园”新农人创业平台，吸引更多创业青年回乡发展，彰显了科技在乡村振兴中的作用。

二、利用网络提升“她”力量

党的二十大报告中提出要“推动形成良好网络生态”，而在农村治理中，推广巾帼社群电商创业模式，提升“她”力量在乡村治理中的作用，正是良好网络生态的实践。

山东省枣庄市山亭区藤花峪村成立了枣庄市首家“巾帼电商联盟”，以发展乡村电商为纽带，教农村妇女上网直播，引导她们触“网”攀“云”，助推农特产品驶上“快车道”；2020年借助直播平台收购、推广农产品，累计带动村民增收70多万元。山东荣成市妇联巾帼创客圆梦基地，助力启动社群团购试运营模式，创立了45个“巾帼创业服务站”，培育了一批社群团购站长，通过创建微信朋友群、线上直播等方式，宣传推广好产品，为百姓提供日常生活用品，既解决了农村特产销售问题，又开辟了妇女居家创业的空间，使农村妇女在更广领域、更深层次参与了乡村振兴的建设。直播带货也在农村女性中火了起来，广东河源紫金的村妇联执委戴进芹文化水平不高，但是很有创新意识，她在村里组织了多个合作社，端午节期间在网上直播带货，用朴实的语言和情怀，把客家粽子卖到了深圳的大公司，很有成就感。随着网络的普及，做巾帼好网民，利用网络做好产品，拓宽就业渠道，正在成为广大农村妇女的时尚发展趋势。

三、利用辐射带动“她”力量

乡村振兴中，调动广大妇女群众的力量，带动村民们走共同富裕的道路，女性巾帼创业者功不可没。这里讲讲我的一位学员朋友，广州市从化区锦二村村民潘翠玲带领村民共同发展的故事。

2005年，在广州市第九届“广州十大杰出青年”评选活动上，我被广州团市委邀请辅导“杰青”们参加竞选演讲。当时潘翠玲30多岁，是个朴实的女农民，经营着一家以种植玫瑰为主的园林公司。我辅导她的演讲稿《在种花中享受到了快乐》，演讲中，她以质朴、真实、感人的特点打动了评委，高票当选为当年“十大杰出青年”。从此，阿玲与我建立了长期的好友关系。十几年来，我见证了这位农村女农民成长历程，如今她已成为乡村振兴巾帼力量的优秀代表，辐射着周边新农村的发展。

阿玲最早在自己家八分菜地种花、卖花，接着开了花店，就把全村人带动一起种花。当年演讲中有一段很精彩的描述：“在我们村，种禾的踩单车，种菜的开摩托车，送花的开小车，我带领村民种花卖花，很多人都开起了小轿车。”这种辐射效应当年就结出丰硕的果实，村民们在她带领下，从种禾到种花，早早走上了脱贫道路。再后来，她在从化城郊街西和村办起了一个占地一千多亩的从化宝趣玫瑰公园。该公园是国内首个集生产、销售、展示、科普、休闲观光为一体的多功能综合性玫瑰主题公园。阿玲不仅壮大了自己的事业，还解决了一大批附近村民、特别是女性村民就业问题。阿玲说：“我一直以‘做健康农业，给人民带来幸福和美丽’的理念打造公司，不断创新思维，带动村民共同富裕，才能让企业有更好的发展。”如今，宝趣玫瑰公园所在地从化区城郊街西和村一带已经成为广东省最美乡村。30多个花卉企业在此落地发展，花卉产业年产值达到8.5亿元。作为一名共产党员，阿玲始终不忘初心，服务村民，并成长为广州市人大代表、广东省党代表、广东省人大代表，并多次建言献策履行人大代表的职责。先后荣获“全国优秀青年农民”“全国劳模”“三八红旗手”等多个荣誉称号，受到党和国家领导人的亲切接见。2018年起担任市农业龙头企业协会会长。2021年她在宝趣玫瑰公园建了“女职工创新工作室”，以党建引领、科技指导，聚集优秀的巾帼人才，宣传农业创新理念和健康农业。2022年，还被破格评为乡村工匠管理专业的正高级工程师，成为乡村振兴的优秀带头人。

L 阿玲的故事很感人，如今在各地农村，有一批阿玲式的巾帼力量在推动乡村振兴的道路上起着带头作用。我看到各种这样的报道，题目就很亮眼：《乡村振兴中的那抹“巾帼红”》《乡村振兴　巾帼先行》《乡村振兴巾帼情》《巾帼力量扮靓田园乡村》《凝聚“她”力量　助力乡村振兴》，说明巾帼们在乡村振兴中绽放着绚丽光彩，发挥着重要力量。

第四节 农村社会治理中的性别视角

一、引领农村妇女共建共享生态宜居的美丽家园

L 引领农村妇女积极参与治理，共享治理成果，让她们有获得感、幸福感、安全感是各级政府和妇联追求的目标。这几年农村变化太大了，在国家乡村振兴的号召下，农村人居环境改善工程让农村的天更蓝，水更清，村庄也更美丽了，这里一定有妇女的功劳。

农村人居环境改善，是乡村振兴全部内容的集中体现。乡村振兴了，环境改善了，人们才能记得住乡愁，引得进人才，看得见未来。在环境治理中，各级妇联充分调动农村妇女的积极性，引领农村妇女共建共享生态宜居的“美丽家园”，让我们撷取几朵小花：

陕西省妇联从乡村振兴战略总体要求上推进“美丽庭院”的创建，提出“人美、院美、室美、厨厕美、村庄美”五美要求。妇联从开设“美丽庭院”大讲堂开始，号召广大妇女成为建设“美丽庭院”的主力军，以自家“小环境”的改善带动村庄“大环境”改变。

湖北省妇联以“厕所革命”为抓手，落实中央农办等八部门联合印发的《关于推进农村“厕所革命”专项行动的指导意见》，结合美丽庭院、美丽家园活动，让妇女群众意识到“厕所革命”带来的巨变，引导农民主动改厕，将乡风文明落到实处。

福建省武夷山黎前村是个畲族村，村里组织“畲大姐”巾帼志愿服务队，通过“看好小家、护好大家，当好巾帼好管家”的活动，从自身庭院卫生做起，带动周边家庭加入“好管家”行列。从农村妇女开始倡导绿色

发展、绿色低碳的生产生活方式影响到整个村的文明建设。

如今走到很多乡村，远可眺山清水秀、天蓝地绿，近可观美丽庭院、瓜菜茂盛，看得见山水，记得住乡愁，一派村美人和的新农村景象，让人感到无比惬意，而做好这些，妇女功不可没。

二、关爱农村留守女童的教育问题

L 农民工进城务工是中国的一大特色，但是也因此出现了大批农村留守儿童，特别是留守女童的问题，应该引起各方面的关注。

我在调查中发现，随着教育观念的转变，农村留守儿童包括女童基本上都能上学、接受义务教育，但由于与父母分离，监护人监护不到位等原因，也存在一些问题。

一是心理健康问题。留守儿童缺少和父母相处交流的机会，缺少情感和心理关怀，遇到问题很难寻求帮助。特别是留守女童，青春期缺少生理教育和心理指导，因此，往往表现出情感冷漠、行为孤僻、悲观消极、不善于表达等自闭倾向，更容易出现一些人格缺陷和心理健康问题。

二是与监护人感情隔阂问题。作为监护人的祖父母与孩子代沟较大，用他们的经验来说教，不仅效果不好，反而使双方冲突不断。农村祖辈们在重男轻女的观念下还是会对男女孩区别对待，对留守女童的关爱不如对男童，这也让女童们与祖辈有更多的隔阂。

三是学习目的不明确，影响学习动力。女童一方面受到家人传统观念“反正要嫁人的，读那么多书有啥用”“女孩认识字就可以了，早点出去打工，供哥哥弟弟读书”的影响，一方面受社会舆论“干得好不如嫁得好”的影响，往往更容易出现辍学、外出打工挣钱的念头，从而影响学习成绩，更没有了学习动力。

四是存在安全隐患问题。农村大部分留守儿童是随祖父母或亲戚一起生活，生活细节往往不注意，如不注意个人卫生、暴吃暴饮、吃“三无”

食品、私自结伴到野外游泳等。留守女童除了上面的安全问题，还有两个危险因素，一是因为弱小，更容易遭受校园欺凌，二是在村里更容易受到不法分子的性侵害。

L 我们经常看到留守女童受到家人或邻居侵害的案例。我们能采取什么办法来保护留守女童呢？

在关爱留守儿童特别是留守女童方面，各级妇联做了大量的工作。

一是全面调查摸底建立留守女童台账。在村级妇联的组织下，对本村留守女童一一登记，并制定联系卡。卡上有妇联维权部的电话、派出所民警联系人电话等，方便有问题时能寻求到帮助。

二是实行妇联干部或妇联执委一对一、一对多或多对一的结对子关爱。对那些监护人不得力的女童给予特别的关注。

三是经常在村里开展安全教育、心理健康、家庭亲子活动、关爱慰问等活动，包括对村民的法制教育，以更好地保护未成年人。

L 有没有做得比较好的妇联经验介绍呢？

广东韶关的“善美儿童之家”是由韶关市妇联主办的为留守儿童设立的儿童之家，这项工作以“妇联+爱心机构+学校+村（社区）+社工+义工+志愿者”服务模式，为农村留守儿童特别是留守女童开展关爱服务活动，她们的服务宗旨是缓解留守儿童因照顾不周、陪伴缺失和监护人教育意识落后引发的安全意外事故多发、心理健康问题突出及发展滞后等困境，从而帮助农村留守儿童全面发展。2021年12月初，韶关市妇联主席汪波收到来自柳坑中心小学孩子们的信：“每天一下课我们就会跑到儿童之家下棋、看书，和老师聊天。对我们来说，儿童之家是一个畅快玩耍的地方，因为老师经常会给我们上安全教育课，教会我们预防生活中各种各样危险的东西，保护自己。”“爱让我们相聚，爱让我们温暖，谢谢你们！”汪主席也用“大朋友”的身份回了一封信，写道：“为你们设立善美儿童之家，心愿是让儿童之家成为你们的‘第二个家’。”目前善美儿童之家在韶关地区已经设立了38家，正在通过各种形式和活动服务于留守儿童，收到了特别好的效果。

三、保障农村留守女性的合法权益

留守妇女，特别是出嫁女性和离婚女性的土地承包和宅基地等问题，一直没得到很好解决。如出嫁女性在夫家能不能分得土地，娘家土地是否要交回？女性离婚后回到娘家股权分配问题如何解决？离婚后在原夫家的股份有没有分配？农村土地拆迁补偿如何考虑到男女平等？有些村甚至给离开本村在外有公职的男性分宅基地，也不给留在本村的离婚女性分宅基地，说这是村规民约的内容，合理合法。一些地方失去土地权益的农村妇女长期上访，当地领导认为这是村民自治的结果，无法干预，为此带来了不稳定的社会因素。

为了探索这些问题的解决办法，学者们开始从根上找原因。2008年3月，中央党校妇女研究中心课题组在河南郑州市大冶镇周山村进行试点研究。课题组经过调查，发现该村办事依据是村规民约，但村规民约是依照“男娶女嫁”原则来认定村民资格并进行集体资源分配的。男性是永久性村民，其土地分配、集体福利等待遇的获得是天经地义的，妇女则成为“临时村民”，受到诸多限制。如规定双女户只能一个女儿留在村里，有儿子有女儿的家庭，女儿必须要嫁出去。村里有个叫周改风的，姐妹5人没有兄弟，改风出嫁后，为了照顾年迈的母亲，回到村里生活，多年来按规定交齐了所有税款。但村里认为，她妹妹已在村里，只能一个女儿享受村里待遇，她有居住权，但不能享受村民待遇。课题组来后，协助周山村进行村规民约修订，反复讨论后出台了新的村规民约：“离婚丧偶妇女回村后可以享受村民待遇，纯女户、有儿有女户家庭男女婚嫁自由，男到女家、女到男家均可。”自此，改风的村民待遇问题得到解决。可见，当一个社会资源分配由性别来决定，村民们自然就得出“生男生女不一样”的结论，并且一定会有“男孩偏好”倾向，这已不是单纯的“传宗接代”影响到重男轻女的偏见了。性别平等意识进入周山村村规民约后，有很多具体规定，如“入党积极分子、村民代表中女性比例不少于50%”“男女共同分担家务，共同赡养双方老人”“提倡姓氏改革和婚俗葬俗改革”等条款。新规公布后，村里妇女参与村级治理热情越来越高，从开始只有妇女骨干参与，到成立妇女义务植树队、老年协会常青树志愿队，用行动捍卫自己的权益，也捍卫着男女平等法律权威。

周山村村规民约修订引起广泛关注，2009年，《悄然而深刻的变革——周山村村规民约修订纪实》一书由河南人民出版社公开出版发行。该书详细记录了周山村修订村规民约的全过程，全文刊登了周山村的村规民约，专家团队还为村规民约编写了一些朗朗上口的诗，很得民心。这里引用一段“男女平等是国策”的内容：周山人口超一千，女性占了整一半；以往议事谈发展，妇女没有发言权。党员只有四五个，村民代表更少见；意见建议无人听，参与决策难上难。男女平等是国策，法律写得很周全；妇女权利要保证，参政议政理当然；建设周山有责任，不能总是靠边站。村规民约新修订，入党参政女优先。培养选拔女干部，规定比例记心间。积极分子村代表，女性要占半边天；两委组长有比例，十人中间女占三。男女共议村庄事，群策群力建周山！

L 这些诗朗朗上口，念着顺，记得牢，看来专家们在周山村的尝试很有特色，那么，国家层面对村规民约有没有约束呢？

村规民约的修订，得到了国家层面的重视，2021年4月，国务院办公厅印发《中国反对拐卖人口行动计划（2021—2030年）》，这个计划深挖拐卖人口的根源，提出“完善维护妇女权益、促进性别平等的村民自治章程和村规民约，提高农村社区治理法治化水平，坚持男女平等基本国策，消除男尊女卑、传宗接代等落后观念，提高女孩受教育水平，营造尊重女性、保护女童的社会氛围”的内容，向社会各界释放出促进男女平等和妇女全面发展的信号，特别强调了从村民自治章程和村规民约入手，提高农村治理水平的法治化水平，坚持男女平等基本国策的性别意识，抓住了农村社会治理的根本。新修订的《妇女权益保障法》更是明确了对村规民约的治理，第五十六条规定：“村民自治章程、村规民约，村民会议、村民代表会议的决定以及其他涉及村民利益事项的决定，不得以妇女未婚、结婚、离婚、丧偶、户无男性等为由，侵害妇女在农村集体经济组织中的各项权益。”

第五节
城市社区治理的女性视角

L 农村的社会治理这几年有了长足的进步，习近平总书记讲的“绿水青山就是金山银山”的理论，让乡村生活变得更美好。人们说，“现在的农村户口好值钱”，美丽乡村正在成为城里人向往的好去处。那么，按照社会治理要求，城市基层社会治理怎么落地，这里有没有性别视角呢?

城市基层社区治理主要依托社区居委会和居民。居委会是城镇居民的自治组织，地位和作用类似于农村村民委员会。根据《中华人民共和国城市居民委员会组织法》规定，社区居民委员会是居民自我管理、自我教育、自我服务的基层群众性自治组织。任务有：

（一）宣传宪法、法律、法规和国家的政策，维护居民的合法权益，教育居民履行依法应尽的义务，爱护公共财产，开展多种形式的社会主义精神文明建设活动；

（二）办理本居住地区居民的公共事务和公益事业；

（三）调解民间纠纷；

（四）协助维护社会治安；

（五）协助人民政府或者它的派出机关做好与居民利益有关的公共卫生、计划生育、优抚救济、青少年教育等项工作；

（六）向人民政府或者它的派出机关反映居民的意见、要求和提出建议。

以上工作与国计民生关系密切，与居民生活紧密联系。当你走进各城市居委会，看到居委会的工作人员是哪些人呢?

L 我所居住的北京市某社区的居委会门口有个宣传栏，居委会相关人员的照片和工作职责详细列了出来，我统计了一下性别情况：社区党委组成人员是6人，4女2男，党委书记是女性，一位男性兼职副书记，是派出所所长。社区居委会组成人员是7人，6女1男，主任由女性党委书记一肩挑担任。不知其他居委会是不是也是女性居多。

过去一讲居委会，脑子里马上会出现“居委会大妈”的形象，以往居委会职能较弱，工作人员多为中老年妇女，职能少待遇低，居民们也多是单位人，没有感受到居委会的作用。随着城市发展，城市治理的规范化，居委会作用越来越大，居委会人员构成有部分是需要考试录用的，于是一批年轻人进入到居委会队伍中，学历层次也越来越高。新一轮《妇女发展纲要》要求社区居委会成员中女性比例保持在50%左右，居委会主任女性占比40%以上，这个比例要求在不少地方可以达到或接近。那么如何看居委会女性工作人员比较多的情况呢？

一、居委会人员性别构成分析

居委会工作是“婆婆妈妈”的事，女性更适合这些琐碎的服务工作，成了人们的共识。其实居委会工作职责关乎国家的长治久安，可以上升到国家治理高度。习近平总书记多次到基层社区考察，强调社区治理的重要性。2021年7月23日，习近平总书记来到吉林省长春市宽城区团山街道长山花园社区党群服务中心，了解基层社会治理情况时说：“一个国家治理体系和治理能力的现代化水平很大程度上体现在基层。基础不牢，地动山摇。要不断夯实基层社会治理这个根基。提高社区治理效能，关键是加强党的领导。要推动党组织向基层延伸，把基层的工作做好，这样才能‘任凭风浪起，稳坐钓鱼台’。”社区治理成为国家治理体系的基础，说明基层工作的重要性。

在抗击新冠疫情斗争中，有两支一线队伍不容忽视，一是医护人员，另一是社区工作者。防疫工作涉及国家和全体人民的安危，因此，并不是女性更合适，而是有责任心，有担当，不忘初心，服务人民，才能适合此项工作。表面看居委会做的都是些琐碎小事，其实每件工作都与国家发展和群众生活息息相关。大到全国性经济普查、人口普查、创建文明城市、疫情防控，小到垃圾分类、电动车安放、儿童托管、老人服务等工作，还涉及民政、综治、征兵、退伍、卫健等多个部门。

L 为什么在社区居委会工作的女性更多呢?

首先这和我们的择业观有关系。大学期间，选择社工专业的男性就比较少，人们认为居委会工作琐碎而适合女性的刻板印象，阻碍了男性进入这个职业。居委会工作人员招聘考试时，男性报名者甚少，所以录用的多为女性。随着观念转变和工作的稳定性提高，男性也开始参加居委会招聘了，居委会成员中男性工作人员在逐年增加。男性担任居委会主任的比例也多起来了，如广州某街道16个居委会，男性担任主任的就有5个，占比31%。

其次与职业的性别挤压有关系。职业性别挤压是指男性往往优先选择好工种，男性呈向上升迁的走势，女性就自然由低到高进行递补，因为性别刻板设定为女性技术不行，智慧不高，只能从事简单劳动和底层工作。如某小区征集了附近农村土地，要解决一部分人就业问题，就在村里招聘了一批清洁工，这时男性最先被招入。不久小区原招聘的一批年轻的保安离开了，于是男清洁工就到了保安位置，村里女性就递补为清洁工了。后来扫地开始用清洁车，男保安成了开清洁车的司机，村里的女清洁工就成了小区保安。再后来，小区物业招一批合同工，工资更高更稳定，开清洁车的男性应聘上了，小区开清洁车的就成了女性。这种就业挤压始终建立在男高女低的递补上。居委会工作也是如此，随着工作的受重视和待遇的提高，“男胜女汰”还是会表现出来。

第三是刻板地认为女性管理能力不行，认为女性没有远大目光、领导能力有限，不善于做决策性的工作，只能做具体琐碎的事情。于是在城市的区、街道、居委会，越到基层，女性比例就越多，不少居委会5至9人的构成，往往只有一两位男性，有的甚至全部是女性。当然，这种情况这两年也在改变。因为相对到企业上班和创业等工作来说，居委会成员采用的是聘任制，工作相对稳定，男性也开始关注和加入到基层岗位来。

L 现有很多岗位招聘为了招男生，往往提出所谓对女性的“照顾政策”，工作太辛苦、要上夜班、经常要出差、要面对暴力执法等，以说明岗位不适合女性。居委会的工作岗位大致符合这些条条，为什么不说居委会工作不适合女性呢？

居委会工作确实很辛苦，这里展示我的一位学员，广州某居委会主任小吴的一篇发言稿，作为优秀居委会主任，她有一段应对超强台风“山竹”的真实记录：

当得知超强台风“山竹”将正面来袭时，上级向我们下达了“必须确保人民群众生命财产安全”的军令状，我们立马投入到紧张防御工作中，地毯式巡查、通知200多家商铺停市、沙井下水道的疏通、劝导住户拿下阳台花盆、消除户外广告牌吹散等安全隐患，努力将潜在危险降至“零”。通过Q群、微信群向居民发放台风实时路径及安全防护知识。装防涝沙包、送独居老人到安置场所、通知车主将车撤离停车场、将电梯升至高层以免被水浸……傍晚6时许，15级超强台风正面袭来，狂风暴雨吹倒了大树，路边水位急剧升高。突然，停电了，通讯网络全部中断，我们无法了解台风最新路径，这时，作为居民的主心骨，我心里只有一个信念“不能慌，一定要坚守住家园，保证居民的平安”。这时珠江倒灌水涨到了小腿，雨小了些，我往外一看，有居民居然带孩子打着伞在小区内玩水。我冲出去站在小区公共场所凳子上，一遍遍大喊：“大家快回家，台风危险！”当把居民全部送回家后，发现我们办公室快被水淹了，6个女汉子拿起一切能阻挡的东西围堵雨水漫延，不停的战斗让大家累瘫了。一直忙到深夜12点，我才踏着齐膝盖的水打着电筒回家，这时大街上空无一人，我深一脚浅一脚，生怕脚下有暗渠、沙井或电线。第二天一早，居委会所有同事准时到岗了，对辖区进行巡查，登记受损情况，值得欣喜的是，小区内无人员伤亡、无重大财产损失，无一部车辆被水浸泡损坏。

当你看到一段这样的战台风情景，还有理由说，居委会工作只适合女性吗？——逐户紧张的通知、准备防涝沙包、趟在水里战斗、站在凳子上呼喊、用沙袋堵办公室的水、深夜12点一人走回家、第二天所有人照常上班——可以说，没有一项工作是适合弱女子做的，而这就是一个由6位女性组成的居委会做的全部工作。不要说突发性事件，就是平时也经常加班加点，有时还要应对居民的语言暴力，看来都不适合女性吧？可见职业性别隔离是很不合理的引导。

2021年建党百年之际获得“功勋党员”称号的王兰花，就是位社区工作者，她几十年如一日坚持志愿服务；带领“王兰花热心小组”先后为居民解决各类困难7000多件，调解各类民事纠纷600多起，开展公益活动7000多场次，推动宁夏吴忠市利通区的志愿者从最初7人发展到今天的6.5万人。这种为民服务的精神绝不是由性别决定，而是一名共产党员的初心使然。希望克服性别刻板印象，有更多愿意服务基层的男性进入到社区工作岗位来。

二、用性别视角服务社区居民

L 居委会工作服务的是千家万户，平时服务居民时，有没有性别视角呢?

有的，居委会服务对象主要是本社区的居民，包括常住居民和流动人口，服务中一定要有性别视角。

居委会经常会举办一些培训和活动服务于居民，如举办亲子读书活动、反对家庭暴力培训、小手拉大手共建社区和谐等，这里就有很强的性别视角。如在亲子读书活动中参加者为什么多是妈妈？爸爸参与有什么好处？办一个爸爸亲子活动的专场可不可行？我有个学员叫晓娟，是广州市一名公务员，她最早从自己孩子读书开始，小范围在社区开展业主自助友好读书活动，后来她先生也参与到社区读书活动组织中，一家人成为读书活动的参与者和组织者，活动越办越好，影响也越来越大，她家也被评为广东省十大书香家庭、全国文明家庭。当我问这位爸爸，作为一名男性为什么会参加小区读书活动，有什么收获时，他说，刚开始也觉得没什么意思，后来在妻子影响下参加了几次社区活动，觉得收获很大，因为在分享读书体会时，有种自我成长的感觉和成就感。读书对孩子和家庭影响很大，现在这个读书会，不少父亲参加进来，在父亲的陪伴下，孩子们成长得也更健康了。这个真实的故事告诉我们，在社区里把家庭活动构建为一种积极的社会性事情，不仅可以影响邻里关系，更可以构建一个有益于社会发展的公共空间。

另外，在社区反家庭暴力宣传中，不要局限于只对女性教育，要鼓励更多男性参与反家暴的行动和宣传，让反家暴成为全民共识，坚决反对各种家暴，实现零容忍。

社区家庭纠纷调解中，处理夫妻矛盾或代际矛盾时，要避免“性别刻板印象”，如发生家庭暴力时不能对女性说，“你就少说两句，忍着一点，你老公就不会打你了”。看似很有道理的两句话，实则把矛盾的主要方面归到女性身上。“家庭暴力”不是让受害者忍受就可避免的，而是应当对施暴者加以教育。在处理婆媳关系时，也有性别视角，我曾经参加过一个电视台“好婆媳”评选活动，主持人让嘉宾表态，婆媳之间解决矛盾是婆婆还是媳妇更为关键，我的回答是中间男最重要，没有儿就没有媳就没有婆，所以中间男做好调节最重要。在调解矛盾时，不要认为家中就是两个女人在打仗，其实两代人之间一定有代际矛盾，包括女婿和岳父母，自己和父母都会有代沟。因此调解家庭纠纷时，拓宽视野，融入性别视角，更有利于化解矛盾。

女性寿命普遍较男性长，城市社区有一些独居的高龄女性，要纳入社区服务的重点中来。

对孕妇也需要给予特别照顾。2021年5月，广州市荔湾区发现新冠疫情，社区居委会关注到封闭管控区域内孕产妇和儿童的就医需求，于是引导准妈妈们使用“穗好孕”平台，让她们居家建档，方便街道社区卫生服务中心掌握她们的身体情况；引入“唯爱妈妈心理服务热线”，依托专业心理援助服务让准妈妈们舒缓情绪，安心居家。这种暖心服务，就是性别视角。

社区还要关注性别的污名化，邻里之间发生矛盾时，往往会有带性别歧视的语言，如有遛狗不牵绳的女性，群里就冠以“不牵狗绳的女人太无知”的骂名，小区广场舞扰民，就有“楼下广场大妈太可恶”的表述，不牵狗绳的男性和跳广场舞的大叔不可能有这样的性别污名。作为社区管理者，要引导居民的性别意识，理性处理矛盾，如用“遛狗牵绳要文明”“广场舞者勿扰民”等文明用语，这样更有利于社区和谐。

三、对居委会服务主体的性别关怀

L 社区居委会的工作人员多为女性，她们经常加班加点，没时间顾及自己家庭，照顾孩子和老人，相关部门怎样帮助和关爱这个群体，有没有好的建议？

一位长期担任社区居委会的主任告诉我，居委会作为人民政府的派出机构，对应上面所有职能部门，真是“上面千条线，下面一根针”。表现为牌子多、会议多、文件多、报表多、迎检多、汇报多、问责多，各部门都要求“见人、见物、见阵地、见牌子”，一个居委上墙牌子就有30多块，每块牌子对应的都是多项任务，各项工作千头万绪，导致基层不堪其累、疲于应对，不仅压力大，影响自己的身体，而且没时间顾家管孩子，也造成了家庭的不稳定。

我对社区居委会的工作人员进行了访谈，有的女性居委会主任，因工作太忙，管不了家，丈夫不理解只有离婚。有的因长期扑在工作上，孩子教育缺失成了问题孩子，甚至辍学在家。有的因社区工作经常受到委屈造成心理疾病和身体疾病。关心关爱这些基层妇女干部，也有性别关照问题。

一是从待遇上给予倾斜。基层女干部工作累，待遇低，容易造成人才流失。相关部门应从顶层设计上提高基层干部待遇，稳定这支重要的队伍。如工作待遇、医疗保障、养老保险等，以解除其后顾之忧。

二是从素质上帮助提升。街道和妇联要给社区居委会干部提供更多学习和培训机会，以提升他们的管理能力和治理水平。如网格化管理和日常管理方法、心理健康与心理调适、服务与沟通技巧等，综合素质的提升有助于基层干部提高工作效率，把千头万绪的工作理得更顺。

三是从政策导向上关心和爱护。上级领导要多关心爱护基层女干部，从荣誉上向她们倾斜，从身份上给予优待。如广州市这几年专门给优秀社区干部打开考录公务员和事业编制的通道，通过笔试和面试让他们成为正式的公职人员。我身边好几位优秀的女性居委会主任都考上了公务员，由于她们有很强的基层服务意识和经验，在新岗位上都做得很出色。

四是家人的理解和支持。巧玲是位优秀的社区居委会书记兼主任，在建党百年时，被评上全国优秀党务工作者，她的宣讲稿有一段内容很感人：

我从2000年走上基层社区岗位的那天起，就把“家”安在社区、把“心”留在社区、把“日子”融在社区，把江西妹子的“辣劲”放在社区，立足平凡岗位，甘做社区“守护人”，默默奉献与付出。20年来，作为社区当家人，我俨然成了一名家庭主妇的角色，但是作为家庭中的妻子、女儿、母亲、儿媳……我是失职的。这么多年来，我几乎没有给家人做过一顿像样的晚饭，没有陪他们度过一个完整的节日，两个孩子从小到大都是爱人和婆婆带的，家务也是他们包揽。我对他们于心有愧，有时回到家还忍不住抱怨、发脾气。一次我在工作中受到委屈，回家后婆婆看我情绪低落，煮了碗糖水要我润润喉。可是我却烦躁得大吼大叫：我不想吃，我不要吃！婆婆无声地走开，没多久，我听到老人在房间低声抽泣。那瞬间，我难受极了，我把最光鲜、最可亲的一面都给了社区群众，却把最糟糕、最负面的情绪撒给了家人。说实话，这些年我为家庭付出得太少，社区棘手难缠的事情有时我也会力不从心，一度也想过要辞职不干，但就是在一次次努力、一次次跑腿、一次次解决问题中，居民认同我们，甚至感激我们，感谢党和政府，这样的快乐与满足是其他任何东西都赋予不了的，让我深刻感受到作为一名基层支部书记的自豪与荣光！

听完这段宣讲，我们敬佩这位居委会主任，更为她的家人对她工作的支持和理解而赞叹。基层居委会女性的奉献是伟大的，家人的理解情怀更是博大的。

L 无论在农村还是城市，这些基层女干部的奉献精神都应得到尊重，岗位没有高低贵贱之分，没有男女不同之分，只要为人民做事，无论大小事、大小官，都值得敬重，向这些基层干部致敬！

思考题

1. 对你所在的村委会或居委会做一个调查，内容包括主任及工作人员的性别构成，村、居委会墙上挂了哪些牌子；并对主任或工作人员做一个访谈，了解村、居委会日常的具体工作，并思考这些工作与你的生活有什么关系。

2. 在网上对乡村振兴中的女性做一个了解，看看她们是怎么样发挥女性作用的。

第九讲

家和万事兴中的平等意识

CHAPTER 9

L 2022年1月1日《家庭教育促进法》开始实施，自此，家庭教育从私事，上升为重要的国事，媒体上对此讨论得非常热烈。老师在前面多次讲到了家庭对性别的构建，那么在家庭建设中，性别平等体现在哪些方面呢？

《家庭教育促进法》的实施，让国家、社会、学校、家庭都加强了家庭、家教、家风的建设，很多教育机构也转向了家庭教育，但是在家庭教育的全过程中，有一个重要的，也是容易被忽视的问题，就是性别视角。家庭成员包括男性和女性，但是很多家庭教育课的受教育者都是妈妈，同时在家务劳动和孩子的成长陪伴中，父亲的缺失也比较常见，因此也带来了一些家庭的不和谐因素。这一讲我要和大家分享的内容就是——家和万事兴中的平等意识。

第一节
家庭关系中的性别平等

中国传统文化是以家族的“家”为单位出发的。“天下之本在国，国之本在家。”孟子这一“家本位”的观念渗入感特别强。古代中国以小农经济为特色，家庭担负着经济、教育、宗教、医疗和保障等一系列责任，生老病死依靠家庭，社会交往从家庭起步，家风家教决定着人生。那么中国家庭中的性别关系是什么样的呢？

家庭是由婚姻、血缘或收养关系组成的生活共同体。每个家庭都有着生物属性，即生育行为、抚育行为、性行为等；也有社会属性，包括家庭成员的权利、义务和对家庭、社会所负的责任等。生物属性和社会属性共同形成家庭成员在家庭中不同的地位和角色，由此形成家庭的核心价值观。几千年来中国传统封建家庭的核心价值观，是以父权为中心的家长观，强调男尊女卑、男强女弱、男主女从、男高女低，男性在家中始终处于主导地位。家庭以父系脉络传承，男性因此被赋予传宗接代的职责而受到高度重视，女性“出嫁”意味着“出”到别人家去了，以后就是外人了，往往处于被剥夺了家庭的继承权的不利地位。男尊女卑的家庭评判观影响也很大，家庭以男性为尊来作为评判标准和处理人际关系。如男孩从一出生就受到礼待，叫弄璋之喜，女孩则为弄瓦之喜，至今不少地方还要为男孩在满月时举行隆重的“上灯”仪式，女孩则没有这个仪式。

L 这种传统的家庭文化观到今天还存在吗？体现在哪些方面呢？

随着社会发展和进步，传统封建观念在不断被打破，平等观念日益深入人心。但是与制度、体制、政策不同的是，观念改变最不容易，特别是家庭代际观念和社会环境影响等多种因素共同作用下，传统旧观念彻底清除需要时日，这首先表现在家庭的各种关系上。

一、夫妻关系的性别平等

马克思、恩格斯在《德意志意识形态》中指出：“一开始就进入历史发展过程的第三种关系是：每日都在重新生产自己生命的人们开始生产另外一些人，即繁殖。这就是夫妻之间的关系，父母和子女之间的关系，也就是家庭。这种家庭起初是唯一的社会关系。”家庭的生产和再生产组成了夫妻关系、父母和子女关系，在这些关系中，性别平等是怎样体现出来的呢？根据马克思和恩格斯对家庭关系的表述可以理出中国家庭各种关系中的性别平等内容。

首先，夫妻关系是家庭中的最基本关系，是维系家庭的基础。对于一辈子牵手的夫妻来说，最重要的是什么呢？

L 夫妻之间要懂得彼此尊重、理解、包容，要有关爱、有感情，这些是不是都很重要呢？

这些都很重要，但是夫妻之间最重要的是“平等”二字。如果夫妻之间能平等相处，整个家庭都会更和谐。为什么呢？

一是从家庭责任来说，我们每个人都要承担国家责任、工作责任、社会责任、家庭责任和个人责任。传统文化理念的责任分工是“男主外，女主内”，“男主外”让男性在国家责任、工作责任、社会责任方面承担更多；“女主内”让女性担任了更多烦琐的家务劳动和家庭责任。但今天的社会，男女两性都在外打拼，女性走上工作岗位，一样要承担在外的责任，同时，女性，特别是母亲，在家务劳动、亲子教育和情感陪伴中付出得更多。这就带来了责任的不平等，一方面夫妻双方进入工作模式后，都成了家庭收入的来源；另一方面，男性的家庭责任感还没有完全建立起来，一般来说，男性在家务劳动、陪伴孩子和照顾老人方面，承担的家庭责任都更少。男女两性责任的不平等，往往会埋下家庭不和谐的种子。

二是从关系处理上看，家庭关系是平等的，任何一方都不要把自己凌驾于对方之上。大男子主义让男性认为“我说了算”，没必要征求对方的意见。女性为此感觉到不平等，也会影响夫妻感情。

三是新旧观念的交织。随着社会发展，人们思想观念处在传统与现代的碰撞和交织阶段。传统观念认为女性应该留在家中，有的男性对妻子说：“我奶奶、妈妈都是在家相夫教子，家里很和谐啊，你为什么做不到？”现代观念主张女性和男性一样有平等的选择权，可以选择工作或不工作，可以选择自己的人生道路。这种社会观念的碰撞会直接影响到夫妻关系，如生不生娃、生几个娃的选择上，做不做家务、谁来做的问题上，就不是夫妻之间某一个人的事，而要平等商讨，平等承担。新修订的《妇女权益保障法》第二十一条特别强调了妇女本人的意见：“医疗机构施行生育手术、特殊检查或者特殊治疗时，应当征得妇女本人同意；在妇女与其家属或者关系人意见不一致时，应当尊重妇女本人意愿。”如今以牺牲女性为代价来换取所谓的家庭和谐，已不是现代人的理念了。

还有一个值得关注的问题，女性开始思考：婚姻到底给我们带来什么好处？对广大女性而言，经济地位提升了，社会舆论环境也逐渐宽容。婚后，当家庭和事业发生冲突时，做出妥协的绝大多数是女性，很多曾经有理想、有追求、有事业的女性为家庭和孩子选择牺牲事业，即使在事业上与男性有同样的潜力，同样的野心，也可能因怀孕、生育而掉队。男性则依然固守着传统思维，坚持“男主外，女主内”的家庭结构，因为他们往往是这种结构的最大受益者。很少有男人愿意待在家里，承担家务劳动，养育和陪伴子女而让妻子提升事业。婚姻甚至会成为男性的一种助力，那些职场上成功的男性，背后几乎都有妻子的鼎力支持和无私奉献。而那些成功的女性后面，则往往是心态不平衡甚至忌妒的男性，潜台词是“我老婆怎么能比我强？”因此更多男性认为在外打拼、赚钱养家是正事，因为这些付出和收获是可以量化的，但女性提供关爱的价值和家庭照料的价值不易量化，不易被评估，不易被看见！

L 当今时代的婚恋观和家庭观发生了很大变化，不婚、晚婚、不育、少子和老龄化成为趋势，除了对女性教育，是不是需要从男性那里找一找突破口？尤其是三孩时代到来，要解决女性在家庭和职场上两难的困境，让男性参与家务劳动和陪伴孩子，建立一套全新的现代家庭理念是不是更重要？

我在讲夫妻关系和亲子教育方面的课程时，听课的多为女性，其实男性参与听课一样会收到很好的效果。我常给转业干部讲课，绝大多数为男性，每次讲到性别平等时，他们都很有感触，说过去在部队里，每年回家探亲一次，觉得夫妻关系和亲子关系都很不错。现在转业了，天天回家，守着妻子和孩子，反而不知道如何处理好家庭的种种关系。听课后，感觉到夫妻间的平等真的很重要，军功章上各有一半，家庭和谐中也应各有一半。对孩子的教育，过去很少参与，现在管孩子，总拿部队管战士的方法，用命令口吻和态度来训斥孩子，效果非常差，孩子根本不和他们交往。他们表示今后要从性别平等方面去努力，承担好家庭责任和养育责任。

无论是从数据还是个案上，夫妻之间平等相处，一定能降低家庭的成本，预防风险，增加家庭收益和效率，孩子的健康成长和家庭的和谐也会更容易。

二、父母与子女关系的性别平等

父母与子女之间的关系是错综复杂的，有母女关系、母子关系、父女关系、父子关系、父母与多子女的关系、多子女之间的关系等。

父母与子女的关系一样要讲性别平等。如对男孩和女孩的期待，对男孩和女孩的教育，对男孩和女孩的态度等，往往会影响孩子的一生。有时不经意一句话，就会对孩子造成伤害。

我给女子学院的女生们讲性别平等课，出了一个讨论题：在你的成长经历中，有没有因性别受到积极的或消极的影响？得到的答案多是因父母性别不平等对待带来的负面影响。“你是姐姐，要让着弟弟，学会照顾人。”“女孩子一定要学会做家务，要不将来嫁人后怎么伺候老公和管教孩子。”“女孩子不用有那么高的学历，学历越高越嫁不出去。”“你要是个男孩就好了，我们家就有希望了。”父母这些话，看似不经意，但对女孩人生道路的影响很大。女生们表示，父母这些话让她们内心很受伤。

其实不仅对女孩，对男孩的教育如果没有性别平等理念，看似鼓励的话，一样会给男孩带来成长的烦恼。“男孩一定要坚强勇敢，不要那么胆小。”“男孩要好好学习，要不怎么能当好社会和家庭的顶梁柱？”“男孩一定要比女孩强，否则怎么有担当！”“男孩怎么能哭呢，太娘了吧！”诸如此类的性别教育，让男孩从小就承担太多压力。如果这个男孩长大后，并不是父母所期待的那么优秀，当不了“柱子”，会产生更大压力，如果得不到释放，往往会形成心理问题。因此父母对待子女一定要有性别平等意识，无论男孩还是女孩，都让Ta们有自己的人生选择，有积极向上的品格，有尊重自己的人格和尊重异性的理念。

在多子女之间的关系上，父母也需要灌输性别平等的理念。在有兄弟和姐妹的家庭，Ta们之间能不能平等相处也是一个值得关注的问题。我对美容店里的姑娘们做过访谈，她们很多都是初中毕业或没毕业就出来打工了，其中很大一部分工资是供家里的兄弟们上学，说父母认为哥哥或弟弟是传宗接代的，女儿们要赚钱供他们读书。二孩三孩政策出台后，一些有女儿的家庭生了儿子后，重男轻女的态度非常明显，造成女儿对弟弟不是爱而是恨，有些甚至延伸至对父母的厌恶，可见性别平等在家庭关系中多么重要。

三、与长辈和亲戚关系的性别平等

L 我经常会看到评选好婆媳这样的活动，因为人们认为，在一个家庭，婆媳关系最难相处，是不是这样呢？

婆媳关系是亲子关系与夫妻关系延伸而形成的家庭的代际关系，其实不仅是婆媳之间，女婿和岳父母之间，自己和父母之间，两代人一定会有代沟。因为时代环境、个人喜好、价值观念、性格特征会影响每个人及每个家庭。家庭有矛盾是常态，有代沟是必然，无论在哪个层次、哪个时代的两代人都如此。

L 既然两代人之间一定有矛盾，为什么自古以来，都把婆媳这两代人的关系看成是家庭矛盾的焦点，把一个家庭定位成两个女人在“打仗”呢？

人们常把“婆媳关系”看成是千古难题，特别是“掉到河里先救谁”的选择，更给“中间男”出了一道两难题目。为什么中国人的“婆媳关系”这么被关注呢？

一是“男治外、女治内”权利分工造成的。在一个家庭，作为中间男的儿子常被赋予承担家庭经济收入“治外”的权利。婆媳两人则是“治内”的当家。虽然共同目的都是治理好家庭，但婆婆做了几十年的内当家，把家庭事务的管理权、支配权交给媳妇时，婆婆有时不太适应。加之当下媳妇们也很有主见，因此矛盾就发生了。即便婆婆和媳妇共同持家主内，由于各自地位不同、考虑问题角度不同，也容易产生分歧。

二是家庭琐事造成的。在一个家庭里，柴米油盐酱醋茶和抚育后代、照顾老人或病人的琐事，最容易成为家庭矛盾的焦点。两位女性的代沟，在这些琐事的处理上很容易产生矛盾，所以就把婆媳之间矛盾推到了家庭矛盾的风口浪尖。随着时代发展，很多家庭为了规避矛盾，采取了多样方式，如请女方父母带娃，有句顺口溜“妈妈生外婆养，爸爸回来就上网，外公天天菜市场，爷爷奶奶来欣赏”。这种照护模式一样会产生矛盾，但因为是亲爹妈，矛盾处理起来不是那么尖锐罢了。再就是请家政服务，但是对保姆的要求不同，一样容易产生矛盾。

所以评选好婆媳这一提法是一种刻板印象，把两位女性一定会有的代际矛盾扩大了，貌似树立某种正面典型，实际加深一种刻板印象——

“两代女性会造成家庭矛盾”。如果从性别平等的角度来分析，把家庭和谐看成是所有成员共同努力的结果，如寻找“最美家庭”、评选“文明家庭”，突出家庭每个成员的责任会更好地促进家庭的整体和谐。

与亲戚间的关系，也有性别问题。家族聚会，一般都是家族男性长者或有经济实力或为领导的男性为上座，女性哪怕是长者也不能成为座上主。如有性别平等意识，按照敬老孝老观念，无论男性或女性长者都应成为座上主人，这种做法对家族后人的性别平等意识形成还是有指导和帮助的。

第二节 家庭教育中的性别平等

一、父母的性别期待和指引对孩子的影响

L 家庭教育中的性别引导会对人一生有影响吗？我小学一个男同学很喜欢玩娃娃，他妈妈给他买了一个可以穿脱衣服的娃娃，他很喜欢。当时我还嘲笑他，男孩还玩娃娃。他还特别胆小，到我家来玩的时候，总要我把他送到楼下，说很害怕。有时他和同学闹矛盾了，还会哭。可我这个女孩却胆大好动，不仅喜欢舞棍弄刀，还特别喜欢玩变形金刚。我们俩现在无论工作和家庭都很幸福，各自都发展得很好啊！

家庭的性别期待和教育在一个人的成长中会产生很大的影响。如父母给孩子们买什么玩具，往往有性别选择。汽车、刀枪、变形金刚作为男孩首选；芭比娃娃、小厨具、毛绒玩偶等则是女孩的专享。有位妈妈说：“别人都说我怀的是男孩，我准备的衣物都是男孩的，可谁知却生了个女孩，让我们措手不及。”男女婴儿的衣服会有什么差别呢？让这位妈妈措手不及的是什么呢？仔细思量下，如果说有差别，就是颜色，男孩多选择蓝色，女孩为粉色。冷暖色代表着父母对男孩和女孩的文化期待，社会性别就在这样不知不觉中建立起来。其实颜色是不分性别的，父母可以根据自己的喜好来选择，孩子也是一样的。用颜色与性别分类，会给孩子从小带来对性别的刻板印象。随着宝宝成长，男孩开始被要求坚强勇敢，女孩则被塑造成温柔体贴的样子，孩子从小开始接受这种观念，被所谓的男女特征构建着，并伴随着成长不断强化着。

L 如果把男孩和女孩的玩具互换，会不会因其性别受到影响？我这个女孩从小就喜欢玩所谓男孩的玩具，我表哥有一支木头手枪，我特别喜欢，总是摆弄着，还很想拥有一支呢！

这是一个很有意思的问题，在现实中，女孩玩弄刀枪、汽车比较容易接受，被叫“假小子”或“女汉子”，但是“小子”和“汉子”属于中性词或褒义词；男孩玩芭比娃娃，玩小厨具，则会被认为是“娘娘腔”“女里女气”，“娘”就成贬义词了。你能想到在平日生活中出现的贬低女性的语句吗？

L 马上想到一堆：“头发长，见识短”“好男不和女斗”“娘娘腔”“说话像女人似的”“心眼和女人一样小”。关于男性的词：“男儿当自强”“好男儿志在四方”“男儿有泪不轻弹”。男人和“大”和“内在素质”联系更多，女人与“小”和“外在形象”更有关联，如“大丈夫、大老爷儿们，小媳妇、小女子，男才女貌、男强女弱”等。

是的，这些表述，让家长们不自觉给孩子打上性别印记，对孩子一生还是有影响的。如男宝宝一岁多蹒跚学步时摔倒了大哭，父母会指引：“宝宝不能哭，你是小男孩，男孩要坚强勇敢哦！”传递给女孩的则是“女孩子要温柔些，不要那么疯”。于是男孩要承担坚强勇敢的“人设”，否则就没有男子气概了。其实“强”的内涵很丰富，“大度、坚定、忍耐、胸怀”是“强”，而不是所谓的“匪气”和“霸道”。这种性别隔离很具有迷惑性，特别是男孩所谓的“女”性化，更难让人接受：“我家男孩太弱了，长大后能有担当吗？”“我家儿子太善良，像个女孩，以后会不会受欺侮？”这种性别刻板印象恰恰让男孩在成长中失去了自我。为了纠正这种刻板印象，家长可以向孩子展示不同性别、种族和肤色的平等理论，并提醒孩子，你们可以成为任何自己想成为的人。如给小男孩买个小娃娃，让他们在与小玩偶相伴中更关注人性，给他一堆过家家的锅碗瓢盆，长大后他可能会把这种游戏移接到现实中，把做家务、做饭当作爱好和责任，家庭也会更和谐。

你们的父母顺应了孩子需求，尊重了你们自己的爱好和个性，所以你们在后来人生道路上发展得都比较好。

L 是的，我也非常感谢父母对我的教育，让我可以做自己想做的事情。那么，家庭作为人生第一所学校，家长作为孩子的第一任老师，言行应该怎么做呢？

二、父母言传身教中的性别平等

《家庭教育促进法》对家庭教育的概念进行了界定："家庭教育，是指父母或者其他监护人为促进未成年人全面健康成长，对其实施的道德品质、身体素质、生活技能、文化修养、行为习惯等方面的培育、引导和影响。"对家庭教育的方式方法列举了九条，以下概述之：

（一）亲自养育，加强亲子陪伴；

（二）共同参与，发挥父母双方的作用；

（三）相机而教，寓教于日常生活之中；

（四）潜移默化，言传与身教相结合；

（五）严慈相济，关心爱护与严格要求并重；

（六）尊重差异，根据年龄和个性特点进行科学引导；

（七）平等交流，予以尊重、理解和鼓励；

（八）相互促进，父母与子女共同成长；

（九）其他有益于未成年人全面发展、健康成长的方式方法。

性别平等是一条红线，贯穿在这些方法的始终，如强调父母亲自养育和严慈相济，父母双方共同参与和言传身教，父母尊重差异和平等交流等。那么，在现实中怎么做呢？

一是父母话语体系中的平等。语言是思想的直接现实，父母对孩子说话是有技巧的。有一本畅销书叫《如何说孩子才会听　怎么听孩子才肯说》，对孩子来说，父母的话语体系充满了平等理念，孩子会更愿意接受。

如父母可直接了当地与孩子们谈论两性平等以及妇女权利的问题，提示孩子，为达到一个男女平等的世界，我们家里首先就要平等。不要小看这样的对话，这有利于孩子对两性进行思考，前提是父母有性别平等理念。

对男孩和女孩的态度上，父母以下的话可以让孩子增加自信心："孩子，无论你是男孩还是女孩子，我们作为你的父母，不会因为你的性别而有所偏颇，你永远是我们的宝贝。""不要因为你的性别做出违背意愿的选择，做自己有兴趣的事情，选择自己喜欢的道路就好。"很多成功女性回忆小时候父母的教育时，都讲到了这种平等理念的影响。

当然，很多父母在对待儿女的语言表述中，往往是有差异的。有位女博士说，父母都是非常普通的人，没什么文化，也没有什么教育方式，对她基本是放养的。正因为这样，她有了更多个性化的选择，努力学习、考上了重点本科、读了硕士和博士。她还有个弟弟，因为是男孩，父母对弟弟特别关注，比较娇宠的弟弟只考了个"三本"，为此父母很难接受，经常对姐弟俩说："你们要是换一下就好了。"这种重男轻女的语言让她特别不舒服，甚至有点恨父母，不愿意回家。可见父母一句话，有时会影响孩子一辈子，特别是对女孩的歧视。

二是在行为方面对孩子教育的平等。如给家里的男孩和女孩在分配食物、购买玩具、添置衣物等方面做到平等对待，尽可能做到一碗水端平，不偏不倚，让孩子们感觉到父母对他们的尊重是建立在平等基础上的。同时父母在家里树立榜样，平等分担家务，共同陪伴孩子。孩子在3岁之前就开始接受性别意识，如果家长有性别刻板印象，会导致男孩的世界不断扩大，女孩的世界愈加缩小。这就是为什么我们倡导在家里尽早就性别角色展开对话，从小在孩子心中种下平等的种子，一定会结出更健康美丽的果实。

L 其实不仅对女孩有歧视，对男孩也一样有歧视现象。我有个朋友，是位男性，有个双胞胎姐姐，高考时他比姐姐少了60多分，姐姐上了重点大学，他上了一般学校。他爸爸说："你还像个男孩吗？真没出息！"于是家里给姐姐买了新电脑，把用了多年的旧电脑给了他，让他心里觉得特别不舒服。直到今天，他都觉得不如姐姐，姐弟俩关系也不好，父母不平等的态度，对孩子成长很不利。

家庭是个人经历社会化过程中的"第一课堂"，家长是给予孩子人生经验的"第一任老师"，对孩子教育是最先又最容易被孩子接受并加以内化的。父母不仅要平等对待女孩，一样要平等对待男孩，因为"男孩不如女孩""男孩要承担大事""要有担当，有男子气概"等对男性气质的过度束缚，会给男孩，特别是性格内向的比较柔弱的，带来更多心理压力，不利于男孩的成长。

三、父母对儿女教育平等观念的分析

父母对孩子的教育是否有性别平等的理念，是父母家庭教育的方法方式是否科学的体现。在中国家庭里，父母一方面继承了传统的性别价值观，另一方面有个人对性别的喜好，二者互相交织，形成了父母教育的性别特点。如有的父母对女儿喜欢和男孩扎堆玩，表现出所谓的"女汉子"风格，感到顾虑和担忧；对那些细腻温柔而缺少粗犷勇猛气质的男孩更是忧心忡忡，想按传统"男强女弱"的要求努力扭转和改变Ta们，让其更适合"社会对男女两性的价值判断"。父母以为这是顺应主流的家庭教育，极力按传统标准去扭转孩子性格，这不仅不能让孩子健康成长，反而扼杀了个性。特别是当这个男孩或女孩不能按照父母要求，发生了所谓"错位"，即男孩多了些细腻和柔弱，女孩子多了些勇猛和粗犷时，父母的性别刻板教育会让孩子在今后的社会适应、情绪调控、压力化解以及包括家庭在内的各种人际关系上遇到困境。

反之，如果父母能摆脱刻板的性别教育，鼓励男孩女孩按照自己的想法去实现人生目标，按各自优质潜能展示个性，可能会多一些优秀的女航天员和女政治家，多一些优秀的男护士和男幼师。

在家庭教育中，“生理性别”不应再成为限制孩子发展的因素，父母发现并欣赏作为一个“人”的多元和丰富，用平等理念和方式引导教育孩子，也就是说，对变形金刚和洋娃娃，粉红色和深蓝色，当护士还是当医生，都不带有性别眼镜，让这些都成为男孩或女孩的选择，会更有利于人的全面发展。

L 我看到老师在“家慧库”的家庭教育平台上开设了“性别平等与家庭责任”一课，共有十节内容，点击量有10万多，老师能不能介绍这门课的主要内容？

这个课的开设应该感谢“家慧库”，作为家庭教育的线上平台，他们做得很专业，不少家庭教育的专家在这里开设了讲座。我的课从性别平等与家庭的各项责任方面讲授。

第一节：家里处处有平等，爸妈个个有责任。主要从家庭各种关系中理出男女平等的基本概念，希望爸妈共同担起教育孩子的责任。

第二节：探究家庭政策中的性别平等。列出国家一系列有关家庭教育的政策，特别是《家庭教育法》的出台，为家庭教育提供了指导。

第三节：你真的懂得什么是性别吗？对看起来谁都知道的“性别”二字进行解读，厘清生理性别和社会性别的不同。

第四节：社会性别是怎样炼成的。通过家庭、学校、媒体、社会文化等多方面对性别的形塑，说明文化对性别发展的影响。

第五节：家庭教育中的性别平等导向。引导爸爸妈妈在对男孩和女孩的教育中更注重尊重个性的选择。

第六节：爸爸妈妈把爱心留下。分析留守儿童、流动儿童、住校儿童的心理需求和对父母爱的渴望，以及父母与其他监护人如何关爱这个群体。

第七节：家庭如何处理各种性别关系。倡导夫妻之间，父子、父女之间，母子、母女之间，子女之间等都应该平等相处，不要有性别隔离和偏见。

第八节：性别不平等带来的影响到底有多大。通过案例说明性别不平等带给孩子一生的影响，特别是女孩受到的伤害更大。

第九节：家庭最需要的零容忍是什么？反对家庭暴力，对家庭暴力坚决说“不”！特别呼吁男性参与到反对家庭暴力中来。

第十节：性别平等一定会带来家庭和谐。通过与其他国家的性别平等比较，以及我国优秀女性成功的案例说明性别平等对家和万事兴的重要性。

L 老师对性别与家庭关系做了比较系统的梳理，建议大家关注“家慧库”听听课。老师还参与了一些家庭教育的直播吧？

是的，这几年我通过网络讲授性别平等与家庭教育的课。如在中国儿童中心的家庭教育公益大讲堂讲授“育人育才与树人——好家风成就好孩子”直播，点击量有10万多；在广东省妇联《家庭教育促进法》“云端”大讲堂直播，点击量有3万多；在简知信息科技公司直播“性别平等与家庭和谐”，参与的也有2.6万，说明这样的话题大家还是很关注的。

第三节
家庭政策和法律体系中的男女平等

L 据第七次全国人口普查，我国有家庭4.94亿户。新时代的家庭规模、家庭结构、家庭关系也呈现出新特点、新情况、新问题。家是最小国，国是千万家，千家万户都好，国家才能好。老师能不能解读一下近几年来我国的家庭政策？

2021年以来，关于家庭文明、家庭教育的重要指引和政策紧密地相继出台。3月，《习近平关于注重家庭家教家风建设论述摘编》一书出版发行，为做好新时代家庭工作提供了根本遵循。4月，《中华人民共和国国民经济和社会发展第十四个五年规划和2035年远景目标纲要》首次设立家庭建设专节，为促进新时代家庭发展提供了重要的政策保障。8月，国务院通过了新一轮的《中国妇女发展纲要》和《中国儿童发展纲要》，新增了关于家庭建设的相关内容，为今后10年妇女儿童家庭文化发展提出了目标体系和策略要求。10月，《中华人民共和国家庭教育促进法》出台，明确了家庭教育的内涵和家长要承担的责任，提出了全社会共同关注和促进家庭教育领域，并将家庭教育提升到重要国事的位置。2022年10月，新修订的《妇女权益保障法》颁布，于2023年1月起实施，对家庭建设提出了更多的具体法律保障。

L 我读了由中央文献出版社编制的《习近平关于注重家庭家教家风建设论述摘编》一书，习近平总书记关于家庭建设的论述真的是既高屋建瓴又鲜活生动，是指导我国家庭文明建设的根本遵循。

这本书是习近平新时代家庭观的高度概括：“要帮助妇女处理好家庭和工作的关系，做对社会有责任、对家庭有贡献的新时代女性。男性也不能当甩手掌柜，要同妻子分担养老育幼等家庭责任，共担家务劳动。”（《习近平关于注重家庭家教家风建设论述摘编》第71页）这段话说明男女两性要平等分担家务劳动、养老育幼的责任，是习近平总书记将男女平等思想贯穿在家庭文化建设中一个鲜活又重要的论述。

新一轮《妇女发展纲要》和《儿童发展纲要》都增加了“家庭”一节。在《妇女发展纲要》的“妇女与家庭”中，九次提到了“平等”的概念，如“建立完善促进男女平等和妇女全面发展的家庭政策体系”“形成支持完善家庭基本功能、促进男女平等和妇女全面发展的家庭政策体系，增强家庭发展能力”“促进男女平等观念在婚姻家庭关系建设中落实落地，倡导夫妻平等参与家庭事务决策”“促进男女平等分担家务。倡导夫妻在家务劳动中分工配合，共同承担照料陪伴子女老人、教育子女、料理家务等家庭责任，缩小两性家务劳动时间差距”“宣传尊老爱幼、男女平等、夫妻和睦、勤俭持家、邻里团结等家庭美德，营造平等、文明、和谐、稳定的家庭环境”，将男女平等理念贯穿到了妇女与家庭的全部内容中。

《儿童发展纲要》“儿童与家庭”部分也多次提到“平等”二字。“发挥父母榜样和示范作用，教育引导儿童传承尊老爱幼、男女平等、夫妻和睦、勤俭持家、亲子平等、邻里团结的家庭美德。”“尊重儿童主体地位，保障儿童平等参与自身和家庭事务的权利。”“增强亲子互动，建立平等和谐的亲子关系。”这些提法对父母重视男女平等、亲子平等提供了参照，也对各部门落实“两纲”对标提供了依据。

《家庭教育促进法》对家长教育的方式和方法中，也将“平等交流，予以尊重、理解和鼓励”作为重要内容。

《妇女权益保障法》更是多次提到家庭建设、家庭教育和反对家庭暴力等内容，如“建立平等、和睦、文明的婚姻家庭关系”“夫妻双方应当共同负担家庭义务，共同照顾家庭生活”“禁止对妇女实施家庭暴力”，从法律上作了明确规定。

国家在政策和法律中纳入平等理念有很强的现实意义：一是国家从政策和法律上倡导家庭的平等理念，让更多家庭把平等作为家庭核心价值观去接受和运用；二是通过政策导向，不断打破传统性别模式，适应新时代家庭发展变化，让更多家庭接受先进的性别理论；三是从法律角度去规训家庭文明建设，使家庭建设有法可依，有法必依。

习近平主席2022年发表新年贺词时提到，“大国之大，也有大国之重。千头万绪的事，说到底是千家万户的事”。这段真挚朴实而又寓意深刻的话语，阐明了中国共产党人全心全意为人民服务的宗旨，彰显了领导人将大国之事落实到千家万户的深切情怀。因此做好家庭文明建设，也是对国家稳定、社会发展的贡献。

思考题

1. 小时候，你问过父母你是怎么来的吗？你得到的答案是什么？这个答案对你的人生产生过什么影响？

2. 在成长的过程中，父母对你的性别有刻意要求吗？如果你做了父母，对自己的男孩或女孩的期待是什么？有没有性别刻板印象的影响？

第十讲

性别平等与人类命运共同体

CHAPTER 10

L 2015年9月27日，习近平主席在纽约联合国全球妇女峰会上发表讲话《促进妇女全面发展　共建共享美好世界》。2020年10月1日，习近平主席又通过视频发表了《在联合国大会纪念北京世界妇女大会25周年高级别会议上的讲话》。两篇讲话从人类命运共同体的高度，阐述了性别平等的重要性，向世界分享了促进全球性别平等的中国经验。

很有高度哦!

习近平主席的这两篇讲话特别鼓舞人心，将性别平等的理论和实践放到了全球化战略思维上。今天，世界已成为一个你中有我、我中有你的社会。性别平等涉及人类两性关系，与人类命运共同体密切相连。

第一节
习近平全球化战略中的性别平等思想

习近平主席在联合国举行的两次会议上关于性别平等的思想高瞻远瞩并具有全球化战略思维，可从以下几个方面认识。

一、从历史与现实的结合上，肯定妇女在推动人类社会进步中的伟大作用

习近平主席对国际妇女发展史作了梳理，从200多年前世界第一份妇女权利宣言的诞生，到“三八”国际劳动妇女节的设立，从联合国成立妇女地位委员会，到通过《消除对妇女一切形式歧视公约》的制订，从而得出结论：“妇女是物质文明和精神文明的创造者，是推动社会发展和进步的重要力量。没有妇女，就没有人类，就没有社会。追求男女平等的事业是伟大的。纵观历史，没有妇女解放和进步，就没有人类解放和进步。”（习近平《促进妇女全面发展　共建共享美好世界》）在2020年10月1日的讲话中，习近平主席结合抗击新冠疫情的现实，阐述了妇女的伟大力量：“我们正在抗击新冠肺炎疫情，广大女性医务人员、疾控人员、科技人员、社区工作者、志愿者等不畏艰险、日夜奋战，坚守在疫情防控第一线，用勤劳和智慧书写着保护生命、拯救生命的壮丽诗篇。我们要为她们点赞。”

L 我注意到习近平讲话中特别提到了各地驰援湖北的4万多名医护人员中有三分之二是女性，还很生动地举了广东一位不满20岁小护士的例子，记者问她：“你还是一个孩子，还需要别人帮助。”她回答：

“穿上防护服，我就不是孩子了。”习主席说：“这段对话感动了整个中国！正是成千上万这样的中国女性，白衣执甲，逆行而上，以勇气和辛劳诠释了医者仁心，用担当和奉献换来了山河无恙。”（习近平《在联合国大会纪念北京世界妇女大会25周年高级别会议上的讲话》）

是的，这个视频感动了很多人，广东省惠州市中医院的小护士刘家怡，当时还不满20岁，是广东医疗队里最小的队员。她的任务是指导离开方舱的医护人员脱防护服，为抗疫战友守好避免感染风险的重要防线，她的勇敢感动了很多人，一件小事、一个小人物同样展示了妇女在抗疫斗争中的伟大作用。

习近平从历史唯物主义的视角深入阐述了妇女在推动历史进程中的伟大作用，用妇女参与抗疫的现实激情地赞扬了妇女在现实中的伟大作用，是对马克思主义妇女理论的新发展。

二、从妇女和经济发展同步关系上，提出妇女发展的基本路径

人类社会发展，离不开各国妇女，推动妇女和经济社会同步发展，才能促进妇女自身的发展。习近平主席提出，要惠及包括妇女在内的全体人民的发展理念，在制定发展战略上更加科学合理：“要考虑各国国情、性别差异、妇女特殊需求，确保妇女平等分享发展成果，又要创新政策手段，激发妇女潜力，推动广大妇女参与经济社会发展。”（习近平《促进妇女全面发展　共建共享美好世界》）中国的实践证明，推动妇女参加社会和经济活动，能有效提高妇女地位，极大提升社会生产力和经济活力。

在法律保障上，中国经验值得推崇，中国将男女平等作为一项基本国策，建立了包括100多部法律法规在内的全面保障妇女权益法律体系，被世界卫生组织列为妇幼健康高绩效的10个国家之一，基本消除义务教育性别

差距，全社会就业人员女性占比超过四成，互联网领域创业者中女性更是超过一半。习近平主席用中国政府的实际行动和具体数据，说明男女平等基本国策在中国实施的效果。

L 在国家重大问题上，中国特色的妇女实践也为世界妇女的发展提供了丰富的经验，如中国减贫行动是共产党领导下的壮举，为世界做出了榜样。

中国的减贫行动确实可圈可点。2021年7月20日，上海合作组织妇女教育与减贫论坛于在北京举行。习近平主席夫人，联合国教科文组织促进女童和妇女教育特使彭丽媛在会议上作了视频致辞，她讲到中国妇女减贫是国家高度重视、社会组织积极支持和各界人士无私奉献的结果。她举了三个例子：第一是政府层面，在贵州实施“锦绣计划”妇女特色手工产业，带动当地50多万名妇女实现居家就业；第二是社会组织参与，中国少年基金会组织的“春蕾计划”，让300多万名贫困女童得以完成学业；第三是个人公益行动，张桂梅扎根在云南贫困山区40多年，创办全免费女子高中，帮助2000多名女孩圆了大学梦。

中国减贫事业的经验让世界为之赞叹，彭丽媛列举的政府、社会和各界热心公益人士“三驾马车”的合力，立体有效推动了中国的减贫行动，促进了妇女与经济社会同步发展。

三、从消除对妇女一切形式的歧视上，提供了中国经验和全球妇女发展路线图

习近平主席高度概括了世界各国各地区妇女发展水平不平衡的特点：男女权利、机会、资源分配仍然不平等，社会对妇女潜能、才干、贡献的认识仍然不充分。现在全球8亿贫困人口中，一半以上是妇女。每当战乱和疫病来袭，妇女往往首当其冲。面对恐怖和暴力肆虐，妇女也深受其害。时至今日，针对妇女各种形式歧视依然存在，虐待甚至摧残妇女的事情时

有发生。

2020年新冠疫情在全球暴发以来，给世界妇女带来极大影响。根据联合国妇女署全球数据显示，新冠疫情可能会让他们为之努力的性别平等工作倒退25年。因为女性从事家务和家庭护理工作大幅增加，妇女丧失劳动就业和教育机会增加，女性身心健康变得更差。新冠肺炎疫情对各国生产生活、就业民生带来严重冲击，在这个冲击中，各国妇女面临着更大困难和更大挑战。为此，习近平主席从四方面提出了推动性别平等的全球化战略：

第一，帮助妇女摆脱疫情影响。要关注一线女性医务工作者身体健康、社会心理需求、工作环境。我们要把保障妇女和女童权益置于公共卫生和复工复产计划重要地位，特别是拓宽妇女就业渠道，打击侵犯妇女权益的行为。我们要强化社会服务，优先保障孕产妇、儿童等特殊人群，格外关心贫困妇女、老龄妇女、残疾妇女等困难群体，为她们做好事、解难事、办实事。

第二，让性别平等落到实处。这次疫情既带来了前所未有的挑战，也提供了深刻反思、重塑未来的机遇。世界的发展需要进入更加平等、包容、可持续的轨道，妇女事业是衡量的重要标尺。保障妇女权益必须上升为国家意志。要以疫情后恢复为契机，为妇女参政提供新机遇，提高妇女参与国家和经济文化社会事务管理水平。我们要消除针对妇女的偏见、歧视、暴力，让性别平等真正成为全社会共同遵循的行为规范和价值标准。

第三，推动妇女走在时代前列。在21世纪的今天，开创美好生活离不开妇女事业全面进步，也需要广大妇女贡献更大智慧和力量。要坚持在发展中保障妇女权益，靠发展改善妇女民生，实现妇女事业和经济社会同步发展。我们要扫清障碍、营造环境，最大限度调动广大妇女积极性、主动性、创造性，增强她们的获得感、幸福感、安全感。我们要充分发挥政府作用，广泛调动社会力量，支持和帮助妇女享有出彩的人生。

第四，加强全球妇女事业合作。妇女事业发展离不开和平安宁的国际环境，离不开可持续发展，离不开发挥联合国的重要协调作用。我们支持联合国把妇女工作放在优先位置，在消除暴力、歧视、贫困等老问题上加大投入，在解决性别数字鸿沟等新挑战上有所作为，使妇女目标成为2030年议程的早期收获。我们也支持提高妇女在联合国系统中的代表性。联合国妇女署要丰富性别平等工具箱，完善全球妇女发展路线图。

L 习近平主席提出的四点对策，有高度，有广度，有深度，可操作极强，特别是结合新冠疫情给世界妇女带来的影响提出的方法路径，可供世界各国政府在发展妇女事业中作参考。

习近平主席反复提到中国全力支持全球妇女事业和联合国妇女署工作，表示中国在资源上给予大力支持。2015年讲话中，习主席提出：中国将向妇女署捐款1000万美元，用于支持落实《北京宣言》和《行动纲领》，落实2015年后发展议程相关目标。在今后5年内，中国将帮助发展中国家实施100个“妇幼健康工程”，派遣医疗专家小组开展巡医活动；实施100个“快乐校园工程”，向贫困女童提供就学资助，提高女童入学率；邀请3万名发展中国家妇女来华参加培训，并在当地为发展中国家培训10万名女性职业技术人员。在中国同联合国合作设立的有关基金项目下，将专门开展支持发展中国家妇女能力建设的项目。这种直接的资金支持和“请进来，走出去”的帮扶方式，从健康、教育、就业等领域对妇女赋能的支持，彰显了中国促进人类命运共同体共同发展的中国精神。

在2020年的讲话中，习主席提出继续加大我国对全球妇女事业支持的力度。未来5年内，中国将再向联合国妇女署提供1000万美元捐款。中国将继续设立联合国教科文组织女童和妇女教育奖，支持全球女童和妇女教育事业，并倡议在2025年再次召开全球妇女峰会。

这不仅是中国对世界妇女发展无私的资金资助，更是对全球妇女发展行动计划的全力支持，是中国政府作为一个负责任的大国，对推动性别平等的决心和对人类命运共同体发展的自信。

第二节 联合国推动性别平等的行动

L 打开联合国官网，一行大字映入眼帘——“健康地球上的和平、尊严与平等”，面对这一高尚目标，人们有敬意、有期待，希望人类携手共同朝着这一目标前行。在推动性别平等全球化的进程中，联合国功不可没。

联合国成立于1945年，至今有193个会员国，自成立以来，联合国把解决国际社会在经济、社会和人道主义等各方面的问题作为己任，在推动性别平等中发挥了重要的国际作用。

一、历次世界妇女代表大会对性别平等的推动

为促进全世界妇女事业的发展，联合国至今共召开过四次世界妇女大会。

第一次世界妇女大会于1975年6月19日至7月2日在墨西哥首都墨西哥城召开，133个国家和地区的代表团和联合国各专门机构及有关组织1000多名代表出席会议。时任全国人大常委会副委员长李素文率中国代表团参加了大会。会议通过《关于妇女的平等地位和她们对发展与和平的贡献的宣言》以及《为实现妇女年目标而制定的世界行动计划》。大会对“男女平等”概念作了界定：“男女平等是指男女的尊严和价值的平等，以及男女权利、机会和责任的平等。”这一概念突破了生理性别限制，强调了权利、机会、责任的平等，从更广阔的社会文化视角定义，为传播社会性别平等理念奠定了重要基础。第一次世界妇女大会千人的规模和宣言内容，

为后来世界妇女发展奠定了坚实的基础。

第二次世界妇女大会于1980年7月14日至31日在丹麦首都哥本哈根召开，来自145个国家及联合国相关机构的代表2000多人与会。时任中国政协副主席、全国妇联主席康克清率中国代表团出席大会。大会通过了《联合国妇女十年后半期行动纲领》，规定各国促进妇女充分参与经济与社会发展、改善妇女就业、保障和教育状况的战略目标。康克清主席代表中国政府在1979年通过的《消除对妇女一切形式歧视公约》上签字，中国成为首批参与这一公约的缔约国，并一直履行着这一公约。

第三次世界妇女大会于1985年7月13日至26日在肯尼亚首都内罗毕召开，又名为“审查和评价联合国妇女十年成就世界会议”。157个国家和地区的代表及联合国相关组织和非政府组织的观察员等6000多人参加了会议，中共中央政治局候补委员、国务委员陈慕华率中国代表团出席了大会。会议审查了联合国妇女十年来平等、发展与和平的总目标进程，以及就业、保健和教育等具体目标在各国和地区及国际各层次所取得的进展、遇到的阻力和克服阻力应采取的措施等议题，通过了《到2000年提高妇女地位内罗毕前瞻性战略》。

第四次世界妇女大会于1995年9月4至15日在中国北京举行，会议主题是“以行动谋求平等、发展与和平”；次主题是“健康、教育和就业”。189个国家的政府代表、联合国系统各组织和专门机构、有关政府间和非政府组织的代表共15000多人与会，参加非政府组织论坛的达31000人，成为联合国参加人数最多的会议，也是中国承办规模最大的一次国际会议。全国人大常委会副委员长、全国妇联主席陈慕华为团长的中国政府代表团出席了会议。会议通过的《北京宣言》和《行动纲领》，达成了促进男女平等、保障妇女权利的战略目标和政策框架，成为世界妇女事业发展史上的重要里程碑。第四次世界妇女大会召开后，以行动谋求平等、发展与和平的精神一直激励着世界妇女运动不断发展。今天，143个国家在立法上明确了男女平等的理念，妇女接受教育、婚姻自由、职业自由已经成为社会共识。第四次世界妇女大会以后，联合国举行了多次活动推动性别平等在世界发展。

2020年是第四次世界妇女大会召开25周年，北京举办了“共促性别平等　共建美好世界”国际志愿者北京行动、以“纪念‘北京+25’薪火相承再出发”为主题的活动。活动以“屏对屏”形式开展，邀请大会亲历者回顾与会经历，表达对推动性别平等事业发展的决心和期望，会议在全球进行多语种传播。时任世界妇女大会秘书长蒙盖拉夫人提出，希望“世界各国加强合作，继续提升妇女地位，促进性别平等”。

L 联合国举行了四次世界妇女大会，人数一次比一次多，内容一次比一次丰富，有效地推动了世界性别平等的发展和进步。虽然现实中还有不尽如人意的地方，但世界推动性别平等的步伐一直在前行。

二、一系列重要文件对性别平等的推动

L 除了历次世界妇女大会通过的文件，联合国还出台了一系列关于消除性别歧视，维护妇女权益，推动性别平等的重要文件。老师能不能对这些文件做一个介绍？

（一）《消除对妇女一切形式歧视公约》

该公约于1979年12月18日通过，1981年9月生效，是联合国为消除对妇女一切形式的歧视、争取性别平等制定的一份重要的国际人权文书。简称《消歧公约》。全文共30条，内容重申了对各项基本人权和对人的尊严与价值的尊重、对男女权利平等的信念。为保护妇女权利制定了一系列综合标准，要求各缔约国必须采取法律措施禁止歧视妇女，将男女平等原则写入国家宪法，或制定男女平等法，在政治、经济、社会、文化、家庭等领域给予妇女平等的权利，为消除对妇女的歧视提供了国际法依据。

（二）《联合国千年发展目标》

2000年9月联合国首脑会议上，由189个国家签署一致通过了《联合国千年发展目标》。要求世界各国领导人就消除本国的贫穷、饥饿、疾病、文盲、环境恶化和对妇女的歧视来制定本国目标。目标明确消灭极端贫穷和饥饿、普及小学教育、促进男女平等并赋予妇女权利、降低儿童死亡率、改善产妇保健、与艾滋病毒/艾滋病、疟疾和其他疾病作斗争、确保环境的可持续能力、全球合作促进发展等内容的解决路径，并商定了一套有时限的指标体系。2015年，这一目标到了收官年，7月，在联合国总部举行了《千年发展目标2015年报告》新闻发布会。报告显示，国际社会基本实现了将全球极端贫困人口减半、小学教育性别均等、将无法获取改善的饮用水源的人口减半等具体目标。但仍有部分发展目标尚未完全实现。中国是千年发展目标实现得最好的发展中国家，基本完成了千年发展的目标。

（三）《联合国2030年可持续发展议程》

千年发展目标结束后，2015年在联合国大会第七十届会议上通过了《联合国2030年可持续发展议程》，自2016年1月1日正式启动。议程表述为："今天宣布的框架远远超过了千年目标框架，除了保留消贫、保健、教育和粮食安全和营养等发展优先事项外，它还提出了各种广泛的经济、社会和环境目标。它还承诺建立更加和平、更加包容的社会。重要的是，它还提出了执行手段。新的目标和具体目标相互紧密关联，有许多贯穿不同领域的要点，体现了我们决定采用统筹做法。"议程确定了今后15年实现17项可持续发展目标。第5项内容是"实现性别平等，增强所有妇女和女童的权能"，"实现性别平等和增强妇女和女童权能将大大促进我们实现所有目标和具体目标。如果人类中有一半人仍然不能充分享有人权和机会，就无法充分发挥人的潜能和实现可持续发展"。议程把性别平等的目标提到人类持续发展的高度，提出："妇女和女童必须能平等地接受优质教育，获得经济资源和参政机会，并能在就业、担任各级领导和参与决策方面，享有与男子和男童相同的机会。我们将努力争取为缩小两性差距大幅增加投入，在性别平等和增强妇女权能方面，在全球、区域和国家各级进一步为各机构提供支持。将消除对妇女和女童的一切形式歧视和暴力，包括通过让男子和男童参与。在执行本议程过程中，必须有系统地顾及性别平等因素。”

中国一直积极配合联合国议程的发展，从2016年起，中国发布了多份落实这项议程的报告。2021年7月14日，《中国落实2030年可持续发展议程国别自愿陈述报告》发布，在主要成就方面陈述了中国完成议程5方面的报告：

一是脱贫攻坚的全面胜利，提前实现2030年议程减贫目标；二是生态文明建设稳步推进，气候行动成效显著；三是疫情防控取得重大战略成果，经济增长空间和韧性显著提升；四是粮食安全保障有力，乡村振兴开局良好；五是基础设施互联互通持续推进，可持续交通建设成果丰硕。

报告涉及中国妇女发展的情况，如中国妇女的整体脱贫：“870万名妇女通过小额担保信贷和扶贫小额信贷实现创业增收。”“累计1021万名贫困妇女和妇女骨干接受技能培训，500多万贫困妇女通过手工、种植养殖、电商、旅游业等增收脱贫。”（《中国落实2030年可持续发展议程国别自愿陈述报告》）中国不仅提前完成了议程的相关内容，还为国际发展提供了中国经验，展示了中国信心和中国力量。

三、联合国妇女组织推动性别平等的成效

L 除了出台一系列文件，联合国还成立了一些妇女组织，这些组织在推动性别平等的进程中发挥了重要作用吧？

（一）联合国妇女地位委员会

联合国妇女地位委员会，简称“妇地会”，成立于1946年6月，其成员由联合国经社理事会按区域分配原则选出的联合国会员国代表组成，委员会机构根据经济及社会理事会各职司委员会的议事规则进行工作。

其工作职责一是通过研究全球妇女在经济和社会发展中的作用，保障妇女在政治、经济、社会、教育和法律等方面的权利；二是对维护妇女权益的事项向经社理事会提出建议和报告，并制定有关妇女地位公约和宣言及监督重要国际文件的执行；三是就有关妇女问题筹备和召开会议，制定提高妇女地位的计划和预算以及协调联合国系统妇女活动等工作任务。

妇地会自成立以来，制定了一系列维护妇女权益的国际公约。如1949年的《妇女政治权利公约》，1956年的《废止奴隶制、奴隶贩卖及类似奴隶制的制度与习俗补充公约》和《国外扶养费收取公约》，1957年的《已婚妇女国籍公约》，1962年的《关于婚姻的同意、结婚最低年龄及婚姻登记的公约》以及1979年的《消除对妇女一切形式歧视公约》。这些公约，对推动各国妇女解放，为妇女获得政治、经济、婚姻等权利提供了国际法律的依据。

（二）联合国妇女署

2010年7月，联合国把秘书处的两性平等问题和提高妇女地位问题特别顾问办公室及提高妇女地位司、联合国妇女发展基金和提高妇女地位国际研究训练所的现有任务和职能合并，成立了混合实体——联合国促进性别平等和增强妇女权能署，即联合国妇女署，总部设在纽约。其工作目标为：致力于增强女性权利、促进性别平等。

时任联合国秘书长潘基文洋溢着热情和期待的祝词：“随着联合国妇女署的诞生，我们迎来了社会性别平等和妇女赋能的一个强有力的驱动机构。挑战仍然不容忽视，但是我相信在联合国妇女署所带来的崭新活力、动力以及职权面前，这些挑战将迎刃而解。真正意义上的社会性别平等应该是21世纪我们共有的财富。”妇女署成立10多年来，活跃在世界各地，为推动性别平等和妇女赋能发挥了积极有效的作用。

妇女署第一任执行主任是智利前总统米歇尔·巴切莱特，她在任职演讲中说：“我们可以想象，如果女性被充分赋能并成为社会变革和进步的积极成员，我们所能做的事业会有多少。从历史的角度上看，我们正处在一个女性面临很多机遇的时刻。现在我们必须抓住这些机遇。我的个人经历告诉我，女性是什么都可以胜任的。”这段有魄力的演讲为妇女署打开良好开局奠定了基础。

第二任执行主任是来自南非共和国的前副总统菲姆齐莱·姆兰博–努卡。她于2013年7月接替了米歇尔·巴切莱特。姆兰博–努卡说：“如果任何事情对女性有效，那么在任何国家，它最有可能对大多数人都有效。如果你想解决大多数需要你帮助的人的问题，那么请从女性着手工作。通过这种方式，你可能会让大多数人过得更好。这对我来说是一个真正的引导。解决女性的问题很重要还因为女性需要照顾很多人。”

在两位执行主任领导下，妇女署在推动妇女赋权以及性别平等主流化的指导和技术支助方面，取得了可喜的成绩。

L 我经常在媒体上看到联合国妇女署驻华机构的工作，内容挺丰富的。2021年7月20日，联合国妇女署参与由国际农业发展基金（IFAD）及湖南省农业和农村厅共同启动了湖南省乡村振兴发展项目（H2RDP），该项目重点内容之一是支持妇女和青年人及弱势农户，在湖南常德、湘西、邵阳和郴州等试点县实施。预计在未来5年内，约有7.7万名妇女和女孩，以及20家由妇女领导的企业直接从项目中受益，以帮助她们提高气候智能农业技能，获得更多的可持续生计和创业发展机会，助力当地创新驱动经济发展。妇女署的这个活动很有特点，可以带动一批妇女的发展。

是的，联合国妇女署驻华办公室在中国的活动是积极主动的，在协助中国妇女地位的提高，推动社会性别平等方面做了很多工作。如消除对妇女暴力行动、提升妇女的经济权、性别化的气候变化和环境影响、农村妇女和当地水资源、社会性别敏感治理与妇女的政治赋权、通过养殖赋权地震灾区妇女、各国社会性别与艾滋病行动等工作的推动，都是积极有效的。

我曾于2017年6月在北京参加过妇女署组织的联合国中国性别研究与倡导基金（CGF）第八批项目单位的颁奖和培训活动。这期有8个项目获批，内容涵盖中小学推行性别平等主流化教育、精准扶贫的社会性别主流化研究与实践、中国二孩政策对就业的影响和对二孩辅助生殖技术的公正分配问题、生态移民过程产业转型的妇女研究等项目。活动以“以结果为导向的项目管理能力建设”为主题进行了两天培训，多位专家分享了项目能力建设的提升，以及社会性别与慈善事业的国内外项目经验，内容很丰富，令人受益颇多。

项目陆续揭项，成效也显示出来。2018年至2021年，联合国妇女署中国办公室与青海省乡村振兴局合作实施了“青海省农村妇女应对气候变化的经济赋权”项目，项目涵盖了可持续农业、畜牧业、民族手工艺和电子商务等多方面内容。项目结果不仅增加了妇女收入、增强了农作物和农村生计，还在推动农村妇女参与地方治理的性别主流化进程中取得了显著成果。项目所在的六盘山超过6.9万名妇女、6个妇女网络直接受益于该项目提供的能力建设和资金支持。

联合国妇女署中国办公室于2021年7月，与联合国国际农业发展基金和湖南省农业农村厅开展三方合作，启动了湖南省乡村振兴示范项目，通过赋权予妇女，提高该省10个县的农业生产气候适应性和农村经济活力。拟在2021到2026年间，该项目预计将直接惠及32万人，其中50%是妇女和女童。

2023年5月11日，联合国妇女署和青海省乡村振兴局再次合作，启动了“女性主导的农村社区可再生能源转型与治理项目”，进一步助力农村妇女参与和领导绿色转型。

四、联合国性别平等的具体行动

L 联合国在推动性别平等的进程中确实发挥了重要的国际作用，那么在具体行动上有哪些活动是可圈可点的？

为推动性别平等，联合国在世界各地采取了各种行动。

1. 推动性别平等与增强妇女权能。

联合国一直致力于在全球倡导性别平等，推动性别平等的进程。《联合国2030年可持续发展议程》的可持续发展目标中体现了妇女对实现这些目标的关键作用。妇女需要平等的地位，增强妇女权能是实现具体目标和解决方案的一部分。为了解决性别不平等的问题，联合国提出各国需要深入法律和立法领域做出改变，以保障全球妇女的权利。

2021年3月，由联合国妇女署组织、墨西哥和法国政府联合主办的“平等的一代”论坛在墨西哥举行。论坛宣布了行动联盟蓝图和多项促进性别平等的承诺和举措，成为继1995年北京世界妇女大会之后全球妇女事业发展的又一里程碑事件。活动通过线上方式，吸引了上万人参加，论坛讨论了多项主题，从经济公正到基于性别的暴力、性健康和生殖健康，权利、气候紧急情况对妇女和女孩的影响，数字技术融合的必要性，以及对女权运动和基层组织的支持等，为促进性别平等行动注入了新动力和新活力。

2. 关注气候变化对妇女的影响。

联合国一直关注全球气候变化对女性的影响，致力于帮助妇女改善其家庭和社区的生活质量，以提升应对全球气候变化的影响。在马里共和国，由于土地和自然资源日益退化，妇女的农耕生计受到威胁，妇女们越来越失去种田的动力。一项联合国方案引入了可持续农业技术，帮助当地妇女实现农业技术现代化，并掌握环保的耕作方法。为这个妇女占农业人口半数的国家，提供了技能支持，防止这里的妇女变得更加弱势和贫困。

为了更好地应对气候变化，2022年11月15日，联合国妇女署、联合国开发计划署和德国国际合作机构共同举办了线上“性别公正的绿色转型研讨会”，来自中国、德国以及国际气候变化、能源转型和环境保护领域的政府、行业协会、企业和国际组织代表和性别议题专家学者以“绿色经济转型是实现净零排放的核心”为主题，就“如何将性别观点纳入绿色转型过程中的政策制定、计划和融资”和“如何支持女性在绿色转型中的平等参与和领导”提出了创新型解决方案。

3．消除对妇女的暴力行为。

联合国1993年通过了《消除对妇女的暴力行为宣言》，“明确而全面地确定对妇女的暴力行为的定义，明确阐述为确保消除对妇女的一切形式暴力而应予执行的权利”，并要求“各国应就其责任做出承诺，整个国际社会也应做出承诺，致力于消除对妇女的暴力”。还将11月25日定为制止暴力侵害妇女行为国际日，以持续关注侵害妇女的暴力行为问题。2017年9月，联合国发起了“聚光灯倡议”，旨在消除针对妇女和女童的一切形式的暴力行为，目前这一行动已帮助全球160万因性别而遭受暴力的女性获得支持和服务，并推动41个国家就消除暴力侵害妇女和女童行为签署或完善了198项法律和相关政策。

4．关注科学数字化时代对女性的影响。

数字化时代和科学技术对女性发展影响越来越大，为此，2023年国际妇女节期间，联合国妇女署以“数字包容：创新和技术推动性别平等”为主题，强调要抓住数字化时代为消除一切形式的差距和不平等提供的前所未有的机会，来创造一个更美好的数字未来——不仅为妇女和女童，也为全人类和地球上的所有生命。同时，联合国妇女地位委员会第六十七届会议以“数字化时代的创新、教育与技术变革·推动实现性别平等和赋权妇女及女童”为主题展开。联合国妇女署中国办公室于2023年3月16日在线上举办了以“缩小数字时代的性别差距：利用技术和创新推动亚太和非洲地区妇女的经济赋权”为题的高级别会议。会议探讨了妇女参与数字经济面临的挑战、机遇，以及利用技术和创新缩小性别数字鸿沟的有效方法，近120万观众线上观看了现场直播。会议呼吁政府、企业和民间社会组织采取具体行动，努力弥合性别数字鸿沟，确保妇女平等获得就业和创业在内的教育、培训和经济机会，为全球数字科技发展注入更多“她力量”。

可以说，联合国关注与妇女有关的一切事项——关注受战争危害的妇女儿童，在暴雨、洪涝、台风等自然灾害频发时，关注妇女和女童的表达与诉求，以确保其获得相应物资；积极应对老龄化中的性别不平等、赋能老年女性成为“积极老龄化”进程中经济和社会参与的中坚力量；为企业预防和制止工作场所性骚扰行动，编制了“赋权予妇女原则”等等工作。

2022年7月，联合国妇女署和蚂蚁公益基金会启动“她向未来·数字木兰创业计划”，支持女性创业者提升数字化能力。这项为期五年的合作将首先在中国和印度尼西亚开展为期27个月的试点项目，旨在支持中小微企业的女性创业者，在数字经济中获得更好发展。

L 联合国在世界各国推动性别平等力度这么大，非常值得点赞。

第三节
优秀女性对性别平等的推动

当今世界，政治上的女性国家领导人、商界女性领衔者、科学界的女科学家、文化界的优秀女作家、体育界的女明星，甚至军事家、外交家等世界精英女性人物不仅以她们自身力量站在了行业顶峰，也引领着世界性别平等的进程。

女性精英的影响力自古就有，古希腊胜利女神的健美飘然，是力量和健康的形象。从2004年雅典奥运会开始，国际奥委会统一规定了奖牌正面图案——插上翅膀站立的希腊胜利女神奈基及希腊潘纳辛纳科体育场，意味着把胜利带给最优秀的运动员。今天世界各国各领域都不乏女性精英人物，她们一直都是女性的榜样。

1．政治领域的女性精英。

女性在世界各国担任首脑是个不定数，2022年，联合国193个会员国中，有28名女性国家元首或政府首脑，女性在全球部长中占21%，在国家议会中占26%，在地方政府选举席位中占34%。2022年9月第77届联合国大会进行时，各国女性国家元首和政府首脑齐聚一堂，在刚成立的“联合国大会女性领袖平台”上围绕“女性领导人应对当今相互关联的挑战的变革性解决方案”主题基础上，表述了女性充分、有效的政治参与和决策对于有效、果断和包容地解决全球优先事项至关重要。

女性政治精英参与到国家治理当中，影响着世界妇女史的进程。联合国妇女署执行主任巴胡斯表示，当更多女性在政治和公共生活中担任领导角色时，每个人都会受益，尤其是在危机时期。新一代的女童看到了自己未来的可能。卫生、教育、儿童保育和暴力侵害妇女行为会得到更多的关注，也会有更好的解决办法。我们必须竭尽全力，扩大女性领导人的影响力，而联合国大会女性领袖平台恰好为此提供了机会。

2. 经济领域的女性精英。

2019年财富世界500强公司榜单上，33家公司由女性任职CEO位置，这个数字在50年前曾经是0。2021年6月底，财富杂志最新数据显示，世界500强企业中女性CEO的数字达到历史新高，为41位，2022年这一数字再创新高，达到74位。这种突破是巨大的，影响也是空前的，特别是这些优秀的女性精英，无论在理念上还是在实践中，不仅做出了表率，也影响了一批年轻的创业女性。当然，优秀的女性CEO在发展中可能会遇到更多的困难。百事可乐的首位女掌门卢英德说："当你成为CEO，而且是一个女性CEO时，你就会被区别看待，你就会被不同的标准束缚。"受传统观念的限制，女性CEO想要带领企业突破重围需要领导力，更需要勇气和智慧。在困难来临时，女性更具有耐心，对细节的捕捉更精确，共情能力和沟通能力优势更加突出。新时代的女性用自己的行动证明了"谁说女子不如男"，在紧张的经济环境中带领公司穿越周期，经历风云。

3. 科学和文化领域的女性精英。

截至2022年，诺贝尔奖颁给女性共74人，75人次（居里夫人获2次）。首位获奖女性是玛丽·居里，与其丈夫皮埃尔·居里及亨利·贝克勒共获1903年物理学奖。1911年玛丽·居里又获诺贝尔化学奖，成为迄今为止唯一2次获得诺贝尔奖的女性。居里夫人的女儿伊伦·约里奥–居里于1935年夺得诺贝尔化学奖，母女二人成为迄今唯一一对获诺贝尔奖的母女。中国中医科学院首席科学家屠呦呦于2015年10月获诺贝尔生理学或医学奖，成为第一位获诺贝尔科学奖项的中国本土科学家，也是中医药成果获得的最高奖项。

文化界的优秀女性影响力也是很大的。2023年3月，61岁的杨紫琼凭借影片《瞬息全宇宙》拿下了第95届奥斯卡最佳女主角，成为奥斯卡历史上首位亚裔最佳女主角奖得主。而杨紫琼站在领奖上的获奖感言更是"刷爆"了网络，她说："那些看起来和我很像，今晚正在收看此刻的男孩女孩们，愿这是希望与可能性的灯塔，证明了即使是大大的梦想，也会有真能实现的一天。各位女性，不要让任何人来定义你已经过了黄金期，永远不要放弃！”一番催人奋进的话语，让更多的女性振奋起来。

L 这些优秀的精英女性除了表现出自己优秀的一面，对推动性别平等有什么作用呢？

一、个人优秀力的展示

作为各领域的精英人物，她们本身的优秀能力在各自领域中得到最充分的展示。连任四届的德国女总理安格拉·多罗特娅·默克尔，以简约、坚定和实干的作风赢得德国人民广泛的支持和爱戴。她提出“我愿为德国效力”的口号，真诚而响亮，她认真勤奋、沉稳务实、高瞻远瞩、坚定自信的工作作风甚至影响到整个欧洲。生活中她还是一个平民总理，她家没有请佣人，她与丈夫一起做家务，与其他公民一样住普通公寓。《福布斯》杂志评选全球最具影响力100名女性，默克尔连续六年蝉联榜首。2019年1月，默克尔入选“全球十大思想者”。这位卓越的女性领导人以其人格魅力和超强的领导力站在德国政坛16年之久，成为政界的榜样性人物。2021年卸任后，她的口碑一直都很好。

世界500强企业唯一的一位华人女性CEO，百胜公司的CEO屈翠容也是一位传奇女性。她生于福建省福州市亭江镇象洋村，因家庭困难，当年父母无法负担她与姐姐两人共5元的报名费。经学校特批，她站在姐姐教室后跟着学。1980年，她跟家人一起去了香港。从不适应环境到成为“香港杰出学生”。之后就读香港大学、美国西北大学，曲折的经历让她成为喜欢挑战的管理人才，她两度将濒临破产的国际零售业品牌Superdrug和Savers扭亏为盈。2020年全球500强企业排行榜中，百胜中国位列361位，她成为榜单中唯一的华人女性CEO。2020年疫情期间，她从国外飞回中国参与抗疫斗争。百胜中国公司为武汉医护工作者捐款300万元人民币，为全国1450多家医院和社区卫生中心提供17万份免费餐食。人们对她的印象是：随和而有力量，刚柔并济。

优秀女性向世人证明，女性只要努力向上，能取得和男性一样甚至比男性还要优异的成绩，这正是对传统性别刻板印象的一个反驳。

二、做性别平等的积极参与者

优秀的女性不仅自己出色，还成为性别平等的推动者。联合国妇女署第一任执行主任智利前总统米歇尔·巴切莱特历经坎坷，于2006年1月成为第一个凭借个人能力与威望在智利当选总统的女性。作为三个孩子的单亲妈妈，她认为："女人，可以选择婚姻以外的世界。我们需要建立一个能够促进妇女生活的社会，让她们能更多地参与政治、经济和每一件事。"在南美洲，智利是相当保守的国家，直到2004年，离婚才在这个国家合法化。然而，这位单亲妈妈勇敢挑战了传统观念，向总统之位冲刺。她成功改写了智利，甚至整个拉丁美洲的历史，智利妇女把她当作偶像。按智利法律，总统不能连选，因此一任总统后，巴切莱特离任到联合国妇女署任职。在联合国，她一直致力于推动性别平等，认为本世纪最大的、未开发的或未释放的潜能就是妇女的潜能。如果能够从政治、经济和社会等各个层面去开发，那么所有国家就会更加美好。妇女更好，孩子们就会更好，社区就会更好，经济也会更好。四年后这位优秀的领导人辞去了联合国的工作，再次当选为智利总统。

妇女署第二任执行主任是来自南非共和国的菲姆齐莱·姆兰博-努卡，她曾是南非第一位女性副总统。她出生在普通的南非家庭，从小就意识到两性之间的不平等，她发现历史故事和事件都是关于男性的，于是开始研究历史上的女性。她受曼德拉影响很大，在南非政府担任高级职位时，一直积极致力于减贫，尤其关注贫困女性。这也是2013年时任联合国秘书长潘基文亲自给她打电话，邀请她担任联合国妇女署执行主任的原因。姆兰博–努卡认为：“如果任何事情对女性有效，那么在任何国家，它最有可能对大多数人都有效。如果你想解决大多数需要你帮助人的问题，那么请从女性着手工作。”这一性别思维很有特点。新冠肺炎疫情流行时，姆兰博–努卡认为，女性在照顾我们，想一想在医院工作的女性，70%以上的护士是女性，她们还做饭、打扫卫生，因此世界必须考虑确保女性更好地走出困境。在姆兰博–努卡的领导下，妇女署推动各国政府在5年内，在金融、政策、法律和规划等方面就增进性别平等做出具体承诺，争取在一代人的时间内实现真正意义上的性别平等。

在中国的传媒界和商界，也有一位推动性别平等的名人——杨澜。她访谈过很多优秀女性，关键是她本人就是一位有很强性别意识的名人。2020年12月20日，杨澜担纲的“天下女人国际论坛”在北京举行。她认为，2020年众多危机中都有“她力量”：“她”是疫情战场上以手为刃的白衣女侠，是深山支教诲人不倦的山村女子高中校长……这是“竹的精神，水的智慧”。向光同行·2022天下女人大湾区女性领导力主题论坛暨梧桐之夜于2022年10月30日在珠海举行。活动倡导女性投资自己的未来，拓宽认知边界。从容面对社会发展与商业环境变化的多重挑战，一起把握时代风向，探索领导力核心，成为想要的自己，从而为大湾区经济发展贡献女性独有智慧。

杨澜阐述了一个观点：一个让女性更加能够释放自己的潜能、有机会和男性同场竞技的社会，会是一个更文明的、更可持续发展的社会。受益的不仅仅是女性。所以性别平等不仅是一个社会公平正义之选，也是一个聪明的选择。小到企业、大到社会，如果在这个企业和社会中，女性更能发出自己的声音，更能向前一步施展自己的才华，这个企业和这个社会都会更加文明和发达。任何一个地区女性的成长和发展的力量都可以成为一个世界性的语言，这种突破在全球成为一个共通的语言，就是我们在争取一个更加平等、包容、多元化的社会。作为文化名人，杨澜对性别平等理念的看法，很有中国特色和世界眼光，她把女性和社会进步相关联，起到了很好的教育与指导作用。

三、具有国际影响的女性榜样

L 这些精英女性除了自己做性别平等的推动者，她们对大众，特别是年轻女性群体的影响很大的。我小时候特别崇拜居里夫人，我们同学中有喜欢英国首相撒切尔夫人的，有喜欢鉴湖女侠秋瑾的，这种激励还是很有效的。

是的，每个时代的人都有自己的偶像，人们对Ta们的崇拜也会打上时代烙印，对女性榜样的树立，更容易让年轻女孩去发现同性别的偶像而从中得到鼓舞。如发现镭元素的科学家居里夫人，一生为争取女权自由的潘克赫斯特，双目失明、双耳失聪但顽强生活的海伦·凯勒，第一个开设了全世界护理里程碑的南丁格尔，一生致力于慈善事业、用自己毕生的经历呼吁全世界传递爱的特雷莎修女等世界女性的优秀榜样。在中国，女孩们崇尚鉴湖女侠秋瑾，早期无产阶级革命家邓颖超、向警予，航天女英雄刘洋、王亚平。这种影响不一定来自轰轰烈烈的大事，有时一件小事就会让人们追随，如智利女总统巴切莱特，当总统前她曾是一名医生，一次参加一所小学工程开工仪式，一名小学生突然晕倒在地，巴切莱特立即上前实施救护，终于将小男孩救醒。这时有个小女孩走过来说："长大以后，我想和你一样当一名医生。"后来又说："我知道我将来想成为共和国的总统！"这个故事不仅在智利，而且对世界各地的女孩都会有目标引导作用。

中国首位诺贝尔医学奖的获得者屠呦呦最重大的贡献就在于发现青蒿素治疗疟疾的新方法，拯救了全球亿万人的性命，她也成为我国最具影响力人物之一。2022年初，她被BBC评选为"20世纪最伟大的科学家"，与居里夫人、爱因斯坦、阿兰·图灵这三位杰出的科学家并列。在许多媒体报道中，诺贝尔奖获得者屠呦呦是杰出的医学家，是生命的拯救者，但屠呦呦也是经过勤学苦读，默默耕耕耘50余年，学习、研究、工作，直至一夜成名。在性别平等进中小学的教育中，不少女孩都表示从屠呦呦身上得到力量，认同女性只要努力，一样可以得到世界上的最高科学奖。

除了名人效应，普通家庭的妈妈和奶奶一样也可以影响人的发展。比尔·盖茨的祖母就喜欢在孩子们早起的时候，把孩子们揽到一起，穿着睡衣大声朗读故事给孩子们听，使比尔·盖茨后来痴迷学习求知，成为世界名人。

习近平主席的母亲齐心，给儿子买了好几本岳飞故事的小人书，习近平从小就被母亲引导到“精忠报国”的爱国主义精神上来，让他成为“我将无我，不负人民”的党和国家的领导人。

结语

2024年奥运会将在巴黎举办，巴黎已经提出下一届奥运会的理念：“精简办赛、性别平等和关注年轻人的需求”。巴黎奥运会的这三大理念，将性别平等纳入其中是很有意味的。在2021年东京奥运会和残奥会入场式以及2022年北京冬季奥运会和冬残奥会上，各国举旗运动员男女各一位，说明世界男女平等在不断推进。2024年巴黎奥运会，将首次要求男女运动员各占50%。2022年12月22日又一则消息传来，国际奥委会已经批准男性参加2024年巴黎奥运会花样游泳的集体比赛，这是这项运动历史上的第一次。男选手参加奥运会花样游泳比赛曾被认为是件不可能实现的事，现在无论男女，运动员们终于可以平等地站在一起，为奥运荣耀而奋斗。我们欣喜地看到，性别平等在奥运精神中的体现正是世界平等意识的进步。相信在各方力量推动下，全球化的性别平等一定会来到，世界也会变得越来越好！

思考题

1. 你最欣赏的女性国际名人是谁？她的哪些优秀品质吸引了你？

2. 打开联合国妇女署的网站，了解其在华项目的相关内容。

附　录

主要参考书目

［1］中共中央党史和文献研究院编. 习近平关于注重家庭家教家风建设论述摘编［M］. 北京：中央文献出版社，2021.

［2］中共中央党史和文献研究院编. 习近平关于妇女儿童和妇联工作论述摘编［M］. 北京：中央文献出版社，2023.

［3］国务院妇女儿童工作委员会办公室编. 男女平等基本国策的贯彻与落实［M］. 北京：人民出版社，2016.

［4］全国妇联妇女研究所编著. 姜秀花，马焱主编. 男女平等价值观研究［M］. 北京：人民出版社，2020.

［5］全国妇联妇女研究所编著. 中国特色社会主义法治体系建设中的妇女权益保障研究［M］. 北京：中国妇女出版社，2020.

［6］中央党校妇女研究中心，性别平等政策倡导课题组. 悄然而深刻的变革——周山村村规民约修订纪实［M］. 郑州：河南人民出版社，2009.

［7］李慧英主编，中央党校妇女研究中心研究课题. 社会性别与公共政策［M］. 北京：当代中国出版社，2002.

［8］李慧英，刘澄主编，中央党校妇女研究中心性别平等政策倡导课题组. 社会性别与公共政策（之二）［M］. 北京：中国社会科学出版社，2014.

［9］肖巍. 性别与革命正义的求索［M］. 北京：人民出版社，2018.

［10］中小学性别平等教育教学案例集编写组. 中小学性别平等教育教学案例集［M］. 广州：广东教育出版社，2019.

［11］刘鸿雁，汤梦君主编. 性别平等促进与出生性别失衡治理——

来自中国三个县的实践［M］. 北京：中国人口出版社，2015.

［12］冯继有编著. 中小学性别平等教育指南［M］. 广州：华南理工大学出版社，2015.

［13］“在国际劳工组织成员中提高社会性别主流化能力”中国项目组. 提高社会性别主流化能力指导手册［M］. 北京：中国社会出版社，2006.

［14］佟新. 社会性别研究导论（第二版）［M］. 北京：北京大学出版社，2011.

［15］蔡葵，黄晓主编. 社会性别与农村发展政策　中国西南的探索与实践［M］. 北京：中国社会科学出版社，2009.

［16］广东省妇女联合会编. 广东省基层妇联工作实用读本［M］. 广州：暨南大学出版社，2019.

［17］李鹤. 权利视角下农村社区参与水资源管理研究　北京市案例分析［M］. 北京：知识产权出版社，2007.

［18］金一虹，史丽娜主编. 中国家庭变迁和国际视野下的家庭公共政策研究［M］. 南京：南京师范大学出版，2014.

［19］伊琳·吉特，米拉·考尔·莎编. 社区的迷思——参与式发展中的社会性别问题［M］. 北京：中国科学文献出版社，2004.

［20］坎迪达·马奇，伊内斯·史密斯，迈阿特伊·穆霍帕德来著. 社会性别意识资源小组译. 社会性别分析框架指南［M］. 北京：社会科学文献出版社，2004.

［21］李小江等著. 文化、教育与性别——本土经验与学科建设［M］. 南京：江苏人民出版社，2002.

［22］费孝通著. 乡土中国［M］. 北京：人民出版社，2015.

［23］杜芳琴著. 妇女学和妇女史的本土探索——社会性别视角和跨学科视野［M］. 天津：天津人民出版社，2003.

［24］李银河. 女性权力的崛起［M］. 北京：文化艺术出版社，2003.

后 记

以“××开讲啦！”为标题的内容已经不少了，但我还是用了这个有点俗套的样式来做书名，因为我从1975年开始讲课，在农村当民办教师2年，到电视大学当教师2年，在省、市党校的讲台上26年，在社会大课堂讲课13年，包括近些年的直播和录播，讲课数千场，听众数万人。这40多年的讲课经历，就是在不停地开讲、开讲和开讲！封面就是我讲课时的照片。基于对男女平等基本国策和性别平等主流化宣讲的责任感，我选择以《性别平等开讲啦！》为书名，以我和助教共同探讨的形式撰写了本书。

本书以习近平主席提出的“让性别平等真正成为全社会共同遵循的行为规范和价值标准”为根本遵循，结合本人长期在农村和社区的调研以及在各级党校上课的经验和体会，将性别平等的理论与我国男女平等基本国策的贯彻与落实相结合，希望为读者提供一本有理有据有指导意义的学习读本。

在撰写过程中，我们研读了性别平等专家的文章和论述，从中得到很多启发，在此对参考、引用书目的作者表示衷心感谢！

特别要感谢中央党校的李慧英老师，是她引导我走上性别平等开讲之路，并一直指导和帮助我，使我思考和实践，成就了此书。

衷心感谢广东人民出版社的编辑团队，他们专业的编辑和认真的审核让此书得以顺利出版。

真诚感谢简知科技有限公司的联合创始人、女性终身学习成长推动者王凤霞Kelly和她的团队成员孙蕊蕊、管持恺、杨谊、吴思敏为本书录播的课程编辑了字幕并提供了封面设计的部分图案。

最后希望本书在推动性别平等真正成为全社会共同遵循的行为规范和价值标准的过程中发挥积极有效的作用。

2023年7月5日 于北京